Fundamentals of Accounting

21世纪会计系列规划教材

应用型

基础会计学

李高奎 主编

东北财经大学出版社
Dongbei University of Finance & Economics Press
大连

图书在版编目（CIP）数据

基础会计学 / 李高奎主编. — 大连：东北财经大学出版社，2013. 8
（21 世纪会计系列规划教材 · 应用型）
ISBN 978-7-5654-1244-8

Ⅰ. 基… Ⅱ. 李 Ⅲ. 会计学-高等学校-教材 Ⅳ. F230

中国版本图书馆 CIP 数据核字（2013）第 154014 号

东北财经大学出版社出版
（大连市黑石礁尖山街 217 号 邮政编码 116025）
教学支持：（0411）84710309
营 销 部：（0411）84710711
总 编 室：（0411）84710523
网 址：http：//www. dufep. cn
读者信箱：dufep @ dufe. edu. cn

大连美跃彩色印刷有限公司印刷 东北财经大学出版社发行

幅面尺寸：170mm×240mm 字数：334 千字 印张：16 3/4
2013 年 8 月第 1 版 2013 年 8 月第 1 次印刷

责任编辑：李 栋 责任校对：刘 洋
封面设计：冀贵收 版式设计：钟福建

ISBN 978-7-5654-1244-8
定价：32. 00 元

前　言

基础会计是会计学专业和其他财经类专业学生的入门课程，本书主要阐述了会计的基本理论、基本方法和基本技能，培养学生的会计理念和职业思维，为后续专业课程的学习奠定基础。本书围绕这一理念，从会计的基本含义入手，阐述了会计的历史、职能、特征、对象、任务、会计核算的基本前提和一般原则，重点介绍了设置会计科目与账户、借贷记账法原理、会计凭证和账簿、经济业务的处理和财务报告等主要内容，并且对比介绍了经济业务的手工处理程序和信息化处理程序。本书的特色主要体现在以下几个方面：

1. 内容准确

本书的教学内容以我国最新的财经法规制度为依据，既有创新又不失规范，力求反映会计理论和会计实务的最新成果。在会计科目的选用上，以“必要”为原则，按最新会计准则予以统一。经济业务的处理遵循最新的财经法规制度，内容准确、新颖。

2. 结构合理

本书在教学内容的安排上本着深入浅出、循序渐进的原则，着重介绍经济业务的处理流程，相关计算机处理业务知识放在各章节的最后进行简单介绍，便于学生在掌握基本知识后进行理解和应用，也便于教师根据学生的学习情况取舍教学内容。

3. 编排新颖

现行的教材内容编排通常只介绍会计手工操作的内容和程序，而在实务中，绝大部分经济实体的会计业务处理是通过计算机完成的。由于手工操作方法便于学生理解计算机处理的业务流程，因此本书在相关章节中增加了与章节内容相适应的计算机业务处理手段的介绍，主要用于对比分析两种业务处理手段的异同，方便学生进行理解和应用。

4. 实用性强

为了适应专业教育的开放性需要，并充分考虑到学生的接受能力，本书采取了“以实例渗透含义”的阐述方法，力求打破“概念主导”的内容体系和阐述方法，便于读者自学。

本书在编写过程中力求做到理论性和实践性相结合，专业性和通俗性相融合，会计方法技术介绍与会计职业道德培养相配合。同时，在本书的光盘中为读者配有相应的自测学习系统，方便读者在学习过程中进行分章自测和学习，整书学习完毕后也可进行总结性自测，自测系统中题目的难易程度与我国会计从业资格考试相贴合，使得本书既适用于高等院校会计类相关专业的教学，也适用于各种形式的会计自学和继续教育。

本教材由山西工商学院李高奎担任主编，并对全书内容进行统稿；由山西工商学院张皓、太原学院汪洪波、太原理工大学阳泉学院吴戈担任副主编。具体分工为：李高奎编写第一章，汪洪波编写第二章，张皓编写第三章，吴戈编写第四章，常艳花编写第五章，张凤林、武庆庆编写第六章，郭宗文编写第七章，辛旭编写第八章。

在本书的编写过程中，我们得到了山西工商学院相关领导的大力支持，另外，东北财经大学出版社编校人员为本书的出版付出了大量的、辛勤的劳动，在此，一并致以诚挚的谢意。

由于时间仓促，疏漏在所难免，因此在使用本书的过程中如果发现不妥之处，敬请广大读者不吝赐教，将您的意见和建议及时反馈给我们，以便我们及时进行修订和完善。

所有意见和建议请发往：675830363@ qq. com。

编　者

2013 年 7 月

目　录

第一章

概论

主要知识点

* 了解会计发展的历史
* 了解会计的基本概念与内涵
* 了解不同的会计学流派对会计的不同理解
* 掌握会计核算的基本前提及会计的基本职能
* 掌握会计信息质量要求的一般原则
* 了解会计核算的基本方法和程序

关键概念

会计职能　会计目标　会计假设　会计主体　会计核算方法　会计信息质量要求

引言

传统的“一把算盘，一本账”的会计核算手段，已经被广泛应用的计算机核算手段所取代，会计的功能也得到了扩展和强化，向信息使用者提供决策信息已经成为会计的主要目标。确认、计量、记录和报告成为会计的一个基本循环。会计除了提供财务信息之外，还广泛参与经济组织的各种资产管理、经济预测、业绩评价和经济决策。随着现代资本市场的迅速发展，会计被社会赋予了更多的经济责任。

本章将简要介绍会计的发展历史、会计规范、会计方法等内容。

第一节　会计发展简史

一、会计的产生与发展

会计的产生与发展是与人类社会的各种活动密不可分的，是人类社会生产能力的提高和剩余财产出现后产生的一种业务记录方式。伴随着人类社会的进步，会计在核算内容和核算形式上也有了显著的发展和改善。

会计是一门古老的学科，它的产生与发展一般划分为古代会计、近代会计和现代会计三个阶段。

（一）古代会计阶段

古代会计阶段是从人类社会早期的结绳记事、刻木为记的计数行为开始，直到14世纪产生了复式记账法为止，时间上可以追溯到旧石器时代的中晚期，距今约为三十万年。古巴比伦、古代埃及、古代希腊、古代中国等古代文明对会计活动的产生和发展都有过重大的促进作用。这一阶段的显著特征是生产力十分低下，生产规模很小，生产工艺简单，产品品种也比较少。

我们可以想象，在人类社会早期，人们对于自己从事的生产活动最初只能用头脑来记忆，随着生产过程的复杂和劳动成果的不断增多，人们开始用石子、树枝来对劳动进行计量，后来发展到结绳记事，在树干和岩石上刻画计量，在木头、竹片上刻契计量。

峙峪兽骨。根据考古发现，我国最早的记录与计量行为当推山西朔县峙峪遗址发掘的兽骨片，这些兽骨片的表面刻有较为规则的直线和曲线条纹，疑为古人对经济活动的一种记录符号。（距今约29 000年，属于旧石器时代晚期）

山顶洞人鹿角棒。学者们在北京山顶洞人遗址发现的赤色鹿角棒，上面也刻着一些有规则的符号，也被怀疑是古人对经济活动的一种记录。（距今约20 000年，属于旧石器时代晚期）

半坡陶片。西安半坡遗址中发掘的属于仰韶文化体系中的陶片上有22个形状各异的、有规则的符号，这些符号被历史学界和考古学界公认为中国最早的文字雏形。考古学家们认为，这些符号可以表述百位以内的数字。（距今约6 500年，属于新石器时代中期）

从严格意义上讲，这些记数方法并不算是真正的会计，而是一种社会行为，是兼文字、数学、统计等为一身的一种综合社会行为，但它们已经包含了会计的因素。随着社会的不断发展，在人类发现并应用了"数"这种数学概念之后，人类的具备会计特征的记数方法才逐步表现了出来。

真正的会计，也就是人们通过固定的记账符号来记录经济活动的行为，最早可以追溯到商代中期。

甲骨文是中国已发现的古代文字中时代最早、体系较为完整的文字。研究表明，商代武丁时期的甲骨文中已有"获"、"入"等文字来专门反映收入情况，而用"用"、"出"等文字来专门反映支出情况。所以，会计的起源应该从商王武丁时期算起，时间大约为公元前1 300年左右，距今3 300余年。这可以被归结为会计的萌芽阶段，这时候的会计仍然是生产职能的附带部分。

古人讲会计，大多是用单字"会"或单字"计"，很少有"会"、"计"连用的。即使有连用的，也是有的叫会计，有的叫计会。"计"、"会"两字，在商代甲骨文和西周金文中已有发现，并且随着历史的推移，出现的频率由少到多。《周礼·天官》中有“月计岁会”的说法：“司会……掌国之官府、郊野、县都之百物财用，凡在书契版图者之贰，以逆群吏之治，而听其会计”。这是已发现的我国历史文献中最早出现的“会计”一词。

在社会发展到生产商品用于交换的阶段后，当“一般等价物”具有了“货币”的职能时，会计才独立出来成为一项专门的工作。有代表性的事件是我国西周时期的政府设置“司会”职位，主管国家与地方的财产物资。在我国的历史典籍《周礼》中，对“司会”职能的解释是“逆群吏之治而听其会计”，即“月计岁会”。清代学者焦循在《孟子正义》一书中将“会计”解释为“零星算之为计，总合算之为会”。

进入封建社会之后，我国会计是以官厅会计为发展方向的，如秦汉时期的“誊清簿”，在官府会计使用了“入”、“出”记账符号；盛唐时期，经济的空前繁荣使会计得到了长足发展，出现了中国最早的会计学著作，如李吉甫的《元和国计簿》是我国第一部会计专著。同时期丰处厚的《大和国计》也是我国古代重要的会计学著作，这些成就标志着我国会计核算和经济管理水平的提高，对中式会计的发展具有里程碑式的意义，对我国的会计理论有极深远的影响。

宋代官府开始把财政收支分为“元管”、“新收”、“已支”、“现在”四个部分，元代传入民间；我国在明朝形成了著名的“四柱清册”，四柱为“旧管”、“新收”、“开除”、“实在”，也有了会计的平衡公式“新收+旧管=开除+实在”，明朝也开始以货币作为统一的会计量度；我国会计发展到明清两代，又进入了一个新的阶段，在四柱结算法的基础上，山西商人发明了中国最早的复式记账法——龙门账。龙门账就是把所有的经济业务分为进、缴、存、该四大类，四者的关系是：进-缴=存-该。这个等式叫做“合龙门”。受龙门账的影响，乾隆至嘉庆年间，我国又创立了一种比较成熟的复式记账法——四脚账，它在成本结转、盈亏计算、结册编制和平账原理运用等方面，与西式簿记有异曲同工之妙，它把会计推向一个新的发展阶段，是我国近代会计发展史上的光辉篇章。鸦片战争之后，我国会计方面无多大进展。上个世纪初，随着资本主义工商业的逐步发展，人们开始将西式簿记方法引入我国。

在同时期的国外，会计的发展速度相对较快。古埃及在会计实践活动中发展了“内部控制制度”；古希腊在公元前630年左右，将铸币单位应用于账簿记录，这是“货币计量”思想的雏形；欧洲的会计运用主要集中在庄园，庄园管家定期向庄园主递交“述职报告”，借以解除其承担的经济责任，当时的庄园述职报告相当于现在的财务报告。在这个阶段，虽然已经形成了一些会计的概念和会计思想，但会计多数以实物、少量以货币作为计量单位，会计的专门方法、对象、职能等尚未定型。

古代会计技术简单，演进缓慢，直至进入中世纪才在欧洲大陆出现了现代会计的萌芽，其标志就是复式簿记的产生。

复式簿记最初出现于12世纪至13世纪的意大利，出现的主要原因有：①比萨大公列奥多在11世纪推行阿拉伯数字，用阿拉伯数字代替罗马数字进行簿记登记。②在11世纪至13世纪的欧洲，十字军东征使意大利沿海城市成为与东方进行贸易的重要地点。③航海业的迅速发展，促进了海上合伙贸易的发展。④贸易的发展对资本的需求，推动了借贷活动和银行信用的发展。推动复式簿记在全球范围内普及的基础是1494年出版的著作——《算术、几何、比及比例概要》，作者卢卡·帕乔利被公认为"现代会计之父"。

意大利复式簿记不仅标志着记账方法的逐步完善，而且其中包含着一些现代的会计观念，例如，**会计主体**观念——业主业务与企业业务分开记载；在实务中已经出现了盘点存货和编制财产目录；在备查簿中分别记录不同的币种数量（产生采用统一货币记账的思想）；等等。此后，复式簿记在19世纪上半叶没有大的发展，但形成了会计分期的观念。人们开始按照年度而不是按每次合伙终了进行结账和计算损益。

会计人物1-1　　"现代会计之父"——卢卡·帕乔利

卢卡·帕乔利（Luca Pacioli，1445—1515）是被世界各国公认的"现代会计之父"。从1475年起，卢卡·帕乔利在佩鲁贾大学讲授了36年的数学课程，其在1494年11月10日发表的名著——《算术、几何、比及比例概要》（又称《数学大全》）中的第三部分"计算与记录要论"（通称"簿记论"）中，第一次系统地论述了复式簿记原理及其适用方法，对现代会计及其理论的发展做出了卓越贡献。

《算术、几何、比及比例概要》全书包括五个部分：①代数和算术；②代数和算术在商业中的运用；③计算与记录要论；④货币和兑换；⑤纯粹几何学和应用几何学。该书在出版发行之后，被译成多种文字，影响了整个会计界。1935年，我国著名会计大师陆善炽把此书根据英译版翻译成的日译版译成了中文。1988年，厦门大学的林志军、李若山、李松玉等学者将由美国人R. G.布朗和K. S.约翰斯顿编著的《巴其阿勒会计论》译成了中文。

卢卡·帕乔利首先赋予了代数以科学的地位和结构，他是把数学应用于几何学的伟大先驱，他创立了复式簿记并撰写了后来成为未来思想的基础和不变形式的数学著作。

资料来源　王昌锐，蔡传里，许家林．卢卡·帕乔利的《簿记论》［J］．财会月刊，2006（4）．

（二）近代会计阶段

近代会计阶段的开始以1494年意大利数学家卢卡·帕乔利在《算术、几何、比及比例概要》中阐述了借贷记账法为标志，直到20世纪30年代为止。这一阶段的社会生产力水平有所提高，特别是自英国爆发了工业革命后，机器的使用使大工厂逐步取代了手工作坊，产品的商品化程度逐渐提高，并且开始进行批量生产。机器的使用产生了折旧的概念，产品的商品化和批量化生产，要求对产品的成本进行详细的计算。在这个阶段，会计核算的范围逐渐以单个工厂为主，大多数工厂的会计开始以货币作为主要计量单位，并采用复式记账法进行核算，会计作为独立的管理职能逐步从生产中分离出来，逐步形成了一套完整的会计核算方法。

1581 年，威尼斯“会计学院”的建立表明会计已作为一门学科在学校里传授。随后，借贷复式记账法也相继传至其他国家，世界各国会计学者对其在理论上和技术上不断发展和完善，时至今日仍为世界绝大多数国家所采用。

由于工业革命的成功和生产技术的改进，工商业活动迅速发展，促进了会计理论和方法的显著发展，产生了一系列新的会计思想和技术方法，从而完成了簿记向会计的转化。这一阶段会计的突出思想主要体现在以下几方面。

1. 折旧会计

随着工业革命的开展，工厂制度的建立，机械化大生产使工厂的长期资产日益增多，工厂的生产经营活动也逐渐转变为持续性经营，从而在会计上产生了“长期资产在生产中如何转化为成本”的问题。在工业革命以前，耐用的长期资产比较少，会计人员一般将其在报废时一次性冲销，或当做存货（未销售的商品），在年终通过盘存估价增减业主权益。但随着长期资产的日益增多和在生产经营中的重要性的提高，传统的做法已无法正确地确定盈亏，于是“折旧”的概念便应运而生了，并且在实务中普遍推行了按直线法平均摊销长期资产成本的惯例。到了 20 世纪初，又出现了多种不同的折旧方法，美国会计学家厄尔·塞利尔斯在 1915 年撰写了介绍折旧的专著《折旧原理》，书中分别介绍了直线法、余额递减法、偿债基金法、年金法及单位成本法等多种折旧方法。

2. 划分资本与收益的界限

持续经营的企业需要拥有大量的可支配的资本，而且要求对投入资本和资本报酬加以区分。19 世纪中后期，股份制企业获得了很大程度的发展，企业规模日益扩大，投资者与经营者日益分离，投资者更加关心投入资本的报酬。因此，会计服务的对象逐渐转向对处于企业外部的投资者服务。这要求会计必须将业主的投资与投资报酬的收益加以严格区分，从而正确计算期间收益，这成为了会计的工作重心。对收益的重视使得会计人员必须严格区分收益性支出与资本性支出，同时要求收入与成本费用相配比，收益表是企业会计人员当时对外提供的第一报表。

3. 成本会计

对收益的日益重视与严格核算，使得会计人员对“成本”这个概念越来越关注。在 19 世纪末期，由于重工业的发展与生产规模的扩大，使企业的制造费用激增，成为产品的重要组成部分，其中许多期间费用需要经过认真的确定与分摊。同时生产经营活动的日益复杂化，使制造程序与费用的归集和分配也日益复杂化，最终导致以历史成本为基础的成本核算方法的产生。这时，对存货（包括产成品和销货成本）的计价方法也获得了很大的发展，形成了以历史成本（获取资产时的交换价格）为基础的资产计价理论和方法。

4. 财务报表审计制度

随着企业规模的逐步扩大，投资者与经营者的分离日益明显与必然，作为不参加企业日常经营管理活动的所有者，必然更加关心自己投入资本的保值、增值情况，因此要求经营管理者定期提供能反映企业财务状况和经营成果的会计报表。由于两者之间的利益对立和信息的不对称，使所有者对经营者提供的财务报表不可能完全信任，希望有客观、中立的会计师对财务报表进行验证，以增加会计报表的可信程度，审计制度由此产生。1854 年，苏格兰成立了世界上第一个皇家特许会计师协会，至 19 世纪末期，报表审查制度在西方工业国家确立了起来。

（三）现代会计阶段

一般认为，现代会计阶段是从 20 世纪 30 年代开始直到现在，它是以 1939 年美国第一份公认会计原则的《会计研究公报》的出现作为标志性起点的。这一阶段，会计发展与社会环境变化紧密联系。股份有限公司的出现，证券市场的发展和股份有限公司的公开上市，要求企业会计提供的会计信息要具有一定的可比性和统一性，这就进一步促进了会计的规范化和标准化，也出现了以查账为职业的注册会计师；企业规模的日益扩大、市场竞争的日趋激烈、管理科学的蓬勃发展，也同时促进了管理会计的产生与迅速发展，进而形成了财务会计和管理会计两大会计学分支；跨国公司的兴起，国际会计的产生，使会计准则的国际化问题成为了人们关注的重点；计算机的产生与运用，使会计逐步实现了以计算机替代手工进行账务处理；资本市场的快速发展，使会计研究方法从“探索会计应该是什么”的规范研究，发展到“探索会计是什么”的实证研究。在现代会计阶段，会计理论与实践得到了充分的发展和完善，最终使会计成为了一门应用性的学科。

现代会计阶段的主要成就可以归纳为以下几方面。

1. 财务会计的形成

由于所有权与经营权的分离，企业的所有者（股东）也越来越分散。企业的生产经营活动基本上由企业聘任的专职经理人控制，但所有者非常关心企业管理当局对受托资源的使用与保管情况，关心企业的盈利水平和投资报酬。同时债权人也关心企业的偿债能力和获利能力，以及债权的安全性。所以，他们需要企业提供关于企业的财务状况、经营成果和现金流量的财务信息，以便进行有效的资产监管、业绩评价、投资决策、信贷决策和其他经济决策。因此，传统的会计逐渐演变成主要向外界有关利益集团提供财务信息和其他经济信息的财务会计。其特点是遵循一整套严格的确认、计量、记录和报告的公认程序，按照一定的会计信息生产标准，定期提供一套具有通用格式的财务报表。

2. 公认会计原则

西方会计理论与实务自20世纪30年代以来的显著进展是产生了“公认会计原则”。其特点是：公认性——一定时期内取得一致意见的会计惯例、程序和方法；权威性——由得到权威支持的职业团体或权威机构本身制定与公布的各种会计规则文告。“公认会计原则”的主要任务是尽可能缩小会计处理方法和报表编制程序间的差异，确保财务报表的“真实与公允”，提高会计信息的可比性，保护企业外部利益集团得到有用的信息来进行决策。该准则的发展方向是权威性越来越大，内容越来越广，强制性也越来越大。

3. 重视收益确定

20世纪40年代，企业规模和资本结构发生了很大变化，会计不仅要反映企业各种资源及其变动情况，而且要着重反映管理当局的“经营管理责任”，会计核算和会计报告把业主权益和企业收益及其分配作为重点。这样，对外报表中，收益表的重要性和作用显著上升，收益表的编制成为财务会计的“核心问题”。

4. 税收会计

第一次世界大战后，美国的国内经济得到了迅猛发展，美国逐步成为世界上最发达的国家。经济的发展刺激了投资的增长，也出现了严重的投机行为。由于没有相关的法规制约，使得许多公司提供虚假的财务报表——通过从资本中支付股利来吸引投资者。会计的这些行为对1929—1933年的经济危机起到了催化剂的作用，成为危机爆发的重要影响因素之一。

危机过后，各国政府开始强化对经济活动的管理，健全各种经济法规，特别是税法得到了较大的改进与完善，这些管理措施都对会计产生了重大的影响。会计必须充分考虑政府管制和纳税申报的信息需求，这就导致了税务会计的产生和发展。各国政府一般允许应税收益与会计收益有一定的区别，促使财务会计的理论和方法更为复杂，为了解决应税收益和会计收益的差别，一系列所得税会计处理程序和会计准则得到了应用，借以有效地进行会计的纳税规划，从而使税务会计成为一个重要的会计分支。

5. 管理会计

第二次世界大战后，随着“泰罗制”等管理学科在工厂和会计领域的逐步应用，以及数学模型、计算机等技术的引入，丰富了会计的内容和方法。企业日常经营活动的成败与得失主要取决于管理当局的经营决策。管理当局为了加强对经营活动的控制、预测，需要会计提供越来越多的与经营决策相关的会计信息。会计信息侧重于管理当局的计划、决策、预测和分析的信息需要。由于形式上灵活多样、内容上广泛（包括货币和非货币信息）、时间上及时，所以从20世纪初以来，逐步产生了相对于财务会计的另一个会计分支——管理会计。

20世纪50年代以后，管理会计由单纯的执行性管理会计阶段，过渡到以“决策与计划会计”和“执行会计”为主体、把决策会计放在主要位置的现代管理会计阶段。20 世纪 80 年代以后，生产自动化程度提高，人工成本显著下降，市场需求变化加快，产品周期缩短，生产变得批量化、多样化，管理会计出现了新的方法，如适时存货管理和制造制度、作业成本法、目标成本和目标利润、质量会计等。

6. 政府与非营利组织会计

政府在经济活动中有着非常重要的作用，同时政府在管理经济活动时必然要耗费相当一部分社会资源，政府活动表现为公共收支。为了加强对公共资源使用情况的监督和考核，形成了政府会计。

非营利组织会计是指适用于政府部门和诸如学校、医院、图书馆、科研单位及慈善机构等其他非营利组织进行会计核算和会计管理的会计系统。在我国，非营利组织会计包括反映和控制各级国家预算执行过程及其结果的总预算会计；反映和控制各级行政单位、事业单位预算执行过程及其结果的单位预算会计。

7. 会计实行计算机业务处理

自 1948 年第一台计算机问世以来，计算机已经被迅速引入企业经营管理领域，电算化会计就是利用计算机系统执行会计核算和报告程序。电算化会计的普及促进了会计方法和理论的发展，各国制定了相应的会计准则，增进了会计信息的及时性和决策有用性。

8. 通货膨胀会计

20 世纪 70 年代，世界货币体系解体，在发生了能源危机之后，许多国家出现了持续恶化的通货膨胀，这对财务会计产生了巨大的冲击。因为通货膨胀直接对会计上长期坚持的币值稳定假设和历史成本原则提出了挑战，已造成前后各期会计信息的不可比，或财务报表无法反映实际财务状况与真正的经营业绩，甚至出现了虚盈实亏的现象，这样的会计信息失去了决策依据的作用，这就要求财务会计采取对策消除通货膨胀对会计信息的影响。

9. 社会责任会计

20 世纪 70 年代，企业与社会的关系发生了很大的变化，一般认为，企业应对“社会福利”的提高做出贡献。因此外界要求企业会计人员提供有关企业“社会责任”的信息，如环境保护、就业、培训、医疗保险等资料，从而出现了社会责任会计。所谓社会责任会计就是要以货币和非货币形式，把企业在上述方面的努力与成就通过一定的会计方法加以衡量和反映。人力资源会计就是社会责任会计的一个重要分支。

10. 国际会计

第二次世界大战以后，资本日趋集中，跨国公司迅速增加，其业务范围遍布世界各地。随着国际间贸易活动的发展和资本流动的国际化，要求会计解决一系列新的问题。突出的问题包括以下几个方面。

（1）会计如何提供涉及不同国家或地区的跨国公司的有关资料，以便所在国加强对跨国公司的了解和控制。

（2）跨国公司内部如何建立有效的内部报告制度，加强业务管理、绩效评估，以及如何编制合并报表，以便“真实而公允”地反映跨国公司整体的财务状况和经营成果。

（3）由于各国会计准则和会计制度不同，应如何解决会计信息的可比性和可理解性，从而促进国际间的经济往来。

（4）自1973年世界货币体系趋向浮动汇率制以来，各国汇率急剧波动，会计上应如何计量和报告外币折算及其损益。

（5）国际市场上商品价格波动与各国通货膨胀相互关联，会计应如何进行国际间通货膨胀的调整。

（6）如何解决跨国公司经营活动中的内部价格制定及国际税收的核算等问题。

这些问题要求各国建立一套国际间通用的会计准则进行协调。1973年6月，来自澳大利亚、加拿大、法国、前联邦德国、日本、墨西哥、荷兰、英国、美国的16个职业会计师团体，在英国伦敦成立了国际会计准则委员会（IASC），此后各国加入国际会计准则委员会的团体越来越多。到目前为止，已有112个国家或地区的153个团体成员发表了40份关于国际会计准则和公告草案。虽然这些准则没有强制力，但由于得到了许多国家会计职业团体的支持，它们逐步成为了公认的国际会计惯例。

知识拓展1-1　国际会计准则委员会（IASC）组织机构设置

（1）理事会。成立于1973年，其成员包括职业会计师团体，也包括其他利益集团。理事会作为最高执行机构，负责批准国际会计准则和征求意见稿的发布。

（2）咨询组。成立于1981年，其成员包括代表报告编制者和使用者的国际性组织、证券交易所、证券监管机构的代表，以及来自发展研究机构、准则制定机构、政府间组织的代表或观察员。咨询组主要是与理事会讨论国际会计准则的技术性问题、工作计划和IASC的战略，直接影响国际会计准则的制定。

（3）顾问委员会。成立于1995年，集中了来自会计职业界、企业界、其他财务报告使用者团体的高素质精英。主要负责：①复核评价理事会的战略和规划是否满足IASC成员的要求；②每年向理事会报告实现目标的运作过程的有效性；③促进会计职业团体、企业界、其他各集团参与IASC并接受国际会计准则；④审阅IASC的预算和财务报告。

（4）战略工作组。成立于1997年，负责研究IASC在完成核心准则以后的战略和组织结构、IASC的运作程序、与各国会计准则制定者的关系、IASC的教育培训和资金筹集。

（5）常设解释委员会。成立于1998年，包括不同国家财务报告使用者、编制者、审计者的代表，来自理事会的联络员，来自IOSCO和原欧洲共同体的观察员。常设解释委员会相当于各国会计准则制定机构下设立的“紧急问题工作小组”，处理运用国际会计准则时出现的问题，同时该委员会将公布一系列解释公告，用来指导国际会计准则与实务的结合。

资料来源 施鲲翔．国际会计准则委员会的组织模式［EB/OL］．中华会计网校［2002-06-21］．http：//cache. baiducontent. com.

11. 衍生金融工具会计

20世纪80年代以来，国际金融市场迅速发展，产生了许多创新型融资工具和理财新手段，如企业间担保融资、应收账款贴现等所谓的“表外融资”，以及多种金融资产（或负债）的期货、期权、套期对冲、互换调剂等，这些表外融资或衍生工具往往涉及交易双方的一种承诺，如在特定的未来期间按照事先约定的价格执行交易。根据传统的会计理论，会计确认和会计计量必须依据已经实际执行或完成的交易，不能对预期的交易结果（包括预期的资产、负债变动或有关的损益）事先记录入账。由于金融市场的风险较大，如果对这些交易不予记录反映，实际上是掩饰客观存在的风险，误导会计信息使用者。

我国在20世纪初从日本引进借贷记账法，开始了中式会计与西式会计的融合。中华人民共和国成立后，从前苏联引进了一整套会计制度和方法，结合我国的国情形成了具有中国特色的会计体系。

会计人物1-2　　“中国会计之父”——潘序伦

潘序伦是国内外颇负盛名的会计学家和教育家，是发展我国会计事业和培养我国会计人才的先驱，被国外会计界誉为“中国会计之父”。1893年，潘序伦出生于江苏宜兴，为实现出国留学的志愿，他于1919年进入圣约翰大学着力进修英语，获得文学学士学位，经学校推荐进入美国哈佛大学商学院选学会计，从而奠定了其一生从事会计学研究的基础。他勤奋苦读，获得了哈佛大学企业管理硕士学位，以及哥伦比亚大学经济学博士学位。学成回国后，他曾任上海商科大学教务主任兼会计系主任等职，随后还创办了潘序伦会计事务所和会计学校，编译出版了会计丛书。他从实践中深深地感到，开展会计师业务，首先要取信于社会，因之取《论语》中“民无信不立”之句，提出“信以立志、信以守身、信以处事、信以待人、毋忘立信、当必有成”的“立信”准则，并毅然把事务所和学校更名为“立信会计师事务所”和“立信会计补习学校”，后又创办了“立信会计专科学校”和“立信高级会计职业学校”。他曾任国民政府主计处筹委会委员、主计处主计官。抗日战争时期，创设立信会计图书用品社，专门出版立信会计丛书并印制发行会计账册报表。抗日战争胜利后，潘序伦曾任经济部常务次长、全国经济委员会委员。潘序伦还积极推动成立了全国第一个会计学会——上海会计学会和新中国成立后第一个会计师事务所——上海会计师事务所。

潘序伦的主要著作有：《立信会计丛书》、《国营会计概要》、《新编立信会计丛书》、《成本会计》、《高级商业簿记教科书》、《公司登记规则》、《公司会计》、《股份有限公司会计》、《国营企业会计概要》、《基本会计学西方会计》、《基本会计学》、《会计学》、《审计学》、《所得税原理及实务》、《通用簿记教程》、《政府会计》等。

资料来源 汪靖中. 潘序伦：从“顽子”到“大师”[N]. 中国会计报，2008-10-23.

1992 年 11 月 30 日，经国务院批准，财政部发布了《企业会计准则》。《企业会计准则》在借鉴和参考国际会计经验以及总结我国会计核算的实践经验的基础上，对会计核算的基本内容做了规定，如规定了会计核算的一般原则、会计要素的确认和计量以及财务会计报告等。从 1994 年起，我国先后发布了《企业会计准则——关联方关系及其交易的披露》、《企业会计准则——现金流量表》等 13 项具体会计准则，初步建立了我国的会计准则基本架构。2000 年 12 月，我国发布了《企业会计制度》，暂在股份有限公司的范围内执行。《企业会计制度》在总结会计制度实践经验的基础上，对会计要素规定了统一的确认和计量标准，基本上实现了我国会计核算标准与国际会计惯例的充分协调。2006 年，我国颁布了基本会计准则和 38 项具体会计准则，在会计核算基本原则、会计要素定义、收入确认、资产减值、关联方披露等重要方面与国际通行惯例实现了一致，这标志着我国会计步入了与国际趋同的轨道。

二、会计的含义

会计的定义是要解决会计是什么的问题，也就是会计本质问题。关于会计本质问题，我国会计学界的主流观点主要有两种：管理活动论与信息系统论。

（一）管理活动论

此观点把会计看做一项有人参与的活动，即一项工作。会计这项活动（或工作）是指对能够用货币表现的经济事项，按特定的方法予以计量、记录、分类、汇总、分析和评价。会计工作是一项管理工作，是人们基于特定目的，利用特定方法，对特定内容进行管理的一种活动。

管理活动论认为，会计的本质是人们为了适应生产管理、企业管理和经济管理的需要而产生和发展起来的一种经济管理活动。“管理活动论”的代表人物是我国著名的会计学家杨纪琬教授和阎达五教授等。他们认为，无论从理论上看，还是从实践上看，会计不仅仅是通过记账、算账和报账来反映组织所发生的经济业务，更重要的是通过会计程序来管理经济工作，它本身就具有管理的职能，是人们从事的一种会计管理活动。

（二）信息系统论

此观点把会计理解为一个经济信息系统，认为会计是旨在提供企业和各单位生产经营活动的经济效益，为加强经济管理而建立的一个以提供财务信息为主的经济信息系统，并试图把会计工作和开展会计工作所运用的方法或艺术统一起来，而力求突出方法的作用和反映的职能，突出经济信息在现代管理中的特殊重要性。信息系统论认为会计是一个输入经济信息、加工数据信息与输出会计信息的系统，是通过输出会计信息来为管理服务的。因此，会计可以理解为为完成数据信息提供的功能而组成的一个系统。“信息系统论”的代表人物是我国著名会计学家葛家澍教授和余绪缨教授等。

如果将两个会计学派的观点综合起来看，我们可以这样来认识会计：会计是以货币作为主要计量单位，通过一定的程序和方法将会计主体的有关经济活动进行全面、连续、系统、综合的核算和监督，向会计主体的信息使用者提供决策有用的财务信息，是社会经济管理的重要组成部分。

会计在企业和各单位范围内，主要用于处理价值运动（尤其是价值增值运动）所形成的数据，并产生与此有关的信息，反映是其基本职能；上述数据与信息的进一步利用又能起到控制作用。

需要说明的是，会计所要进行核算和监督的经济活动范围问题，也就是会计核算与监督的内容，在会计上叫做会计对象。会计并不是对经济组织的所有经济活动都要进行核算和监督，而是仅对其能用货币表现的经济活动进行核算和监督，对企业来说就是对其筹资活动、投资活动和经营活动中的价值运动进行核算和监督。在会计上把企业所要进行核算和监督的内容具体分为资产、负债、所有者权益、收入、费用和利润六个会计要素。

三、会计的基本职能

会计职能是指会计在经济管理中所具有的功能，即人们在经济管理工作中能利用会计来干什么，是会计本质的体现。不同的会计学派对会计的职能有不同的理解和认识，但一般都认为会计的基本职能是核算和监督。

（一）会计核算职能

会计核算职能是以货币作为主要计量单位，对会计主体的有关经济活动进行确认、计量、记录，并向会计主体的有关方面报告决策有用的会计信息，实际上是对会计信息的加工与处理功能，包括了确认、计量、记录和报告四个环节。其中，确认是判断某项经济活动信息是否作为会计信息记录；计量是解决应确认的会计信息如何度量并以多少度量单位进行记录的问题；记录是对经确认和计量的会计信息，按一定的会计方法记录在会计凭证、账簿和报表等会计载体中；报告是对经确认、计量和记录的会计信息，即经过加工处理的会计信息，以会计报表的形式提供给会计信息使用者。会计核算职能作为一种信息处理系统，有以下几个方面的特点。

（1）会计核算有专门的标准。为了规范会计核算行为，保证会计信息的质量，对会计核算规定了专门的核算标准。

（2）以货币作为主要计量单位。货币计量与实物计量、劳动计量相比，具有综合反映不同经济活动的特点，能使信息使用者获得全面、综合的会计信息，因此会计在实物计量和劳动计量经济活动的基础上，以货币作为统一的计量单位。

（3）会计核算具有完整性、连续性、系统性和综合性。这是指对经济组织所有应当核算的经济活动，不能有任何遗漏、任何中断，并用科学的方法进行分类处理，以保证提供的会计信息能够成为一个系统、有序的整体。

（4）会计核算具有一套完整的专门方法和程序。会计核算的专门方法包括：设置科目及账户、复式记账、填制与审核凭证、登记账簿、成本计算、财产清查、编制会计报表。会计核算的程序包括：确认、计量、记录、报告。

（二）会计监督职能

会计监督职能是对会计核算的内容进行控制和监督，促使会计主体的经济活动按规定的要求运行，以保证会计主体提供的会计信息符合质量标准。会计监督作为一种专门的经济监督，具有以下一些特点。

（1）以特定的标准为监督依据。会计监督的主要标准有：会计法及其他经济法规、会计准则、单位内部控制制度、各种经营计划及标准等。

（2）以会计核算的经济活动为内容，对这些经济活动以及这些经济活动的会计核算全过程进行监督和控制。会计的监督过程贯穿于整个会计信息处理的各个环节，包括事前、事中、事后的监督。

事前监督是指会计人员在经济业务发生之前，依据有关规定对经济活动的可行性、合理性和合法性进行审查，提出相关意见。

事中监督是指在日常经营活动中，对已出现的问题或偏差提出建议。

事后监督是指在经济业务完成后，以事前确定的计划标准为依据，对有关会计资料进行分析、检查和评价。

（3）会计对经济活动的监督，包括合法性、合理性和有效性监督。

合法性监督是指对会计主体发生的经济事项，特别是资金运动情况、税金的计算与缴纳、货币资金的收支动向、债权债务的结算、利润的形成与分配等进行监督。

合理性监督是指对会计主体发生的经济事项是否符合市场的一般运行规则进行监督，目的在于发现企业经营活动中的问题，堵塞漏洞，防止损失和浪费，加强内部控制制度，规范会计行为，确保会计资料的真实性和完整性。

有效性监督是指对会计主体发生的经济事项的效率实施监督，目的在于挖掘内部潜力，防止浪费和无效运作，提高工作效率和经济效益。

会计核算职能与监督职能是相辅相成的，两者同时发挥职能作用才能完成会计工作的使命，保证会计信息的质量。可以从两个方面来认识会计的两个基本职能：一方面，只有需要会计核算的经济活动及其核算过程，才需要进行控制和监督，不进行核算的经济活动就不需要进行会计监督，核算是前提；另一方面，对会计核算的经济活动及其核算过程，必须进行全面的控制和监督，对不合法、不合理、不真实的经济活动就不能让其发生，更不能进行核算，监督是核算的保证，即经过会计核算的经济活动必然是经过会计监督的。

会计的其他职能还有预测、参与决策、评价经营业绩等。会计的预测职能是利用具有预测价值的历史会计信息和其他信息来推测会计主体的经营前景；会计的参与经济决策职能是指会计从参与收集数据、提供信息、讨论方案到最后选择最优方案的全过程；会计的评价经营业绩职能是通过财务报表分析完成的。由于会计主体的全部经济活动除经营活动外，还有投资活动和理财活动，对会计主体业绩的评价也应当扩展，从而更全面地评定会计主体的成败、得失和有关方面应承担的责任。

职能体现会计的本质功能，而目标是按照信息使用者的要求把会计职能具体化。会计的职能是相对稳定的，目标则随着外在环境的变化而变更。会计的本质不变，会计的基本职能也不变；会计的目标改变，则会计职能就会变化。例如，会计目标是报告经营责任或受托责任，其反映的职能主要是指记录和报告历史信息；会计目标是满足决策的需要，则职能是预测和规划未来的资金运动，提供预测信息。

第二节　会计信息使用者

一、会计目标

会计目标是会计实践活动所要达到的境地或标准，表明会计应该做什么，是人们主观上的要求。关于会计目标，不同的人有不同的认识和观点，一般认为会计目标有三个方面的内容：谁是会计信息的使用者；会计信息使用者需要什么样的会计信息；会计如何提供这些信息，这些信息应当达到哪些质量标准等。

（一）会计信息的使用者

会计信息的使用者大体可以划分为以下四类。

（1）国家宏观经济管理部门，如统计、财政、税务等职能部门。

（2）资源提供者，如投资人、债权人、供应商等。

（3）内部管理部门，如管理者、计划部门、生产部门等。

（4）利益相关者，如职工、客户等。

（二）会计信息使用者需要的信息

各会计信息使用者需要的会计信息侧重点是不同的，但也有他们共同关心的会计信息，主要包括以下几种。

（1）关于一个会计主体特定时点的财务状况信息。

（2）关于一个会计主体特定期间的经营成果信息。

（3）关于一个会计主体现金流入、流出时间、概率分布以及现金净流量信息。

因此，会计主体提供的会计信息只是一种通用的信息，一般体现在三张基本的财务报表之中，即资产负债表、利润表、现金流量表。

（三）如何提供会计信息

会计为了提供会计信息，需要通过一系列的程序与专门的方法，如确认、计量、记录、报告四个基本程序，以及设置账户、复式记账、填制凭证、登记账簿、成本计算、财产清查和编制报表等基本的核算方法。

（四）会计目标的提出

会计的目标大体上可分为三个层次。

（1）提供评估企业管理当局对受托责任的履行情况的信息。

（2）提供可以供投资人和债权人进行决策的信息。

（3）提供企业履行社会责任的有关信息。

不同的会计主体的会计目标不同，这需要根据企业的情况进行具体的分析确定。

二、会计对象

会计对象是价值增值运动，是在会计主体范围内能够反映和控制的经济事务与经济行为。它独立于会计信息系统之外，但可以运用会计特有的程序与方法，用文字与金额加以描述。

由于会计对象比较抽象，要从整体上把握会计的内容，只有对会计对象进行恰当的分解，形成基本的、相互独立而又互相联系的几个部分，才能从质和量上准确地用文字和金额描述会计对象，了解价值运动。会计要素实际上是对会计对象按经济业务的特性所划分的类别，是会计对象的具体组成部分。

三、会计信息使用者

会计信息的使用者，是指根据会计信息进行决策或经营管理，并与会计主体有利害关系的集团和个人，包括外部使用者与内部使用者两大类。

（一）会计主体外部的会计信息使用者

1. 投资人

投资人包括会计主体现有的所有者和准备对会计主体投资的潜在投资者。会计主体现有所有者对主体享有资产所有权、收益分配权、资产处置权和选择管理者等权利，要通过主体有关组织结构行使这些权利，并要决定其自身是否对主体增加或减少投资等，而作为潜在的投资人要决定对主体是否投资。因此，现有所有者和潜在投资人，除需要掌握国内外宏观经济、行业发展以及行业内其他主体的相关信息外，更关心其在会计主体上的投资风险与报酬，需要了解和掌握会计主体的财务状况、经营成果、现金流量、生产经营情况和市场状况等方面的信息。

2. 债权人

会计主体债权人是由于主体筹集借款、发行债券、赊购物资或服务等而形成的，包括主体现有的和潜在的债权人。他们关心的是主体能否还本付息、债权的风险大小等，需要了解主体的财务状况、经营情况、偿债能力等方面的信息。

3. 国家宏观经济监管部门

会计主体的国家宏观经济监管部门包括工商行政管理部门、税务部门、财政部门、政府审计机构、政府派出的监事会、证券监督管理委员会、证券交易所等。这些国家经济监管部门，为了加强宏观经济管理、履行国家管理职能，以及行使国家作为投资人的权利等，需要了解和掌握会计主体的经济效益、收益分配、资源配置、信息披露等方面的信息。

4. 会计师事务所

会计师事务所根据会计主体及有关单位和个人的委托，对主体的会计报表及有关资料进行独立审计并发表审计意见，需要审查会计报表同账簿、凭证是否相符，会计报表与资产实物、财务状况和经营业绩是否相符，确定会计报表的编制与会计规范是否相符等。

5. 会计主体的供应商和客户

供应商需要根据相关信息判断会计主体的货物需求数量、需求时间和货款的支付能力等；客户需要根据会计信息判断会计主体的生产供货能力、产品定价趋势和产品开发情况等。

（二）会计主体内部的会计信息使用者

1. 管理者

会计主体管理者包括董事会成员、经理人员，以及计划、财务、供应、生产、营销、人事等职能部门的人员，他们需要根据会计信息履行各自的职责。例如董事会成员要求根据会计信息及其他有关资料决定主体的经营计划、投资方案，制定年度财务预算、利润分配、增减注册资本、发行债券的方案，评价管理者的经营业绩并决定有关聘任等。主体管理者以及有关职能管理部门的人员要根据会计信息及其他有关资料管理主体的生产经营，组织实施董事会决议、年度经营计划、投资方案以及聘任有关管理人员等；又如，计划、财务和生产部门的人员，需要产品成本费用方面的信息，以便做出降低产品成本费用的方案和决策等。

2. 内部职工

职工需要根据会计信息了解主体的经营前景、就业保障能力、劳动报酬和职工福利支付能力与水平等。

第三节 会计规范

一、会计规范体系

会计规范是对会计业务处理和信息生成过程中的各种会计行为所做的限定和约束，是管理会计活动的法律、法令、条例、规章、制度等规范性文件的总称，是会计行为的客观标准和会计信息质量的保证。

（一）会计法律

会计法律是调整会计关系的法律规范，由全国人民代表大会及其常委会制定，我国的会计法律规范主要有《中华人民共和国会计法》（以下简称《会计法》）。它是专门针对会计工作制定的一部独立的法律，是我国会计工作的基础，也是制定其他会计规范的依据。

我国《会计法》于1985年1月21日经全国人大常委会通过，从1985年5月1日起实施，经1993年12月29日第一次修订，1999年10月31日第二次修订，并于2000年7月1日起实施。现行的《会计法》有7章共计52条，在总则中规定了立法目的、适用范围、会计工作的管理权限等，在其他章节对会计核算、会计监督、会计机构和会计人员、法律责任等方面做了具体规定。

除《会计法》外，《公司法》、《税法》、《刑法》、《证券法》、《商业银行法》、《保险法》、《企业破产法》等相关法律，也涉及会计方面的规定，从事会计工作时必须遵照执行。

（二）会计条例

会计条例由国务院根据有关法律的规定或全国人民代表大会及其常委会的授权制定，或由省、自治区、直辖市的人民代表大会及其常委会，根据本行政区域的具体情况和实际需要，在不与法律、行政法规相抵触的前提下制定，属于地方性会计条例。国务院制定的会计条例主要有《企业财务会计报告条例》、《总会计师条例》等。

（三）会计规章

会计规章由财政部根据有关法律、法规制定，如《会计从业资格管理办法》、《会计基础工作规范》、《会计信息化工作规范》、《内部会计控制规范》和《财政部门实施会计监督办法》等。

在企业会计核算的标准和制度方面，以1992年11月30日财政部颁布《企业会计准则》为起点，到2006年2月15日财政部发布修改的《企业会计准则——基本准则》及《企业会计准则第1号——存货》等38项具体准则为止，我国对会计核算标准进行了一系列的改革，构建起了一套与我国国情相适应，同时又充分与国际财务报告准则趋同的、涵盖各类企业（小企业除外）各项经济业务的、独立实施的会计准则体系。

2011 年 10 月 18 日，财政部制定了《小企业会计准则》，自 2013 年 1 月 1 日起在小企业范围内施行。2004 年 4 月 27 日发布的《小企业会计制度》（财会［2004］2 号）同时废止。

企业会计准则是对企业经济业务进行会计处理和提供财务报告所做的规范，是企业会计核算的行为标准。企业会计准则体系分为基本准则和具体准则两个层次。基本会计准则是对会计核算的基本要求、基本前提、会计信息质量要求、会计要素和会计报告等的基本规定，是企业会计核算的基本规范或准绳，用来指导具体会计准则、有关会计制度的制定以及指导没有具体会计准则规范的交易的处理。具体会计准则是根据基本准则的要求，对确认、计量和报告某一主体的具体业务所做的具体规定。

会计主体作为会计工作的组织和执行单位，要根据国家的法律、法规和规章，具体制定适合本单位的一系列会计制度，如会计核算制度、会计监督制度，会计内部控制制度等，以规范本单位的会计工作。

二、会计核算的基本前提

会计核算的基本前提也称为会计核算的基本假设。会计最终会通过财务报告向我们展示一个经营中的会计主体的财务图像。然而，由于实践中经济活动的纷繁复杂，存在诸多不确定因素，因此，会计必须首先对这些不确定因素加以限制，将自己的叙述建立在一个确定的前提基础上，以免因基础的摇摆而导致图像的模糊不清。

会计界将这些前提条件称作**会计假设**，不同的假设将构成不同的财务会计体系。

从历史上看，会计假设并非天生就是会计语言体系的基础，而是一种在会计危机出现后的企业的自我保护。在 20 世纪 20 年代的美国，由于经济环境的急剧变化，使得许多企业在没有任何预警信息的情况下突然倒闭，导致人们对会计信息的作用产生疑问，会计信息产生了信任危机。为此，会计界提出了会计信息的编制是有一定前提的，即在特定经济环境条件下，按照通常的原则编制的。一旦这些特定的环境条件发生了改变，原有的会计信息就失去了意义，会计必须改变通常的会计确认或者计量方法。

因此，会计假设在会计语言规则中得以明确，是会计界为应对会计信息受到公众质疑而采取的应对措施，当然，这也反映了会计界本身对会计功能认识的深化。

会计核算的基本前提是指会计核算所必须具备的前提条件，是为保证会计工作的正常进行和会计信息质量，对会计核算的范围、时间、基本程序和方法所做的限定。例如，会计人员在进行会计核算前必须先弄清楚是要核算哪个单位的经济业务，该核算单位是否在持续经营，在核算时是否要分期计算损益，以什么作为计量单位等问题，是在会计核算前必须具备的。会计核算的基本前提，是对会计工作中存在着的一些未经确切认识或无法正面论证的经济事项和会计现象做出的合理推断和规定，这些合理的推断和规定就是会计核算的基本前提，也称为会计假设或会计假定，是人们在长期的会计实践中逐步认识和总结出的科学假设。一般认为会计的基本假设包括会计主体假设、持续经营假设、会计分期假设和货币计量假设四项。

（一）会计主体假设

会计主体假设是指会计所服务的特定单位或组织。它的基本含义是：整套财务报表是用来说明特定个体的营业活动的，对该特定个体的营业活动的记录应当与其所有者的活动、债权人的活动以及交易对方的活动相分离。会计主体为会计核算界定了空间范围，即会计只对其所服务的特定单位或组织自身的经济活动进行核算，而不包括其他经济组织或个人的经济活动，即使是企业所有者或经营者自身的经济活动也不包括，从而准确地反映该会计主体在与外界经济环境进行的交易中取得的成果。会计主体整体的经营成果是通过一个会计主体与外界的交易而实现的，如会计主体向社会提供商品或服务。这也是为什么编制合并报表的时候要消除内部交易造成的资产、负债、收益或者损失的虚增部分的原因。

会计主体作为一个经济实体，可以是一家企业、一个组织或一个行政单位，也可以是一家企业中的一个组成部分，或几家企业组成的企业集团。但会计主体和法人主体不一定相同。所以作为一个会计主体必须具备三个条件。

（1）具有一定数量的经济资源。

（2）进行独立的经营活动。

（3）实行独立核算并提供反映本单位的经营活动情况的会计报表。

（二）持续经营假设

持续经营假设是指会计主体的经营活动将按照现在的形式和既定的目标无限期地继续下去，在可以预见的将来，会计主体不会进行清算，它所持有的资产将按照预定的目的在正常的经营过程中被耗用、出售或转让，它所承担的债务也将如期偿还。

持续经营假设对会计主体的会计核算在时间量度上进行了假定，即假定主体在可预见的将来，不会因倒闭、解散、破产等原因而中断经营、停业清算。

持续经营假设是整个权责发生制原则所赖以建立的基础。例如，资产的计量尺度有历史成本（购买成本）、重置成本、公允价值、变现价值等多种形式。在一份财务报表中究竟采用哪一种计量尺度，与会计主体是否能够持续经营下去这个前提有密切的关系。在持续经营的前提下，企业拥有的资产是过去交易的结果，应按照历史成本而不是现行成本进行计量；同时，由于资产将按照预定的用途加以使用，不会在近期出售，因此不能用变现价值来记录。又如，由于持续经营，固定资产的投资就不必在固定资产购买的当期作为一笔费用计入会计主体的经营成本中，而是可以资本化，在以后的经营期内根据固定资产的使用状况分期地、逐步地计入成本中，这也导致了“折旧”概念和相关的会计处理的引入和发展。

在负债方面，由于假设企业将持续经营下去，对债权人的负债会按期偿还，因此，将负债区分为流动负债（短期负债）、长期负债，并在财务报表上按照流动性以及到期时间来排列，这些会计信息就是有意义的。

持续经营假设的反面就是清算。如果会计主体破产、被兼并或合并，会计主体必须进行清算。此时，持续经营假设就不存在了，它导致原来的资产计价、债务清偿、收益确定、费用递延、折旧、摊销等一系列的会计方法都必须发生改变，财务报表也必须重新编制。例如，在破产的前提下，企业要编制清算资产负债表，负债不必再按照长期与短期分类排列，因为所有的债务都必须马上偿还；资产也没有必要保持流动资产、固定资产的分类，因为所有的资产都要立即变卖，用于偿还债务；而且，既然资产是用来偿还债务的，它就必须按照清算时能够变卖的价值来进行估价、记录，原先账面记录的价值——即资产的历史成本已经没有任何意义。又如，在会计主体被其他主体收购或者兼并其他会计主体的前提下，为了合理确定购并价格，计算新主体股东的权益份额，被兼并主体的所有资产都要进行评估，按照当时的重置成本而不是账面成本（即历史成本）对资产进行计价，并编制新的资产负债表。因此，改变“持续经营”这一前提条件，将会从根本上改变会计信息的内容，从而描绘出完全不同的企业图像。

我国的企业会计准则规定：企业会计确认、计量和报告应当以持续经营为前提。

会计只有在持续经营这一基本的前提条件下，才可能合理界定会计确认和计量的原则，使会计的程序和方法建立在非清算的基础之上，不考虑破产清算的会计处理要求，有效解决资产的计价与使用、债务的承诺与清偿、费用的核定与分摊、收益的确认与分配等问题，保持会计处理的一致性和稳定性。具体地讲，只有在持续经营这一假设条件下，会计主体的资产和负债才有必要区分为流动的和长期的资产和负债，各种资产才能按历史成本而不是现行成本或清算价格计价，也才有必要、有可能在会计上划分核算期间，为采用权责发生制、实行收支配比等奠定基础。

（三）会计分期假设

会计分期假设是将企业持续不断的生产经营活动人为地划分为一定的期间，据以结算账目，编制会计报表，从而能够按期向有关各方提供会计信息，以及时地满足信息使用者的需要。人为划分的这些经营期间称为会计期间。

会计分期假设是对持续经营假设的修正。会计主体的经营活动在时间上是持续不断的，分析一家企业的经营是否成功，最精确的方法只能是等到会计主体最终歇业时，将会计主体的净资产与投资人原来投入的资本进行比较。但是在现实生活中，这显然是行不通的。会计主体的股东需要评价投资效果，管理层要对经营决策进行评价和修正，国家要征税，银行以及其他债权人需要评估会计主体风险与偿债能力。因此，不论是会计主体内部还是外部的利害关系人，它们为了各自的利益或者决策，都要求会计系统提供“现时有用”的信息，定期编制、披露会计主体的财务报告，因此会计期间的划分是必然的。同时，会计期间能够提供会计主体期初与期末财务状况的变化情况、本期与以前各期的经营成果的对比性信息，向会计主体内部管理层提示了改善经营、持续发展的途径，也为会计主体外部的利益相关者揭示了会计主体长期发展的趋势。

由于财务报表按期编制，经营成果就必须按期核算，从而产生“当期”与“非当期”的概念。从某种意义上说，会计期间假设直接导致了会计确认、特别是时间确认问题的产生。实践中，会计主体取得的收入或者支出的费用可能是与几个会计期间有关的。什么时间确认收入，什么时间确认费用，对于特定会计期间的利润水平影响很大。

我国企业会计准则规定：企业应当划分会计期间，分期结算账目和编制财务会计报告。

会计期间分为年度和中期，中期是指短于一个完整的会计年度的报告期间，包括月度、季度和半年度。我国会计期间的起讫日期采用公历日期。

《会计法》第十一条规定：“会计年度自公历 1 月 1 日起至 12 月 31 日。”在年度终了，必须进行年度决算并编制财务报告。

会计期间的划分产生了本期与非本期的区别，在会计实践中，就需要对跨越两个或两个以上会计期间的经济业务，采用恰当的方法确认和计量，从而产生了权责发生制和收付实现制，并在权责发生制下要求收入和费用配比，正确划分资本性支出和收益性支出。

（四）货币计量假设

货币计量假设是指会计主体在会计核算中采用货币作为主要计量单位，并假定了货币价值不变。会计核算中计量所选择的某种货币叫做记账本位币，我国会计主体通常选择人民币作为记账本位币，业务收支以人民币以外的货币为主的会计主体，可以按有关规定选定其中一种货币作为记账本位币，但是在编报会计报表时应当折算为人民币。

货币计量假设的产生，主要是为了解决实物量度的差异性和劳动量度的复杂性等问题。货币之所以成为会计信息的基本工具，是因为其所具有的下列功能：①货币是价值尺度，无论实物、劳动还是其他财富形式，大多可以用货币来表示；②货币是交易媒介，是对经济交易从价值方面进行记录的最好的单位；③货币可以作为信用的衡量尺度和延期支付的标准，因此它是借贷合同或者其他长期性契约赖以产生和顺利履行的基础；④货币作为财富的一种标志，是会计主体组织投入与产出的最终形式。因此，以货币为工具来记录、计量、描述企业的经营活动和财务成果是一种必然选择。

当然，货币计量也有其局限性，它意味着财务报表的内容只限于那些能够用货币来计量的经济活动。对于那些只能用文字描述的信息，如管理层的水平、雇员的品质、产品质量、客户满意度等等，不论是好是坏，货币计量都无能为力。上述非货币计量信息可能恰恰是对会计主体未来发展有重大影响的信息，会计主体外部的利害关系人对此也是极为关注的。从这个意义上看，会计数字对企业图像的描绘是不全面的，因此，现在的会计规则更加注重要求会计人员用文字对任何可能影响理解企业真实财务图像的因素进行充分披露。

会计主体在对经营活动和经营成果进行会计确认、计量、记录和报告时，必须采用具有综合功能的货币量度。但由于受社会生产能力发展、劳动生产率提高和供求关系变化的影响，货币的价值不可避免地发生增值或贬值，为了保证会计核算的稳定性，减少会计工作难度，有必要假定“币值不变”。由此可见，货币计量假设包含有三层含义。

（1）必须以货币量度对会计主体的经营活动及其成果进行综合反映。

（2）运用货币作为计量单位时，必须假定货币价值稳定，即使发生波动，如果幅度不大，依然认为币值是稳定的；如果波动幅度较大，应采用会计中的特殊程序和方法处理有关的会计事项。

（3）当会计主体存在两种以上货币单位进行计量时，必须确定以某一种货币作为记账本位币，以便于会计报表的编制和理解。

综上所述，会计核算的前提条件虽然是人为规定的，但完全是出于客观的需要，有充分的客观必然性，否则会计核算工作就无法进行。这四项假设缺一不可，具有相互依存、相互补充的关系。会计主体假设确定了会计核算的空间范围，持续经营假设确立了会计核算的时间范围，会计分期假设对会计核算时间进行了具体划分，而货币计量假设是进行会计核算的必要手段，解决了实物量度无法加总的问题。因此，这四项假设共同为会计核算工作的开展奠定了基础。

三、会计信息质量要求

会计信息质量要求是指对会计核算及提供信息提出的基本要求。是根据会计所处的社会经济环境，按照会计目标的基本要求，从长期的会计实践中逐渐总结概括而成的，体现了特定社会经济环境对会计核算信息的规范。财政部2006年颁布的《企业会计准则——基本准则》，对会计核算的信息提出了八个方面的质量要求。

（一）客观性

客观性是指企业会计核算应当以实际发生的交易或者事项为依据进行会计确认、计量和报告，如实反映符合确认和计量要求的各项会计要素及其他相关信息，保证会计信息真实可靠，内容完整。

客观性是对会计核算工作的基本要求。会计作为一个信息系统，它所提供的信息是国家宏观经济管理部门、内部经营管理部门以及其他利益相关者进行决策的依据。如果会计数据不能真实、客观反映会计主体经济活动的实际情况，就会误导信息使用者做出不恰当的决策。客观性要求在会计核算的各个阶段必须符合会计真实、客观的要求；会计确认必须以实际发生的交易或事项为依据；会计记录、计量的对象必须是真实的经济业务；会计报告必须如实反映情况，不得做假。

客观性包括下面三层含义：一是会计核算应当真实地反映会计主体的财务状况、经营情况和现金流量，保证会计信息的真实性；二是会计核算应当准确反映会计主体的财务状况，保证会计信息的准确性；三是会计核算应当具有可验证性。

（二）相关性

相关性是指企业提供的会计信息应当与财务会计报告使用者的经济决策需要相关，有助于财务会计报告使用者对企业过去、现在或者未来的情况做出评价或者预测。

会计的目标就是要为相关的信息使用者提供会计信息，所提供的会计信息最终必须能够为信息使用者所利用。要充分发挥会计信息的作用，提高会计信息的使用价值，必须使会计核算提供的会计信息与会计信息使用者对会计信息的要求相关联。如果会计核算的信息不符合会计信息使用者的要求，即使是客观、真实地反映了会计主体经营情况的会计信息，也毫无价值。

会计信息的相关性要求会计主体在收集、加工、处理和传递会计信息的过程中，要考虑信息使用者对信息需求的不同特点，确保会计主体内外有关方面对会计信息的相关需求。相关性并不要求会计主体提供的信息完全满足所有信息使用者的要求。因此，会计主体对外主要提供通用的会计信息。会计信息使用者通过对通用会计信息的自我加工整理，能够得到自己所需的会计信息，这样的会计信息就是符合相关性信息要求的。

（三）可比性

可比性是指企业提供的会计信息应当相互可比。可比性包括两个方面：一是同一企业不同时期发生的相同或者相似的交易或者事项，应当采用一致的会计政策，不得随意变更，以保证不同时期会计信息的相互可比；如果确需变更的，应当在附注中说明。二是不同企业发生的相同或者相似的交易或者事项，应当采用规定的会计政策，以确保不同企业会计信息的口径一致，相互可比。

根据可比性要求，会计主体的会计核算方法前后各期应当保持一致，不得随意变更。如有必要变更，应当将变更的内容和理由、变更的累积影响数以及累积影响数不能合理确定的理由等，在会计报表附注中予以说明。

会计主体在会计核算中坚持前后各期可比，有利于提高会计信息的使用价值。可比性要求同一会计主体在不同时期尽可能采用相同的会计程序和会计处理方法，便于不同会计期间会计信息的纵向比较。同时，可比性要求会计主体前后各期保持对比关系，不得随意变更已采用的会计程序和会计处理方法，可以制约和防止会计主体弄虚作假，粉饰会计报表。

可比性要求会计主体在选择会计处理方法时，应当选择使用国家统一规定的会计处理方法；在编制财务报告时，应当按照国家统一规定的会计指标编报，以便于不同会计主体之间会计信息的比较。可比性是以客观性为基础的，这就要求会计主体选择使用会计处理方法时，应当有利于会计目标的实现，保证客观性目标的实现，不能为了追求可比性，过分强调使用统一的会计处理方法，而使会计核算不能真实地反映实际情况。

（四）明晰性

明晰性是指企业提供的会计信息应当清晰明了，便于财务会计报告使用者理解和使用。

会计主体提供会计信息的目的是为了让信息使用者利用会计信息进行相关决策。要使用会计信息，首先必须了解会计信息的内涵，理解会计信息的内容。明晰性要求会计信息简明、易懂地反映会计主体的财务状况和经营情况。清晰明了的会计信息有利于信息使用者准确、完整地把握会计信息传递的信号。

（五）实质重于形式

实质重于形式是指企业在会计核算时，应当按照交易或事项的经济实质进行会计确认、计量和报告，不应仅以交易或者事项的法律形式为依据。

为什么要在会计核算中规定企业应当按照交易或事项的经济实质进行业务处理，而不应当仅仅按照其法律形式，这要从会计核算的流程进行分析。当交易或事项发生后，将会有相应的法律形式对其进行表达，如销售发生后会有合同或发票，这个法律形式，就成为会计核算时的原始凭证，是核算的依据。如果法律形式能够较准确地表达交易或事项的经济实质，则按照法律形式进行核算而得出的财务图像就能真实反映企业的财务态势；如果法律形式本身不能准确表达交易或事项的经济实质，则按照法律形式进行核算得到的财务数据就会失真。因此，这条会计信息质量的要求可以理解为：当法律形式不能准确表达交易或事项的经济实质的时候，应穿越法律形式，按照交易或事项的经济实质进行核算。

从另一个角度，这条要求也可以理解为，税法等法律、法规对相应的会计核算做出了规定，如坏账准备的计提比率等，但这并不表示以真实再现企业财务数据为目标的会计报表也要遵从此类法规而违背交易或事项的经济实质。这种认识是对会计功能的观念性改变，为推动我国会计制度改革的深化以及与国际惯例走向全面协调奠定了思想基础。

（六）重要性

重要性是指企业提供的会计信息应当反映与企业财务状况、经营成果和现金流量等有关的所有重要交易或者事项。

重要性要求会计主体在会计核算过程中对交易或事项应当区别其重要程度，采用不同的核算方法。对资产、负债、损益等有较大影响，进而影响会计信息使用者做出合理判断的重要会计事项，必须按照规定的会计方法和程序进行处理，并在财务报告中予以充分、准确地披露；对于次要的会计事项，在不影响会计信息真实性，不至于误导会计信息使用者做出正确判断的前提下，可以适当简化处理。

全面、准确地反映会计主体经济活动的全过程，固然是会计核算的基本要求，但从会计信息使用者的角度看来，重要的是通过会计报表了解会计主体的经营情况，特别是那些对其经营决策有重要影响的会计信息，而并不要求面面俱到。如果会计信息不分主次，有时反而可能有损于其使用价值，甚至影响决策。从会计核算效益来看，对一切会计事项的处理，一律不分轻重主次和繁简详略，采用完全相同的处理方法，必将耗费过多的人力、物力和财力，增加许多不必要的工作量，影响会计核算工作的效率。

会计主体提供重要交易和事项的会计信息，首先涉及对经济业务或会计事项的重要性判断的问题，对于不同会计主体和不同经济业务或会计事项来说，重要与不重要是相对的。对某项会计事项判断其是否具有重要性，在很大程度上取决于会计人员的职业判断。

（七）谨慎性

谨慎性是指企业对交易或者事项进行会计确认、计量和报告应当保持审慎的态度，不应高估资产或者收益、低估负债或者费用。

一般认为，谨慎性是会计为合理界定财产受托管理人的经营责任而发展起来的，它反映了会计人员对其所承担的责任秉持的一种态度，这种谨慎、保守的态度被认为是非常必要的，因为它可以在一定程度上抵消管理当局通常持有的过于乐观的态度所可能导致的危险。

根据谨慎性的要求，会计报表的数据非常保守、稳健，一般不会存在夸大利润、虚增资产等舞弊问题。但是，谨慎性在运用中也可能走到另一个极端，即过度谨慎——通过会计方法压低资产价值，或者人为扩大对损失的估计，从而形成秘密准备金。

秘密准备金是指在资产计价过程中形成的、不在资产负债表上反映的、企业实际拥有或控制的资产。秘密准备金的“释放”将直接形成利润。

会计上，通过低估资产和高估负债两种手段都可以形成秘密准备金。

（1）低估资产价值。可以利用高估折旧率（如加速折旧等）、较低的制造成本（对自制设备、产成品、在制品等）、特定的计价方法（如先进先出法等）来低估资产价值。

（2）不反映某些特定资产的价值。利用税法中一些计价选择权，可以将某些资产直接作为费用处理而不反映为年终报表上的资产价值。

（3）成本与市价孰低。当价值上涨使资产的重置成本高于取得成本时，根据不确认未实现利润的原则，不能对资产价值做出相应的调整，自然形成了秘密准备金。

（4）高估负债。如有意无意地过高估计养老准备金、过高估计可能招致的损失等。

从理论上讲，只要存在价值估计，就有可能存在秘密准备金。随着我国现代企业制度的建立、健全，以及企业法人治理结构的不断完善，尤其是民营企业和私营企业的发展，我国企业也会变得越来越“谨慎”，越来越“稳健”，秘密准备金问题终将“浮出水面”。事实上，我国企业一方面存在着一定的“虚盈实亏”问题，而另一方面也同时存在秘密准备金问题，如账面价值已经等于零但仍可继续使用的固定资产、市价已经远高于账面成本的股票投资、采用一次摊销法的各种低值易耗品等。而且，目前因“过分稳健”形成“不适当”秘密准备金的事件也已经出现。

秘密准备金的存在对保护债权人利益有一定的意义，但是它对股东权益却可能造成不良影响。实践中，秘密准备金也往往成为管理当局调节利润的手段，特别是在公司效益不好的年份，将秘密准备金转回与不计提折旧一起成为管理当局改善财务报表图像的主要途径，这很容易误导投资人。

（八）及时性

及时性是指企业对于已经发生的交易或者事项，应当及时进行会计确认、计量和报告，不得提前或者延后。

任何会计信息的使用价值不仅要求其真实可靠，而且必须保证其时效，及时将信息提供给会计信息使用者。特别是在市场经济条件下，市场瞬息万变，竞争激烈，会计学信息使用者对会计信息的及时性要求越来越高。

及时性要求具体包括三方面的含义：一是要求会计人员及时收集信息，即在经济业务发生后，及时收集、整理各种原始凭证；二是要求及时对会计数据进行加工处理，及时编制会计报告；三是要求及时传递会计信息，将编制的会计报告及时传递给会计信息使用者。

第四节　会计核算方法和程序

一、会计方法及其构成

会计方法是指会计职能作用于会计对象，完成会计任务的手段。会计职能不仅决定了会计所要完成的任务，而且制约了会计所使用的技术和方法。为核算和监督会计对象、完成会计任务、实现会计目标而使用的一系列技术和方法所组成的有机整体，称为会计方法体系。会计方法体系主要包括四大类：一是**会计核算方法**，它是对会计主体的经济活动事项进行确认、计量、记录和报告所使用的技术方法，通常称为记账、算账、报账；二是会计分析方法，它是以会计核算资料为主要依据，结合其他有关资料，对会计主体的生产经营活动过程与结果进行分析评价所采用的方法；三是会计检查方法，它是以会计监督标准为依据，对会计主体经营活动的合法性、合理性和有效性以及会计核算资料的真实性、可靠性进行监督检查所使用的方法；四是会计预测决策方法，它是以会计核算和会计分析资料为基础，结合其他有关经济信息，对未来可能发生的经济活动及其前景进行判断、预测和决策所使用的方法。

在上述方法体系中，会计核算方法是最基本的会计方法。

会计基本程序指会计信息系统在加工数据并形成最终会计信息的过程中所特有的步骤，包括会计确认、计量、记录与报告几个基本环节。

（一）会计确认

会计确认是指按照规定的标准和方法，辨认和确定经济信息是否作为会计信息进行正式记录并列入会计报表的过程。会计确认涉及某项经济活动是否应该作为会计要素的有关项目进行记录，在何时以多少金额记录等问题。对某项经济活动确认的主要标准有：一是判断该经济活动是否符合某个会计要素项目的定义，或者满足会计准则（或会计制度）规定的有关条件。二是该经济活动能否用货币计量。按确认的时间顺序，会计确认可分为初始确认和再确认。初始确认是指经济活动是否进入会计核算系统的最初认可，体现为将经济业务传递的数据利用文字、金额表述和归集于账户之中；再确认是对纳入会计核算系统的经济活动发生变化或为进行加工处理会计信息和在会计报表进行表述等进行的进一步确认，体现为最终在财务报表中表述的过程。会计确认是会计核算的第一个步骤，但也涵盖在计量、记录和报告的各个环节之中。

广义的确认包括计量、记录和报告三个环节，其主要特点有以下几个。

（1）何时，以何种金额、何种要素进行记录（初次确认）。

（2）何时，以何种金额通过何种会计要素列入财务报表（再确认）。

确认包含有四项基本条件。

（1）可定义性，即必须符合某个财务报表要素的定义。

（2）可计量性，即要能够利用某种计量属性进行计量。

（3）计量的相关性。

（4）计量的可靠性。

上述条件是一项数据进入会计信息系统的最基本条件，但数据何时进入会计信息系统，还存在一个会计确认时间的问题。在现实中，由于经济业务发生的时间与相应的资金收付时间往往不一致，因此需要进行会计确认时间的选择。

会计人物 1-3　　“商业会计学的奠基人”——杨端六

杨端六（1885—1966），经济学、会计学教授，理财专家，中国货币银行学的开拓者，我国商业会计学的奠基人。

1920 年自英国回国后，杨端六先生在吴淞中国公学兼任经济学、会计学教授。随后出任经济研究所所长，并任社会科学研究所研究员。就职于武汉大学期间，杨端六历任法学院院长、教务长、经济系主任、文科研究所经济学部主任，校委员长等职。1934 年至 1937 年，兼任原国民政府参政员、军事委员会审计厅厅长。新中国成立后，继续担任武汉大学经济系教授，兼任中南军政委员会财经委员会委员。

杨端六教授一生著书颇丰，涉及会计学、经济学、货币银行学、管理学等诸多领域。主要代表著作有：《记帐单位论：中国会计学之根本问题》、《商业簿记》、《现代会计学》、《卫士林支那货币论》（译）、《信托公司概论》、《货币浅说》、《银行要义》、《货币与银行》、《六十五年来中国国际贸易统计》、《工商组织与管理》、《罗素论文集》（合译）、《中国改造问题》、《社会政策》等。

资料来源 陈元芳．我国商业会计学奠基人：杨端六［EB/OL］．论文联盟［2009-07-11］，http：//www. lwlm. com/qitakuaiji/201303/688681. htm.

（二）会计计量

会计计量是在确认的基础上对应确认的对象进行的数量化和价值化的会计行为，是以数量关系来确定物品或事项之间的内在数量关系，把数额分配于具体事项的过程。会计计量包括计量尺度和计量属性两个方面。通过前面会计概念和会计基本前提的学习可知，会计是以货币作为计量尺度的，当然以货币作为主要计量单位并不排斥在会计计量中同时运用实物或时间等计量尺度。会计计量的属性是货币计量的规则或方式，一般来说可供选择的计量属性主要有历史成本、重置成本、可变现净值、公允价值、未来现金流量的现值等。

只要会计采用复式记账法，货币计量就必不可少，以货币作为计量尺度也是最佳的选择。当然，同时可以运用实物或时间等计量尺度。

对于会计计量属性的选择，较为复杂。在相关的财务报表上，资产项目一般以成本列示；在特殊情况下，如通货膨胀、盘盈、清算、接受捐赠等，可以采用重置成本、变现净值、市场价格等计量属性来进行计量。

关于金融工具的计量问题。由于金融工具只产生合同的权利或义务，而交易或事项尚未发生，没有历史成本。或者说，在交易双方之间的报酬与风险已经开始转移，而权利与义务并未实际履行时，会计上就已经需要确认了。因此，按照新的金融工具的要求，确认的时间提前了，它不是按交易发生的时间为基础，而是要以合同签订的时间为标准。确认以后，就是计量问题。此时，计量的基础也不同于过去，它要计量未来，但历史成本尚未发生，因此要运用公允价值。

公允价值是指理智的交易双方在一个开放的，不受干扰的市场中，在平等的、相互之间没有关联的情况下，自愿进行交易的金额。

（三）会计记录

会计记录是对经过确认而进入会计信息系统的各项数据，通过预先设置好的账户，运用一定的文字和金额，按照复式记账法的要求，在账簿中进行记录的过程。通过会计记录，可以对价值运动进行详细而具体的描述与量化，并对数据进行初步的加工、分类与汇总，具体包括设置账户、复式记账、登记账簿、填制和审核凭证等。

（四）财务报告

财务报告是指把会计信息系统的最终产品——会计信息传递给会计信息使用者的手段。它包括财务报表、报表附注、附表及财务状况说明书，具体包括财产清查和编制财务报表等。

二、会计核算方法

会计核算方法是对会计对象进行完整、连续、系统、综合地记录、计算、分类，进行核算和报告的方法，包括设置科目及账户、复式记账、填制和审核凭证、登记账簿、成本计算、财产清查、编制会计报表等7种专门方法。

（一）设置科目及账户

设置科目及账户是对会计对象具体内容进行分类核算的方法。设置会计科目是根据会计对象具体内容的不同特点和经济管理的具体要求，按一定标准事先规定的分类核算项目。账户是根据设置的会计科目在账簿中开设的，用来记录各项经济业务的增减变化及结存情况，以便取得经济管理所需要的核算指标。

（二）复式记账

复式记账是指对每项经济业务，都要以相等的金额同时在两个或两个以上的相关账户中记录的方法。采用复式记账法，能够反映账户之间的依存关系，了解经济业务的来龙去脉，同时便于检查账簿记录是否正确。

（三）填制和审核凭证

填制和审核凭证是为会计记录提供完整、真实的原始资料，保证账簿记录正确、完整、合理和合法的方法。会计凭证是记录经济业务、明确经济责任的书面证明，是登记账簿的依据。会计凭证分为原始凭证和记账凭证。进行会计核算，必须取得证明经济业务发生的原始凭证，财会部门和其他有关部门要对其正确性、完整性、合法性、合理性进行审核；财会部门根据审核无误的原始凭证填制记账凭证，作为登记账簿的直接依据。

（四）登记账簿

登记账簿是根据填制和审核无误的记账凭证，在账簿上进行全面、连续、系统记录的方法。账簿是由具有一定格式的账页组成，用来记录经济业务的簿籍。登记账簿要以会计凭证为依据，运用复式记账方法，将发生的经济业务分门别类地记入账簿上开设的账户中，借以提供总括和明细的会计核算指标，其反映的会计资料是编制会计报表的重要依据。

（五）成本计算

成本计算是对应计入一定对象上的全部费用进行归集和分配，分别计算各成本计算对象的总成本和单位成本的方法。成本计算是一种会计计量活动，解决的是会计核算对象的货币计价问题。因此，从广义上讲，成本计算存在于各种经济活动之中，纳入会计核算的任何一项经济业务都有一个货币计价问题，而货币计价就是确定用何种成本入账的问题。从狭义上讲，一般是指材料、产品（商品）、劳务等的成本计算。通过成本计算可以正确地对会计核算对象进行计价，考核经济活动过程中物化劳动和活劳动的消耗程度，为经营管理提供基础资料。

（六）财产清查

财产清查是通过盘点实物财产、查询核对债权债务等来查明财产实有数额，保证账实相符的一种方法。在清查中发现财产的账面数额与实存数额不符的情况，应按照规定的方法及时调整账簿记录，使账存与实存保持一致，并查明账实不符的原因，明确责任；对清查中发现的积压或残损物资以及往来账款中的呆账、坏账等，要及时进行处理。因此，财产清查是保证会计资料真实、正确的一种手段。

（七）编制会计报表

编制会计报表是在日常账簿记录的基础上，对会计核算资料定期进行进一步的加工整理，采用一定的表格形式，总括地反映经济组织某一特定日期的财务状况和一定时期的经营成果、现金流量以及成本费用情况，为会计信息使用者提供信息的一种方法。编制的会计报表主要有资产负债表、利润表、现金流量表以及有关的成本费用表等。会计报表所提供的信息资料，是进行会计分析、考核、检查的主要依据，是进行有关经营管理的重要资料。

会计核算的各种方法相互联系，缺一不可，共同组成会计核算方法的完整体系。首先，当会计主体的经济业务发生后，必须取得或填制原始凭证。其次，根据审核后的原始凭证，按照设置的会计科目和账户，采用复式记账法编制记账凭证。再次，要根据审核后的记账凭证或原始凭证登记相关的会计账簿，并依据账簿资料及其他相关资料编制会计报表。在会计核算过程中，填制和审核会计凭证是开始环节，登记会计账簿是中间环节，编制会计报表是最后环节。会计主体在每一个会计期间发生的会计业务都要经过这三个环节的处理，称为会计循环。在会计循环的过程中，这三个环节成为联结各种会计核算方法的关键，从而形成了会计核算方法的完整体系。

三、会计核算的基础

《企业会计准则——基本准则》第九条指出：“企业应当以权责发生制为基础进行会计确认、计量和报告。”这是对会计基础的规定。

权责发生制，也称为应计制或应收应付制，是指以责任和义务是否已经实际转移为标准来确认本期收入和费用的一种会计处理基础，即凡是本期已经实现的收入和已经发生或应当负担的费用，不论其款项是否已经实际收付，都应作为本期的收入和费用处理；凡是不属于本期的收入和费用，即使款项已经在本期收付，也不应当作为本期的收入和费用。

在会计实务中，企业交易或者事项的发生时间与相关货币收支时间有时并不一致。例如，预收销货款，虽然款项已经收到，但实际的销售业务在本期并未实现。

预付购货款业务也是如此，虽然款项已经支付，但实际的购买业务在本期并未完成。要更加真实、公允地反映特定会计期间的财务状况和经营成果，就不能将预收或预付的款项作为本期的收入或费用处理。

收付实现制是与权责发生制相对应的另一种会计基础，二者对确定收入和费用的会计处理是截然不同的。收付实现制是以收到或支付现金作为确认收入和费用的依据。目前，我国的行政单位会计采用收付实现制，事业单位会计除了经营业务可以采用权责发生制外，其他大部分业务采用收付实现制。下面举例说明权责发生制和收付实现制的区别。

【例 1–1】假设通用数码有限责任公司 2013 年 6 月发生如下几项经济业务。

（1）销售产品 4 000 元，收到货款已经存入银行。

（2）销售产品 10 000 元，收到货款 8 000 元存入银行，余款暂欠。

（3）预付第三季度门面房租金 6 000 元。

（4）6 月份结算应付银行借款利息 1 800 元。

（5）收到上个月客户购买产品未付货款 4 000 元。

（6）收到客户预付货款 5 000 元，该批商品下个月交货。

要求：按照权责发生制和收付实现制确认公司 6 月份的收入费用各为多少？

解答：(1）销售产品 4 000 元，收到货款已经存入银行。

在这项经济业务中，通用数码有限责任公司销售产品 4 000 元的货款全部收到，销售实现，因此在权责发生制和收付实现制下都可以确认为本月实现收入。

（2）销售产品 10 000 元，收到货款 8 000 元存入银行，余款暂欠。

在这项经济业务中，通用数码有限责任公司销售产品 10 000 元，收到货款 8 000元。在权责发生制下本月销售实现 10 000 元，因此可以确认实现收入 10 000 元；在收付实现制下公司实际收到货款 8 000 元，因此本月可以确认实现收入 8 000元。

（3）预付第三季度门面房租金 6 000 元。

在这项经济业务中，通用数码有限责任公司预付的租金为 6 000 元，在权责发生制下属于以后会计期间承担的义务，因此本月不能确认为费用；在收付实现制下本期实际支付租金 6 000 元，可以确认为本月的费用。

（4）6 月份结算应付银行借款利息 1 800 元。

在这项经济业务中，通用数码有限责任公司结算 6 月份应该支付的利息费用 1 800元，在权责发生制下属于本会计期间应该承担的义务，因此尽管本月并未支付利息，但仍然应该确认为本月的费用。在收付实现制下本月实际未支付利息，因此不能确认为本月的费用。

（5）收到上月客户购买产品未付货款 4 000 元。

在这项经济业务中，通用数码有限责任公司收到的货款 4 000 元，在权责发生制下属于上个会计期间实现的销售收入，因此本月不能确认为收入；在收付实现制下实际收到货款4 000元，可以确认为本月实现收入4 000元。

（6）收到客户预付货款5 000元，该批商品下个月交货。

在这项经济业务中，通用数码有限责任公司预收货款5 000元，在权责发生制下实际销售业务并未发生，因此本月不能确认实现收入；在收付实现制下实际收到货款5 000元，可以确认为本月收入。

通用数码有限责任公司按照权责发生制和收付实现制确认的本月收入费用情况，见表1-1。

表1-1 **权责发生制与收付实现制收入费用比较** 单位：元

业务序号	权责发生制		收付实现制	
	收入	费用	收入	费用
1	4 000		4 000	
2	10 000		8 000	
3				6 000
4		1 800		
5			4 000	
6			5 000	
合计	14 000	1 800	21 000	6 000

四、会计工作管理体制

所谓会计工作管理体制，就是划分管理会计工作职责权限关系的制度，包括会计管理组织形式、管理权限划分、管理机构设置等内容。

（一）会计工作的主管部门

根据《会计法》的规定，国务院财政部门主管全国的会计工作，县级以上地方各级人民政府财政部门管理本行政区域内的会计工作。该规定明确了由财政部门主管会计工作，并要求管理体制遵循“统一领导，分级管理”的原则。

（二）制定会计制度的权限

会计制度是指政府管理部门对处理会计事务所制定的规章、准则、办法等规范性文件的总称，包括对会计工作、会计核算、会计监督、会计人员、会计档案等方面所做出的规范性文件。

国务院财政部门根据《会计法》制定关于会计核算、会计监督、会计机构和会计人员以及会计工作管理的制度。

（三）会计工作的监督检查

会计工作的监督检查，就是指国家对会计工作实施的国家监督，即政府有关部门依据法律、行政法规的规定和部门的职责权限，对有关单位的会计行为、会计资料所进行的监督检查。

在对会计工作的国家监督中，除财政部门的普遍性监督外，其他有关部门，如审计、税务、人民银行、证券监管、保险监管等部门，按照法律、行政法规的授权和部门的职责分工，从行业管理、履行职责的角度出发，也有对有关单位会计资料实施监督检查的职权，有关单位有义务认真配合。

五、会计机构和会计人员

（一）会计工作组织

1. 定义

会计工作组织就是根据会计工作的特点，制定会计法规制度，设置会计机构，配备会计工作人员，以保证合理、有效地进行会计法规制度的执行、会计档案的保管等会计工作。

合理组织会计工作的意义可以归纳为以下几点。

（1）有利于保证会计工作的质量，提高会计工作的效率。

（2）可确保会计工作与其他经济管理工作协调一致。

（3）可加强单位内部的经济责任制。

（4）有利于贯彻执行国家的方针、政策、法规和制度，维护财经纪律。

2. 会计工作组织的设置原则

（1）统一性原则。在市场经济条件下，会计所提供的信息，不仅要满足会计主体经济管理的要求，而且要满足外部会计信息使用者的要求。因此，会计资料是一种重要的社会资源，为维护社会经济秩序，规范会计行为，依据《会计法》的要求，各会计主体要设置统一的会计机构、配备会计人员和组织会计工作。

（2）个性化原则。组织会计工作，既要符合国家统一的要求，又要从实际出发，适应本单位的特点。在与会计法和会计准则不相抵触的情况下，根据本单位的业务特点和经营规模的大小等情况来组织会计工作。

（3）协调性原则。会计主体的经营管理工作是一项系统工程，会计是其中重要的组成部分，各部分工作只有按系统的目标相互协调、相互配合，系统才能有效地运行。因此，组织会计工作时，必须坚持协调原则，保证会计工作与其他经济管理工作协调运行。

（4）成本效益原则。在组织会计工作时，必须在保证会计信息质量和会计任务完成的前提下，坚持成本效益原则，合理地设置会计机构，配备会计人员，建立会计核算程序，防止机构重复和不必要的工作程序。

3. 组织会计工作的基本要求

合理组织好会计工作，应符合以下要求。

（1）要符合单位的生产经营要求和国家对会计工作的统一要求。

（2）要保证核算工作的质量，提高工作效率。

（3）要保证贯彻经济责任制。

会计工作的组织形式可选择采取集中核算和非集中核算。

集中核算就是把整个单位的会计工作主要集中在会计部门进行，单位内部的其他部门和下属单位只对发生的经济业务填制原始凭证或原始凭证汇总表，送交会计部门。原始凭证或原始凭证汇总表由会计部门审核，然后据以填制记账凭证，登记有关账簿，编制会计报表。集中核算可减少核算层次，精简机构，减少会计人员，适用于规模较小、经济业务量少的单位。

非集中核算又称为分散核算，就是将会计工作分散在各有关部门进行，各会计部门负责本单位范围内的会计工作，单位内部会计部门以外的其他部门和下属单位，在会计部门的指导下，对发生在本部门和本单位的经济业务进行核算。非集中核算有利于各部门及时利用核算资料进行日常考核和分析，及时解决生产、经营管理上的问题，适用于实行内部经济核算制，需要实行分级管理、分级核算的单位。

4. 内部会计管理制度

内部会计管理制度是指各个单位根据我国《会计法》和其他相关法规，结合本单位具体的经营特点，本着保质、保量地完成会计工作的目的而建立、制定的有关会计工作的各项内部制度。在建立内部会计工作制度时需要注意两个问题：一是制定的原则；二是内部会计管理制度的具体内容。在制定内部会计管理制度的时候，应当遵循以下六条原则。

（1）要执行有关法律、法规和制度的规定。

（2）应当体现本单位的特点。

（3）要全面规范会计工作，使得会计工作有序进行。

（4）应当科学、合理。

（5）在制定制度后，应当定期检查制度的执行情况。

（6）在执行过程中，要不断地对内部管理制度进行完善。

5. 内部会计管理制度的内容

一般来说，单位内部会计管理制度应包括以下内容。

（1）单位应当建立内部会计管理体系。这一条主要是指对单位的有关领导、总会计师以及有关会计主管人员的职责权限进行规定。

（2）各个单位应当建立会计人员的岗位责任制度，包括各个岗位的职责、权限、分工、轮岗的办法和考核方法等。

（3）应当建立账务处理的程序制度。主要包括会计科目的设立、会计凭证的格式、审核凭证的要求、传递会计资料的程序、会计核算方法的选定、账户设置的要求、编制报表的种类及要求等。

（4）应当建立内部牵制制度。

（5）应当建立原始记录的管理制度，在这里，原始记录的管理主要是指原始记录的内容以及填制，记录的格式和审核，以及记录填制人员的责任和传递要求等。

（6）应当建立稽核制度。

（7）应当建立定额管理制度，包括定额的范围、制定、执行、考核和奖惩等方面。

（8）应当建立计量检验制度。

（9）应当建立财产清查制度，包括清查对象、范围、组织、事件，对清查结果的处理，对有关责任人的奖惩办法等。

（10）应当建立财务收支审批制度，包括审批人员的确定、审批权限、审批程序、审批责任等。

（11）实行成本核算的单位，应当建立成本核算制度。包括成本核算的对象、成本核算方法、成本核算程序、成本分析等。

（12）应当建立财务会计分析制度，包括财务会计分析的内容、基本要求、组织程序、分析方法分析报告的编制要求等。

（二）会计机构

会计机构是直接从事和组织领导会计工作的职能部门。各会计主体原则上都要单独设置专职的会计工作机构。不具备设置条件的可设置专职的会计人员或委托会计师事务所代理记账。

我国《会计法》第三十六条明确规定："各单位应当根据会计业务的需要，设置会计机构，或者在有关机构中设置会计人员并指定会计主管人员；不具备设置条件的，应当委托经批准设立从事会计代理记账业务的中介机构代理记账。"

会计机构的岗位责任制，也称会计人员岗位责任制，就是在会计机构内部按照会计工作的内容和会计人员的配备情况，将会计机构的工作划分为若干个岗位，并为每个岗位规定职责和要求的责任制度。

（三）会计人员

1. 会计人员的职责权限

会计人员的主要职责是进行会计核算，实行会计监督，拟定本单位办理会计事务的具体办法，办理其他会计事务。

会计人员的主要权限包括：有权要求本单位有关部门和人员认真执行国家批准的计划、预算；遵守国家财经纪律和财务制度；有权参与本单位编制计划，制定定额，签订经济合同；参与有关的生产、经营管理会议；有权监督、检举本单位有关部门的财务收支、资金使用和财产保管、收发、计量和验收等。

《会计法》规定：任何单位或者个人都不得以任何方式授意、指使、强令会计机构、会计人员伪造、变造会计凭证、会计账簿和其他会计资料，不得对会计人员进行打击报复，并要对忠于职守的会计人员给予物质和精神上的奖励。

2. 会计人员的任职资格

（1）会计从业资格证书的取得。取得会计从业资格证必须符合四项基本条件：

①坚持四项基本原则；②遵守国家财经和会计法律、法规及规章制度；③具备一定的会计专业知识和技能；④热爱会计工作，秉公办事。

（2）会计从业资格证书的注册制度。取得会计从业资格证的人员，被单位聘用从事会计工作时，应由所在单位提出申请，并在30日内到发证机关进行注册登记，注册后的持证人员作为正式会计人员管理。

（3）会计从业资格证书的年检制度。在岗会计人员应按规定向发证机关办理会计从业资格证年检。年检工作一般每两年进行一次，每年进行一次后续教育。

会计人员的继续教育是指会计从业务人员在完成某一阶段的专业学习后，重新接受一定形式的、有组织的、知识更新的教育和培训活动。

根据财政部2006年11月发布的《会计人员继续教育规定》，会计人员每年接受面授培训的时间不少于24小时，由会计人员所在单位负责组织和督促本单位的会计人员参加继续教育。会计人员继续教育的情况作为会计人员任职、晋升的依据之一。

3. 会计人员职业道德

会计人员为了全面履行职责、行使职权、发挥会计核算和监督的作用，必须从严要求自己，不断提高自身的政治素质、业务素质和职业道德。

职业道德的具体内容包括：爱岗敬业、诚实守信、廉洁自律、客观公正、坚持准则、提高技能、参与管理、强化服务。

爱岗敬业，是做好一切工作的出发点，也是会计人员职业道德的首要前提。其基本要求包括：①正确认识会计职业，树立爱岗敬业的精神；②热爱会计工作，敬重会计职业；③安心工作，任劳任怨；④严肃认真，一丝不苟；⑤忠于职守，尽职尽责。

诚实守信，是会计人员职业道德的一项重要内容，是一切职业道德的基础和根本，是为人处世最重要的品德。其基本要求包括：①要做老实人，说老实话，办老实事，不做假账；②要保守秘密，不为利益所诱惑；③要执业严谨，信誉至上。

廉洁自律，是会计人员职业道德的前提和内在要求，同时也是会计人员的行为准则，它的基本要求包括：①树立正确的人生观和价值观；②要公私分明，不占不贪；③要遵守法纪，尽职尽责。

客观公正，是会计人员职业道德的灵魂，也是会计工作最主要的职业行为，它的基本要求包括：①要树立客观公正的态度，具备较强的专业知识和专业技能；②要依法办事；③要实事求是，不偏不倚；④要保持独立性。

坚持准则，是会计人员职业道德规范中的重中之重，它的基本要求是要熟悉准则、遵守准则、坚持准则。

提高技能，是胜任本职工作的需要，它的基本要求包括：①要学习科学文化知识、会计知识，培养高超的专业技术；②要重视在会计实践中提高会计职业能力；③要精益求精，不断提高业务素质。

参与管理，是会计监督职能的要求，它的基本要求包括：①要努力钻研业务，提高业务技能，为参与管理打下专业基础；②要熟悉财经法规和相关制度，为单位管理决策提供专业支持；③要熟悉服务对象的经营活动和业务流程，使单位的管理决策更具有针对性和有效性。

强化服务，是提高会计职业声誉的重要途径，是会计人员职业道德的最终归宿，它的基本要求包括：①要树立强烈的服务意识；②服务要文明；③服务质量要高。

4. 会计档案

会计档案是指会计凭证、会计账簿和会计报表等会计核算专业资料，是记录和反映单位经济业务的重要史料和证据。各单位必须加强对会计档案管理工作的领导，建立会计档案的立卷、归档、保管、查阅和销毁等管理制度，保证会计档案妥善保管，有序存放，方便查阅，严防毁损、散失和泄密。

会计档案可以分为四类：会计凭证类、会计账簿类、财务报告类、其他类。

会计档案管理内容主要包括：会计档案的立卷、归档；会计档案的保管期限；会计档案的查阅和销毁。

会计档案的保管期限分为永久和定期两类。其中，年度财务报告、会计档案保管清册、会计档案销毁清册为永久性保管会计档案，其他为定期保管会计档案。会计档案的保管期限，从会计年度终了后的第一天算起。

定期保管期限分为 3 年、5 年、10 年、15 年、25 年 5 种。会计档案的保管期限从会计年度终了后的第一天算起。目前有关不同会计档案保管期限的具体规定见表 1–2。

表 1–2 **会计档案保管期限**

会计档案名称	保管期限	备注
一、会计凭证类	15 年	原始凭证、记账凭证
二、会计账簿类		
1. 日记账、明细账、总账、辅助账簿	15 年	
其中：库存现金和银行存款日记账	25 年	
2. 固定资产卡片		固定资产报废清理后保管 5 年
三、财务报告类		包括各级主管部门的汇总财务报告
1. 月度、季度财务报告	3 年	包括文字分析
2. 年度财务报告	永久	包括文字分析
四、其他类		
1. 会计移交清册	15 年	
2. 会计档案保管清册	永久	
3. 会计档案销毁清册	永久	
4. 银行存款余额调节表、银行对账单	5 年	

■ 思考题

1. 什么是会计？你认为会计的本质是什么？
2. 会计的基本职能是什么？
3. 什么是会计目标？包括哪些内容？
4. 我国的会计法律规范包括哪些？
5. 会计核算的基本前提有几个？具体是什么？
6. 会计核算的一般原则有哪些？你理解的这些原则的作用是什么？
7. 会计核算有哪些专门方法？
8. 会计核算的基本程序包括什么？

■ 案例讨论

谁对谁错

两家公司的经理正在讨论资本性支出与收益性支出在会计上的区别。甲经理说："重新粉刷厂房和更换破损玻璃的成本就是很好的收益性支出的例子，此类支出应作为费用处理。"乙经理说："很好，你举的例子甚佳，不过，最近我们碰到一个特殊的情况，在这种情况下我们将重新粉刷厂房和更换破损玻璃的成本资本化了。"甲经理说："你们不应该这样，你们的注册会计师不会核准你们的财务报表的。"

试评述以上二人的论点，并说明乙经理所提及的特殊情况可能是哪一种情况。

第二章

借贷记账法原理

■ 主要知识点

* 理解并掌握会计科目与账户定义及其结构分类
* 理解并掌握复式记账法的基本原理
* 深刻理解并掌握借贷记账法的基本原理及其含义
* 理解并熟练掌握借贷记账法的运用方法
* 理解试算平衡的原理及方法

■ 关键概念

会计等式　会计科目　账户　借贷记账法　会计分录　试算平衡

■ 引言

在开始本章的学习之前，请你先思考一个问题。你是否有很多东西，包括书籍、钱包、学习用具（尺子、签字笔、橡皮等）、玩具（洋娃娃、小汽车、毛绒玩具等）、手机、钥匙等物品，这些东西你怎么管理才能做到井井有条呢？你一定会想到把它们按照不同名称（如玩具、文具等）加以分类，分类后再把贴有不同名称（如玩具等）的标签，放入贴有名称的箱子中。

同理，企业每天也会发生很多业务，需要记到与之相关的账本上。如果要使成千上万的业务记录得清晰而条理，就要对经济业务的内容即会计对象进行具体的分类，每一类都冠一名称即会计科目（如前面的“玩具”类）；把会计科目记到带有格式的账页中（相当于前面带有标签的箱子），会计科目与账页结合就是会计账户，有了账户就可以分类记录经济业务。同时，经济业务发生后（如买材料），一方面记录材料的增加，另一方面记录货币资金的减少，这就是复式记账原理。本章主要介绍会计科目的含义及分类，账户的含义、结构及分类。

第一节 会计等式

会计等式，也称会计平衡公式，或会计方程式，它是对各会计要素的内在经济关系利用数学公式所作的概括表达，即反映各会计要素数量关系的等式。它提示各会计要素之间的联系，是复式记账、试算平衡和编制会计报表的理论依据。

一、会计基本等式

一般企业要开展生产经营活动，必须能够控制经济资源，这些资源在企业中一方面表现为特定的物质实体，如库存现金、银行存款、库存商品、原材料、固定资产等企业资产，另一方面这些经济资源又表现为相应的要求权，即这些经济资源是如何取得的，为谁所有。因此，人们常把经济资源的要求权称为权益。

资产与权益是同一资金的两个方面，资产说明企业拥有或控制的经济资源的运用情况，权益说明企业拥有或控制的经济资源的来源情况，两者在总额上是一种必然相等的关系。权益又分为债权人权益和所有者权益。债权人权益是指企业需以资产或劳务偿还的经济负担，即负债；所有者权益，是企业投资人对企业净资产的所有权，即所有者权益。资产与权益的关系可表达为：

资产=权益

由于企业的资产主要来源于企业的债权人和投资者，因此权益由债权人权益和所有者权益组成。债权人权益在会计上称为负债，因此上述公式可以进一步表达为：

资产=负债+所有者权益

这个公式被称为会计恒等式也被称为会计基本等式，它直接反映了三个会计基本要素之间的内在联系，同时反映了企业在某一特定时点上的财务状况。表明企业所有权与经营权相分离的客观现实，也表明所有者和企业是各自独立存在的。

二、会计扩展等式

会计恒等式反映企业一定时点的资产与权益的静态等式关系，但必须认识到，企业在生产经营过程中还要发生各种收入和费用，从而形成利润。利润本身揭示了收入和费用客观上存在的关系，用公式表示：

收入－费用=利润

所以，会计恒等式就可以扩展为：

资产=负债+所有者权益+（收入－费用）

进一步调整，上述等式可以扩展为一个会计综合等式：

资产+费用=负债+所有者权益+收入

这个会计综合等式有助于今后我们对借贷记账法原理的理解和运用。

三、经济业务对会计恒等式的影响

经济业务是指能计量的、引起企业资产和权益发生变化的一切价值交换活动。例如购进货物、领用材料、产品入库、商品销售等都是企业的经济业务。企业的经济业务多种多样，但无论怎样的经济业务，都不会破坏资产、负债、所有者权益之间的恒定关系。

企业经营过程中发生的业务归纳起来共有四种类型：

第一种类型：资产与权益等额同增。

（1）资产与负债等式两边等额同增。

（2）资产与所有者权益等式两边等额同增。

第二种类型：资产与权益等额减少。

（1）资产与负债等式两边等额减少。

（2）资产与所有者权益等式两边等额减少。

第三种类型：资产内部项目之间等式一边此增彼减。

第四种类型：权益内部项目之间等式一边此增彼减。

（1）负债内部项目之间等式一边等额此增彼减。

（2）所有者权益内部项目之间等式一边等额此增彼减。

（3）负债减少，所有者权益等式一边等额增加。

（4）负债增加，所有者权益等式一边等额减少。

下面我们运用实例来说明上述经济业务类型的变化对等式的影响。

【例 2-1】通用数码有限责任公司于 2013 年 6 月发生如下经济业务：

（1）6 月 3 日，公司从银行借入短期借款 60 000 元存入银行。

分析：这项经济业务的发生，会使会计等式左方的资产要素（银行存款）增加 60 000 元；同时使会计等式右边的负债要素（短期借款）增加 60 000 元，等式两边的会计要素同时增加，增加的金额相等。

（2）6 月 5 日，公司投资人张某投入货币资金 100 000 元，存入银行。

分析：这项经济业务的发生，会使会计等式左方的资产要素（银行存款）增加 100 000 元；同时会计等式右边的所有者权益要素（实收资本）增加 100 000 元。等式两边的会计要素同时增加，增加的金额相等。

上述（1）和（2）两项属于资产与权益等额同增的业务。

（3）6 月 8 日，公司以银行存款偿还去年借入短期借款 50 000 元。

分析：这项经济业务的发生，会使会计等式左方的资产要素（银行存款）减少 50 000 元；同时会计等式右边的负债要素（短期借款）减少 50 000 元。等式两边的会计要素同时减少，减少的金额相等。

（4）6 月 10 日，公司上级主管部门按照法定程序将价值 100 000 元的设备调出，以抽回国家对通用数码有限责任公司的投资。

分析：这项经济业务的发生，会使会计等式左方的资产要素（固定资产）减少 100 000 元；同时会计等式右边的所有者权益要素（实收资本或股本）减少 100 000元。等式两边的会计要素同时减少，减少的金额相等。

上述（3）和（4）两项属于资产与权益等额同减的业务。

（5）6 月 15 日，公司从银行提取现金 1 000 元。

分析：这项经济业务的发生，会使会计等式左方的资产要素（库存现金）增加 1 000 元；同时使其资产（银行存款）减少 1 000 元。等式一边的会计要素此增彼减，增减金额相等。

上述（5）项属于资产内部项目之间等额此增彼减的业务。

（6）6 月 20 日，公司开出一张面值为 30 000 元的商业汇票，以抵偿原欠新茂公司的货款。

分析：这项经济业务的发生，会使会计等式右方的负债要素（应付票据）增加 30 000 元；同时使其会计等式的右方的负债要素（应付账款）减少 30 000 元；等式一边的会计要素此增彼减，增减金额相等。

（7）6 月 22 日，经过批准，公司用 50 000 元资本公积转增注册资本。

分析：这项经济业务的发生，会使会计等式右方的所有者要素（实收资本或股本）增加 50 000 元；同时使其会计等式的右方的所有者要素（资本公积）减少 50 000 元；等式一边的会计要素此增彼减，增减金额相等。

（8）6 月 25 日，公司按法定程序将应支付给投资者的利润 100 000 元转增资本金。

分析：这项经济业务的发生，会使会计等式右方的所有者要素（实收资本或股本）增加 100 000 元；同时使其会计等式右方的负债要素（应付股利）减少 100 000元；等式一边的会计要素此增彼减，增减金额相等。

（9）6 月 28 日，公司承诺代甲公司偿还甲公司前欠乙公司的货款 30 000 元，但款项尚未支付。与此同时，办妥相关手续，冲减甲公司在通用数码有限责任公司的投资。

分析：这项经济业务的发生，会使会计等式右方的负债要素（应付账款）增加 30 000 元；同时使其会计等式右方的所有者要素（实收资本）减少 30 000 元；等式一边的会计要素此增彼减，增减金额相等。

上述（6）、（7）、（8）、（9）项属于权益内部项目之间等额此增彼减的业务。

通过以上各种经济业务的分析，可以看出：涉及资产、负债和所有者权益变化的任何经济业务的发生，可能会影响到等式中某个要素总额或要素中某个项目的金额的变换，但都不会影响会计等式的恒定性。除此之外，企业还会发生影响动态要素变化的经济业务，比如收入和费用的发生。

（10）6 月 30 日，公司以库存现金 250 元购买办公用品。

分析：这项经济业务的发生，会使会计等式的右方的资产要素（库存现金）

减少250元；另一方面使属于费用项目的管理费用增加，此费用在结账后会引起权益的减少。上述业务在结账前用公式表示：

资产（-250元）= 负债+所有者权益+收入-费用（250元）

上述等式两边同减，会计等式平衡。结账后属于资产与权益同减业务类型，同样不会破坏其平衡关系。

（11）6月30日，公司出售价值10 000元的商品，货款尚未收到。

分析：该业务的发生说明，一方面导致该公司属于资产项目的应收账款增加，另一方面使属于收入项目的主营业务收入增加，此收入在结账后会引起权益的增加。

上述业务在结账前用公式表示：

资产（10 000元）= 负债+所有者权益+收入（10 000元）-费用

上述等式两边同增，会计等式平衡。结账后属于资产与权益同增业务类型，同样不会破坏其平衡关系。

综上所述，任何公司、企业无论发生何种经济业务，无论此业务影响何种会计要素，均不会破坏会计等式的平衡关系，这种资产与权益的恒等关系是复式记账法的理论基础。

第二节 会计科目和账户

一、会计科目的概念及意义

会计科目是对会计对象具体内容即会计要素进一步分类的项目。

如前所述，企业在经营过程中发生的各种各样的经济业务，会引起各项会计要素发生增减变化。由于企业的经营业务错综复杂，即使涉及同一种会计要素，也往往具有不同的性质和内容。例如，固定资产和存货虽然都属于资产，但它们的经济内容以及在经济活动中的周转方式和所引起的作用都各不相同。企业的机器设备、房屋和建筑物，属于劳动资料，它们使用时间较长、价值较大，因此把它们归为一类，设置“固定资产”会计科目。又如应付账款和长期借款，虽然都是负债，但它们的形成原因和偿付期限也是各不相同的，需要设置“应付账款”和“长期借款”会计科目。再如投资者投入的实收资本和企业的利润，虽然都是所有者权益，但它们形成的原因和用途大不一样，因此分别设置“实收资本”和“盈余公积”会计科目。为了实现会计的基本职能，要从数量上反映各项会计要素的增减变化，就不但需要取得各项会计要素增减变化及其结果的总括数字，而且需要取得一系列更加具体的分类和数量指标。因此为了满足各有关方面了解企业财务状况、经营成果等会计信息的需要，还要对会计要素做进一步分类。

通过设置会计科目，可以把各项会计要素的增减变化分门别类地记在账上，清楚地为企业内部经营管理和企业外部有关方面提供一系列具体分类的数量指标。对企业的资产来说，通过设置会计科目，还可以把价值形成的综合核算和财产物资的实物核算有机地结合起来，从而有效地控制财产物资的实物形态。为了全面、系统、分类核算和监督各项经营业务的发生情况以及由此引起的各项会计要素的增减变化情况，各单位都要合理地设置会计科目。会计科目是进行各项会计记录和提供各项会计信息的基础，设置会计科目在会计核算中具有重要的意义。

二、会计科目的设置原则

会计科目作为用来反映会计要素构成情况及其变化情况的重要途径，作为为投资者、债权人、企业管理者等提供会计信息的重要手段，在其设置过程中应努力做到科学、合理、实用，因此在设计会计科目时应遵循下列基本原则：

（一）设置会计科目要符合国家会计法规体系的规定

国家的会计法规体系，体现了国家对财会工作的要求，因此设置会计科目首先要以此为依据，所设置的会计科目，应尽量符合《会计法》、《企业会计准则》以及《企业会计准则——应用指南》的规定。

（二）设置会计科目要结合会计要素的特点

设置会计科目，必须对会计要素的具体内容进行分类，以分门别类地反映和监督各项经营业务，不能有任何遗漏，即所设置的会计科目应能覆盖企业所有的要素。比如，会计主体是经营单位，有些单位还制造工业产品，根据这一业务特点，就必须设置反映和监督其经营情况和生产过程的会计科目，如"主营业务收入"、"生产成本"等科目。而预算单位则应设置反映和监督经费收入和经费支出情况的会计科目，如"事业收入"、"事业支出"等科目。

（三）设置会计科目要符合经济管理的要求

设置会计科目既要符合会计要素的具体内容，又要符合经济管理的要求，以便为加强经济管理提供必要的核算指标。例如为了分别核算利润的形成和利润的分配情况，要将企业利润的形成和分配分别设置为"本年利润"、"利润分配"等科目；由于固定资产具有价值大、使用时间长等特点，就要将固定资产的原值以及磨损价值分别设置"固定资产"和"累计折旧"等科目；对于实行预算管理的行政、事业单位，按规定要设置"经营支出"以及"经营收入"等科目。因此，根据经济管理的要求设置会计科目，可以提供各级管理部门所需要的考核指标。

（四）设置会计科目要满足各方面对会计信息的要求

设置会计科目是会计核算方法的第一步，最终的结果应该是会计报表，而报表信息有许多的使用者，例如投资者、债权人、企业经营管理者等，其中投资者要了解其在所有者权益当中属于原始投资的部分，就要设置"实收资本"科目。因此在设置会计科目的时候应该考虑信息使用者的要求，尽量做到易于理解，从而满足对外报告与对内管理的要求。

总之，企业组织形式、所属行业、经营内容以及业务种类的不同，都会影响会计科目的设置，在合法性的基础上，企业应根据自身的特点，设置符合本企业需要的会计科目。

会计人物 2-1　　“龙门账的创始人”——傅山

傅山（1607 年 6 月 19 日—1684 年 6 月 12 日），明末清初山西太原府人。他参考当时官厅会计的“四柱清册”记账方法，设计出一种适合于民间商业活动的会计核算方法——“龙门账”。

“龙门账”的运用要点是将全部账目划分为进、缴、存、该四大类。“进”指全部收入；“缴”指全部支出；“存”指资产并包括债权；“该”指负债并包括业主投资。当时的民间商业一般只在年终才办理结算（称“年结”），年结就是通过“进”与“缴”的差额，同时也通过“存”与“该”的差额，平行计算盈亏。“进”大于“缴”就是盈利，反之则为亏损。它与“存”、“该”的差额相等。会计等式就是：进－缴＝存－该。

傅山将这种双轨计算盈亏，并检查账目平衡关系的会计方法，形象地称为“合龙门”，“龙门账”因此而得名。“龙门账”的诞生标志着我国复式簿记的开始。

资料来源　佚名．傅山与“龙门账”［J］．时代财会，2001（2）．

三、会计科目的分类

由于分类标准不同，会计科目可以分为以下不同的类型。

（一）从会计要素的角度分类

从会计要素出发，可以将会计科目分为资产、负债、共同、所有者权益、成本、损益六大类。

1. 资产类科目

资产类科目用来核算和监督各种资产增减变化的会计科目，又分为流动资产和非流动资产。

流动资产类科目，这类科目的特点是资产的变现周期在一年以内或不超过一个营业周期，例如“库存现金”、“银行存款”、“应收账款”、“原材料”等科目。

非流动资产类科目。这类科目的特点是变现周期超过一年或一个营业周期，例如“固定资产”、“无形资产”等科目。

2. 负债类科目

负债类科目是用来核算和监督各种负债增减变化的会计科目，又分为流动负债类科目和非流动负债类科目。

流动负债类科目。这类科目的特点是负债的偿还期在一年以内，例如“短期借款”、“应付职工薪酬”、“应付账款”等科目。

非流动负债类科目。这类科目的特点是负债的偿还期超过一年以上，例如“长期借款”、“应付债券”等科目。

3. 共同类科目

共同类科目用来核算和监督有关业务形成的资产或负债，具有双重性质。共同类科目的特点需要从其期末余额所在的方向界定其性质，当余额在借方时，作为资产；当余额在贷方时，作为负债。

一般企业共同类科目包括“衍生工具”、“套期工具”、“被套期项目”等科目。

4. 所有者权益类科目

所有者权益类科目是用来核算和监督各项所有者权益增减变化的会计科目，包括：投入资本类科目，例如“实收资本”科目；非经营因素形成的所有者权益类科目，例如“资本公积”科目；经营因素形成的所有者权益类科目，例如“盈余公积”等科目。

5. 成本类科目

成本类科目是用来核算和监督产品生产、提供劳务等过程中发生的各种耗费的会计科目。这类科目的特点是所发生的费用要计入产品成本，成本类科目包括：直接计入产品成本类科目，例如“生产成本”科目；分配计入产品成本类科目，例如“制造费用”科目。

6. 损益类科目

损益类科目是用来核算和监督企业生产经营过程中收益、费用和损失，计算确定损益的会计科目，这类科目的特点是其项目均是形成利润的要素。损益类科目包括：反映收益类科目，例如“主营业务收入”、“其他业务收入”等科目；反映费用类科目，例如“主营业务成本”、“管理费用”、“销售费用”等科目。

参照我国《企业会计准则——应用指南》，企业会计科目的设置，见表2-1。

表2-1 **会计科目表**

顺序号	编号	会计科目名称	顺序号	编号	会计科目名称
一、资产类					
1	1001	库存现金	41	1501	持有至到期投资
2	1002	银行存款	42	1502	持有至到期投资减值准备
5	1012	其他货币资金	43	1503	可供出售金融资产
8	1101	交易性金融资产	44	1511	长期股权投资
10	1121	应收票据	45	1512	长期股权投资减值准备
11	1122	应收账款	46	1521	投资性房地产
12	1123	预付账款	47	1531	长期应收款

续表

顺序号	编号	会计科目名称	顺序号	编号	会计科目名称
13	1131	应收股利	48	1532	未实现融资收益
14	1132	应收利息	50	1601	固定资产
18	1221	其他应收款	51	1602	累计折旧
19	1231	坏账准备	52	1603	固定资产减值准备
25	1321	代理业务资产	53	1604	在建工程
26	1401	材料采购	54	1605	工程物资
27	1402	在途物资	55	1606	固定资产清理
28	1403	原材料	62	1701	无形资产
29	1404	材料成本差异	63	1702	累计摊销
30	1405	库存商品	64	1703	无形资产减值准备
31	1406	发出商品	65	1711	商誉
32	1407	商品进销差价	66	1801	长期待摊费用
33	1408	委托加工物资	67	1811	递延所得税费用
34	1411	周转材料	69	1901	待处理财产损益
40	1471	存货跌价准备			
二、负债类					
70	2001	短期借款	92	2314	代理业务负债
77	2101	交易性金融负债	93	2401	递延收益
79	2201	应付票据	94	2501	长期借款
80	2202	应付账款	95	2502	应付债券
81	2203	预收账款	100	2701	长期应付款
82	2211	应付职工薪酬	101	2702	未确认融资费用
83	2221	应交税费	102	2711	专项应付款
84	2231	应付利息	103	2801	预计负债
85	2232	应付股利	104	2901	递延所得税负债
86	2241	其他应付款			
三、共同类					
107	3101	衍生工具	109	3202	被套期项目
108	3201	套期工具			
四、所有者权益类					
110	4001	实收资本	114	4103	本年利润
111	4002	资本公积	115	4104	利润分配
112	4101	盈余公积	116	4201	库存股

续表

顺序号	编号	会计科目名称	顺序号	编号	会计科目名称
五、成本类					
117	5001	生产成本	119	5201	劳务成本
118	5101	制造费用	120	5301	研发费用
六、损益类					
124	6001	主营业务收入	149	6601	销售费用
129	6051	其他业务收入	150	6602	管理费用
131	6101	公允价值变动损益	151	6603	财务费用
132	6111	投资收益	153	6701	资产减值损失
136	6301	营业外收入	154	6711	营业外支出
137	6401	主营业务成本	155	6801	所得税费用
138	6402	其他业务成本	156	6901	以前年度损益调整
139	6403	营业税金及附加			

小企业在不违反会计准则中确认、计量和报告规定的前提下，可以根据本企业的实际情况自行增设、分拆、合并会计科目。小企业不存在的交易或者事项，可不设置相关会计科目。对于明细科目，小企业可以比照本附录中的规定自行设置。小企业会计科目表，见表2–2。

表2–2 **小企业会计科目表**

顺序号	编号	会计科目名称	顺序号	编号	会计科目名称
一、资产类					
1	1001	库存现金	17	1408	委托加工物资
2	1002	银行存款	18	1411	周转材料
3	1012	其他货币资金	19	1421	消耗性生物资产
4	1101	短期投资	20	1501	长期债券投资
5	1121	应收票据	21	1511	长期股权投资
6	1122	应收账款	22	1601	固定资产
7	1123	预付账款	23	1602	累计折旧
8	1131	应收股利	24	1604	在建工程
9	1132	应收利息	25	1605	工程物资
10	1221	其他应收款	26	1606	固定资产清理
11	1401	材料采购	27	1621	生产性生物资产
12	1402	在途物资	28	1622	生产性生物资产累计折旧

续表

顺序号	编号	会计科目名称	顺序号	编号	会计科目名称
13	1403	原材料	29	1701	无形资产
14	1404	材料成本差异	30	1702	累计摊销
15	1405	库存商品	31	1801	长期待摊费用
16	1407	商品进销差价	32	1901	待处理财产损益
二、负债类					
33	2001	短期借款	39	2231	应付利息
34	2201	应付票据	40	2232	应付利润
35	2202	应付账款	41	2241	其他应付款
36	2203	预付账款	42	2401	递延收益
37	2211	应付职工薪酬	43	2501	长期借款
38	2221	应交税费	44	2701	长期应付款
三、所有者权益类					
45	3001	实收资本	48	3103	本年利润
46	3002	资本公积	49	3104	利润分配
47	3101	盈余公积			
四、成本类					
50	4001	生产成本	53	4401	工程施工
51	4101	制造费用	54	4403	机械作业
52	4301	研发支出			
五、损益类					
55	5001	主营业务收入	61	5403	营业税金及附加
56	5051	其他业务收入	62	5601	销售费用
57	5111	投资收益	63	5602	管理费用
58	5301	营业外收入	64	5603	财务费用
59	5401	主营业务成本	65	5711	营业外支出
60	5402	其他业务成本	66	5801	所得税费用

（二）按所提供的会计信息的详细程度分类

会计科目按其所提供的会计信息的详细程度可分为总分类会计科目和明细分类会计科目两大类。

1. 总分类会计科目

总分类会计科目也称为总账科目、一级科目，它是对会计要素的具体内容进行总括分类，提供总括信息的会计科目。例如“原材料”、“应付账款”等科目，一般由会计制度统一规定。

2. 明细分类会计科目

明细分类会计科目也称为明细科目、细目，是对总分类会计科目作进一步的分类，提供更详细、更具体的会计信息的科目。例如“原材料”科目按原材料的种类、规格、品种等设明细科目，反映各种原材料的具体构成情况；“应付账款”科目按债权人名称或姓名设明细科目，反映应付账款的具体对象。明细分类会计科目的设置，除了要符合会计制度的统一规定外，一般根据需要由各单位自行规定，对于明细科目较多的科目，可以在总分类会计科目和明细分类会计科目的基础上设置二级或多级科目。

下面以“原材料”和“应付账款”为例说明总分类会计科目和明细分类会计科目的设置，见表2-3、表2-4。

表2-3 **“原材料”科目设置**

总分类会计科目（一级科目）	明细分类会计科目	
	二级科目（子目）	明细科目（细目）
原材料	原料及主要材料	圆钢 角钢
	辅助材料	润滑油 碳酸
	燃料	汽油 原煤

表2-4 **“应付账款”科目设置**

总分类会计科目（一级科目）	明细分类会计科目	
	二级科目（子目）	明细科目（细目）
应付账款	蓝星公司	销售部 劳动服务公司
	晋泰公司	一分公司 二分公司

（三）会计科目运用举例

【例2-2】以【例2-1】中通用数码有限责任公司2013年5月发生的如下经济业务为例说明会计科目的运用。

（1）5月3日，公司从银行借入短期借款60 000元存入银行。

该项业务应设置“银行存款”和“短期借款”两个科目。

(2) 5月5日，公司投资人张某投入100 000元，存入银行。

该项业务应设置“银行存款”和“实收资本”两个科目。

(3) 5月15日，公司从银行提取现金1 000元。

该项业务应设置“银行存款”和“库存现金”两个科目。

(4) 5月20日，公司开出一张面值为30 000元的商业汇票，以抵偿原欠新茂公司的货款。

该项业务应设置“应付票据”和“应付账款”两个科目。

四、账户的设置

(一) 账户与会计科目的关系

设置账户是会计的又一核算方法。**账户**是根据会计科目开设的，具有一定格式和结构，用于分类反映会计要素增减变动情况及其结果的载体。

虽然会计科目已经对会计要素进行了进一步的分类，但还不能进行具体的会计核算，因为会计科目只是分类的名称，而没有一定的格式，所以为了全面、序时、连续、系统地反映和监督会计要素的增减变动还必须设置账户。账户能使原始数据转换为分类的会计信息，通过账户可以对大量复杂的经济业务进行分类核算，从而提供不同性质和内容的会计信息。由于账户是以会计科目为依据的，因而某一账户的核算内容应具有独立性和排他性，并在设置上服从会计报表对会计信息的要求。

由此可见，会计科目和账户是既有联系又有区别的两个不同的概念。会计科目和账户都是对会计对象具体内容的科学分类，两者口径一致，性质相同。会计科目是账户的名称，也是设置账户的依据；账户是会计科目的具体运用。没有会计科目，账户便失去了设置的依据；没有账户，会计科目就无法发挥它的作用。与会计科目相比，账户具有更广泛的含义，除了名称外，还具有一定的格式和结构。但是，在实际工作中，人们对于会计科目与账户两个名称往往互相通用，不加区别。

(二) 设置账户的意义

通过账户的设置和运用，可以把经济业务分类归集。会计就是一个分类的过程，而账户的设置就是提供分门别类的经济信息资料，用于核算和监督各项经济指标的增减变动情况，有利于各方面做出经济决策。

(三) 账户的分类

由于账户是根据会计科目开设的，因此账户的分类也有两种。

1. 账户按照经济内容分类

账户的经济内容是指账户所反映和监督的会计对象的具体内容。各账户之间最根本的区别在于核算的经济内容不同。账户通过按经济内容分类，可以确切把握各个账户核算和监督的内容，以及所设置的账户体系是否满足经济管理的需要。另外，这种分类也为编制会计报表提供了依据。按经济内容，可以将账户分为资产类账户、负债类账户、所有者权益类账户、成本类账户和损益类账户五大类。

下面将工业企业的主要账户，按照上述经济内容进行分类，如图 2-1 所示。

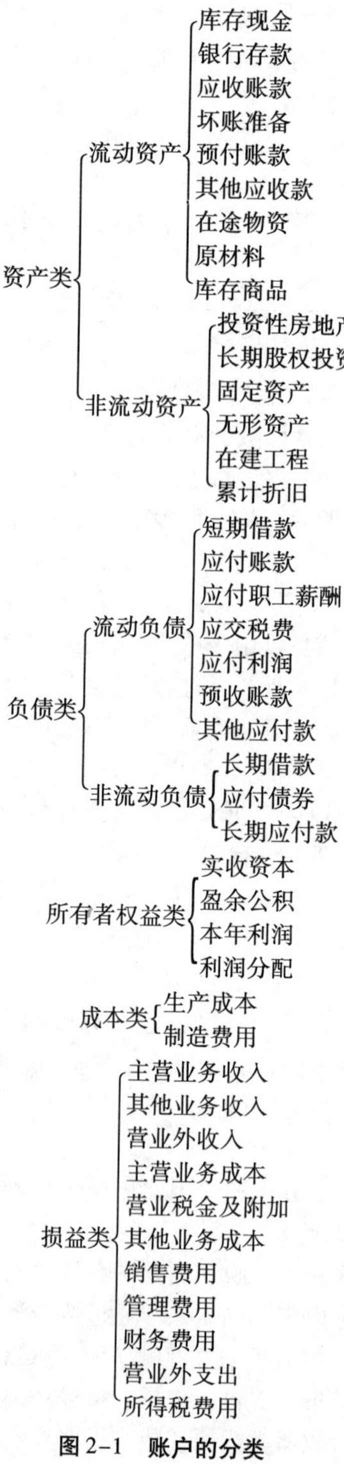

图 2-1 账户的分类

2. 账户按其所提供会计信息的详细程度分类

账户按其所提供会计信息的详细程度分类，可分为总分类账户和明细分类账户两个大类。根据总分类科目开设的账户称为总分类账户，又称一级账户，该类账户提供各种总括分类的核算资料。通过总分类账户对经济业务进行的核算称为总分类核算。总分类核算只能用货币计量。根据明细分类科目开设的账户称为明细分类账户，该类账户提供各种详细的分类核算资料。通过明细分类账户对经济业务进行的核算称为明细分类核算。明细分类核算除了能用货币度量外，有些账户还要用实物度量。总分类账户统驭明细分类账户；明细分类账户则对总分类账户起着进一步补充说明的作用。根据需要可在总分类账户（一级账户）和明细分类账户之间增设二级账户。除总分类账户外，其他均为明细分类账户。

3. 账户按用途和结构分类

仅按经济内容对账户进行分类，还难以详细地了解各个账户的具体用途，以及如何提供管理上所需要的各种核算指标。因为按照经济内容划分为一类的账户，可能具有不同的用途和结构。所谓账户的用途，是指设置和运用账户的目的，即通过账户记录提供什么核算指标。所谓账户的结构，是指在账户中如何登记经济业务，以取得所需要的各种核算指标，即账户借方登记什么，贷方登记什么，期末账户有无余额，如有余额在账户的哪一方，表示什么。例如，“固定资产”账户和“累计折旧”账户，按其反映的经济内容来看都属于资产类账户，而且都是用来反映固定资产的账户。但是，这两个账户的用途和结构又是不相同的。“固定资产”账户是按其原始价值反映固定资产增减变动及其结构情况的账户，增加记借方，减少记贷方，期末借方余额表示企业现有固定资产的原始价值。而“累计折旧”账户则是用来反映固定资产由于损耗而引起的价值减少，即累计提取折旧情况的账户，计提折旧的增加记贷方，已提折旧的减少或注销记借方，期末余额在贷方，表示现有固定资产的累计折旧。类似的情况还有“本年利润”账户和“利润分配”账户。另外，按照经济内容归属不同类别的账户，可能具有相同或相似的用途和结构。所以，虽然账户按照经济内容的分类是账户的基本分类，账户的用途和结构也是直接或间接地依存于账户的经济内容，但账户按经济内容的分类并不能代替账户按用途和结构的分类。为了深入地理解和掌握账户在提供核算指标方面的规律性，正确地设置和运用账户来记录经济业务，为决策者提供有用的会计信息，有必要在账户按经济内容分类的基础上，进一步研究账户按用途和结构的分类。而这一点又恰好说明了两种分类的关系：账户按经济内容的分类是基本的、主要的分类，账户按用途和结构的分类，是在按经济内容分类的基础上的进一步分类，是对账户按经济内容分类的必要补充。

账户按其用途结构分类，一般划分为盘存账户、资本账户、结算账户、集合汇转账户、成本计算账户、调整账户、计价对比账户和财务成果账户等 8 类。

下面分别说明各类账户的用途和结构特点。

（1）盘存账户。盘存账户用来核算和监督各项财产物资和货币资金增减变动及其实有数额的账户。这类账户的借方反映各项财产物资和货币资金的增加，贷方反映各项财产物资和货币资金的减少，余额在借方，反映各项财产物资和货币资金的结存。盘存账户的结构见表2-5。

表2-5 **盘存账户**

借方（左方）	贷方（右方）
期初余额：期初财产物资或货币资金结存额 发生额：本期财产物资或货币资金的增加额	发生额：本期财产物资或货币资金的减少额
期末余额：期末财产物资或货币资金的结存额	

属于盘存账户的有“原材料”、“库存现金”、“银行存款”、“固定资产”等。这类账户均可以通过财产清查的方法，检查实存的财产物资及其在经营管理上存在的问题。这类账户除了货币资金账户外，其实物明细账均可提供实物和货币两种指标。

（2）资本账户。资本账户是指用来核算和监督企业从外部各种渠道取得的投资、增加的资本以及从内部形成的积累的增减变化及其实有数的账户。这类账户的借方反映各项投资和积累的减少，贷方反映各项投资和积累的增加，余额在贷方，反映各项投资积累的结存。资本账户的结构见表2-6。

表2-6 **资本账户**

借方（左方）	贷方（右方）
发生额：本期资本和公积金的减少额	期初余额：期初资本和公积金的实有额 发生额：本期资本和公积金的增加额
	期末余额：期末资本和公积金的实有额

属于资本账户的有“实收资本”、“资本公积”、“盈余公积”等。这类账户的总分类账及其明细分类账只能提供货币指标。

（3）结算账户。结算账户是指用来核算和监督企业与其他经济主体在经济往来中发生结算关系而产生的应收、应付款项的账户。应收款与应付款的性质相反，前者属于资产，后者属于负债。因此，结算账户具有不同的用途和结构。

①资产结算账户。它也被称为债权结算账户，是用来核算和监督企业与其他经济主体在经济往来中发生的各种应收及预付款项的账户。这类账户的借方登记各项应收款的增加，贷方反映各项应收款的减少，余额在借方，反映各种应收款的结存，表示企业已取得尚未收回的债权。资产结算账户的结构见表2-7。

属于资产结算账户的有“应收账款”、“预付账款”、“其他应收款”等。

②负债结算账户。它也称为债务结算账户，是用来核算和监督企业与其他经济主体在经济往来中发生的各种应付及预收款项的账户。这类账户的借方登记各项应付款的减少，贷方反映各项应付款的增加，余额在贷方，反映各种应付款的结存，表示企业尚未偿还的债务。负债结算账户的结构，见表2-8。

表 2–7

资产结算账户

借方（左方）	贷方（右方）
期初余额：期初尚未收回的应收款项及未结算的预付款 发生额：本期应收款项的增加额及预付款项的增加额	发生额：本期应收款项的减少额或预付款项的减少额
期末余额：期末尚未收回的应收款项及未结算的预付款项	

表 2–8

负债结算账户

借方（左方）	贷方（右方）
发生额：本期应付款项的减少额或预收款项的减少额	期初余额：期初尚未支付的应付款及未结算的预收款 发生额：本期应付款项的增加额及预收款项的增加额
	期末余额：期末尚未支付的应付款及未结算的预收款

属于负债结算账户的有“应付账款”、“预收账款”、“其他应付款”、“应交税费”、“应付利润”、“应付职工薪酬”等。

（4）集合汇转账户。集合汇转账户是用来汇集企业在一定期间内某种收入或支出，并如期结转该项收入或支出的账户。该类账户按照其汇集的性质和经济内容，又可以划分为收益集合汇转账户和费用（支出）集合账户两类。

①收益集合汇转账户。它是用来汇集和分配结转企业在经营过程中从事某种经济活动或其他活动所取得的收入的账户。这类账户的贷方反映某种收入的汇集，借方反映该项收入的减少或结转，汇集的收入经结转后，账户无余额。该账户的结构，见表 2–9。

表 2–9

收益集合汇转账户

借方（左方）	贷方（右方）
发生额：结转到“本年利润”账户的数额	发生额：归集本期内各项收入的发生数

属于收益类账户的有“主营业务收入”、“其他业务收入”、“投资收益”、“营业外收入”等。

②费用类账户。它是用来汇集和分配结转企业在经营过程中从事某种经济活动或其他活动所发生的某种费用或支出，以反映该项费用的发生及其分配情况的账户。这类账户的借方反映某种费用或支出的汇集，贷方反映该项费用的分配结转，汇集的费用（支出）经分配结转后，账户无余额。该账户的结构，见表 2–10。

表 2-10 **费用（支出）集合汇转账户**

借方（左方）	贷方（右方）
发生额：归集本期内各项费用（支出）的发生数	发生额：结转到“本年利润”账户的数额

属于费用集合汇转账户的有“主营业务成本”、“营业务金及附加”、“财务费用”、“管理费用”、“销售费用”、“其他业务成本”、“营业外支出”、“所得税费用”等。

集合汇转类账户一般没有余额，其账户的一方归集本期发生的收入或费用数额，另一方将本期归集的数额全部转出，这类账户具有明显的过渡性质。

（5）成本计算账户。成本计算账户是用来核算和监督企业在生产经营过程中某一经营阶段所发生的全部费用，并借以确定该过程各成本计算对象实际成本的账户。这类账户的借方登记应计入某成本对象的全部费用，表示费用的发生；贷方登记已完成的某阶段经营活动的成本；余额在借方，反映尚未结束的某经营阶段的实际成本。成本计算账户的结构见表 2-11。

表 2-11 **成本计算账户**

借方（左方）	贷方（右方）
期初余额：期初尚未完成某个经营阶段的成本计算对象的实际成本 发生额：汇集经营过程某个阶段发生的全部费用	发生额：结转已完成某个经营阶段的成本计算对象的实际成本
期末余额：尚未完成该阶段的成本计算对象的实际成本	

属于成本计算账户的有“生产成本”、“在途物资”等。这类账户除设置总分类核算外，还应按各个成本计算对象分别设置明细分类账进行明细核算，提供有关成本计算对象的货币指标和实物指标。

（6）调整账户。调整账户用于调整某个账户（被调整账户）的余额，用以表明被调整账户的实际余额而设置的账户。调整账户按调整的方式可分为抵减账户、附加账户和抵减附加账户。

①抵减账户，亦称备抵账户。它是用来抵减被调整账户的余额，以求得被调整账户实际余额的账户。其调整方式，可用下列计算公式表示：

被调整账户余额-抵减账户余额=被调整账户实际余额

抵减账户的余额一定要与被调整账户的余额方向相反，上述公式才能成立。如果被调整账户的余额在借方，抵减账户的余额一定在贷方，如“固定资产”和“累计折旧”。这类抵减账户与被调整账户的抵减方式，见表 2-12、表 2-13。

表 2-12 **被调整账户**

借方	贷方
余额：某项经济活动的原始数据	

表 2-13 **抵减账户**

借方	贷方
	余额：该项经济活动的抵减数据

如果被调整账户的余额在贷方，抵减账户的余额一定在借方，如“本年利润”和“利润分配”。这类抵减账户与被调整账户的抵减方式，见表 2-14、表 2-15。

表 2-14 **被调整账户**

借方	贷方
	余额：某项经济活动的原始数据

表 2-15 **抵减账户**

借方	贷方
余额：该项经济活动的抵减数据	

②附加账户。它是用来增加被调整账户的余额，以求得被调整账户实际余额的账户，其调整方式可用下列计算公式表示：

被调整账户余额+附加账户余额=被调整账户实际余额

附加账户的余额一定要与被调整账户的余额方向一致，上述公式才能成立。如果被调整账户的余额在借方，附加账户的余额也一定在借方；如果被调整账户的余额在贷方，附加账户的余额也一定在贷方。附加账户与被调整账户的附加方式，见表 2-16、表 2-17。

表 2-16 **被调整账户**

借方	贷方
余额：某项经济活动的原始数据	

表 2-17 **附加账户**

借方	贷方
余额：该项经济活动的附加数据	

抵减附加账户。它是依据调整账户的余额方向不同，用来抵减被调整账户余额，或者用来附加被调整账户余额，以求得被调整账户实际余额的账户。当调整账户的余额与被调整账户的余额方向相反时，该类账户起抵减账户的作用，其调整方式与抵减账户相同；当调整账户的余额与被调整账户的余额方向一致时，该类账户起附加账户的作用，其调整方式与附加账户相同。这类账户的具体运用将在财务会计学中阐述。

（7）计价对比账户。计价对比账户是用来对某项经济业务，按两种不同的计价进行对比，借以确定其业务成果的账户。这类账户的借方登记某项经济业务的一种计价，贷方登记该项经济业务的另一种计价，期末将两种计价进行对比，确认成果。计价对比账户的结构见表 2-18。

表 2-18 **计价对比账户**

借方（左方）	贷方（右方）
发生额：业务的第一种计价	发生额：业务的第二种计价
期末余额：第一种计价大于第二种计价的差额	期末余额：第二种计价大于第一种计价的差额

属于计价对比账户的有“材料采购”等账户。“材料采购”账户的借方登记采购材料的实际成本，贷方登记入库材料的计划成本。

（8）财务成果账户。财务成果账户是用来计算并反映一定期间企业全部经营活动的最终成果，并确定企业利润或亏损数的账户。这类账户的借方登记汇总各项经营业务活动的费用和损失，贷方登记汇总各项经营业务活动的收入。期末如为借方余额，表示费用大于收入的差额，为企业发生的亏损总额；期末如为贷方余额，表示收入大于费用的差额，为企业实现的利润总额。财务成果账户的结构见表 2 -19。

表 2-19 **财务成果账户**

借方（左方）	贷方（右方）
发生额：转入的各项费用	发生额：转入的各项收入
（或）期末余额：发生的亏损总额	期末余额：实现的利润总额

属于财务成果账户的主要是“本年利润”。这类账户只反映企业一年的财务成果的形成，平时的余额为本年的累计利润总额或亏损总额，年终结转后无余额。

账户按结构和用途的分类如图 2-2 所示。

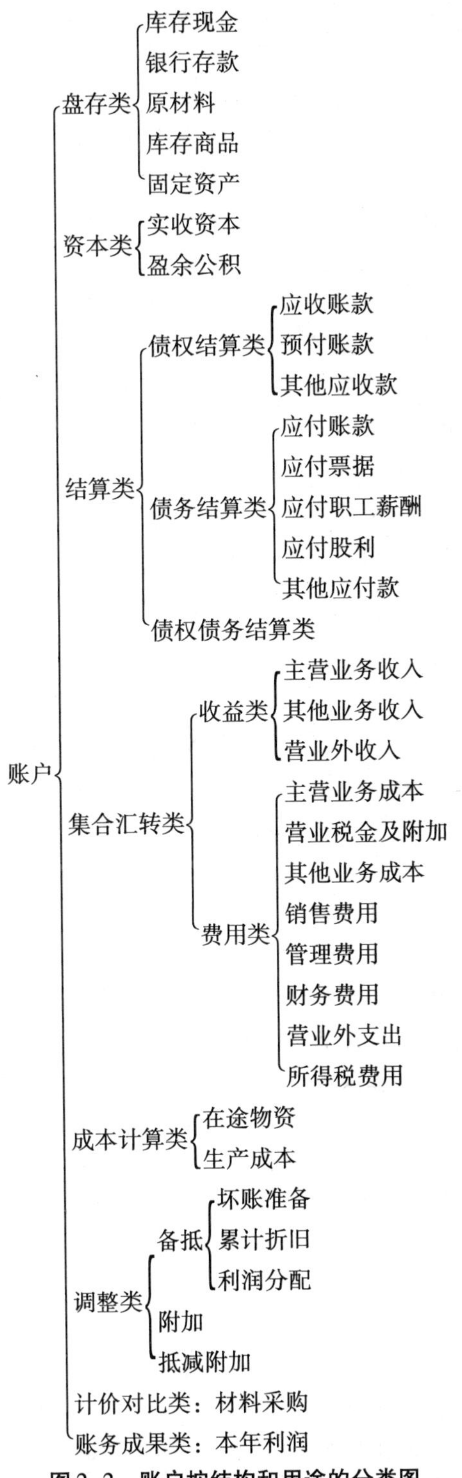

图 2-2 账户按结构和用途的分类图

会计人物 2-2　　会计学家——顾准

顾准（1915—1974），江苏苏州人，思想家、会计学家、经济学家。早年毕业于立信会计高级职业补习学校。在立信会计师事务所和立信会计学校从事会计实务及教学工作十余年，主编《立信会计季刊》，后受聘担任圣约翰大学等多所高校兼职会计教授，当时他所著的《银行会计》教材被各大院校采用，产生了广泛影响。

顾准早年便投身革命活动，新中国成立后历任上海市财政局第一任局长（兼税务局局长）、中国科学院资源综合考察委员会副主任兼经济研究所研究员。他一生致力于政治学、经济学、会计学理论研究，独立及合作撰写论文20余篇，撰述、翻译各类著作近20部。

顾准从学徒到教授再到官员，以其丰富的经历和卓越的才华，在多个领域创造了巨大的成就，给后人留下了宝贵的精神财富。

资料来源　苍天．中国会计名人评选　潘序伦等9人入选［N］．中国会计报，2013-01-22.

（四）手工账户的基本结构

账户是用来记录经济业务的，必须具有一定的格式和结构。由于经济业务所引起的各项会计要素的变动，从数量上看不外乎增加和减少两种情况，因此，传统手工账户的结构也相应地分为两个基本部分，用以分别记录各会计要素的增加和减少额。账户的基本结构通常划分为左、右两方，一方登记增加额，另一方登记减少额。每方再根据实际需要分为若干栏目，用于登记有关数据资料。

一般设计格式应包括下列内容：

（1）账户的名称，即会计科目。

（2）日期和摘要，即经济业务发生的时间和内容。

（3）凭证号数，即账户记录的来源和依据。

（4）增加、减少的金额和余额。

账户的基本格式见表2-20。

表2-20　　**账户名称**

年		凭证号数		摘要	左方	右方	余额
月	日	字	号				

上述账户左右两方的金额栏，一个记录增加额，另一个记录减少额。增减相抵后的差额，叫做账户余额。余额按其表现的时间不同，分为期初余额和期末余额。因此，通过账户记录的金额可产生期初余额、期末余额、本期增加发生额和本期减少发生额四个账户的金额要素。

本期增加发生额是指一定时期内账户所登记的增加金额的合计，也称为本期增加发生额。本期减少发生额是指一定时期内账户所登记的减少金额的合计，也称为本期减少发生额。本期发生额属于动态指标，它反映有关会计要素的增减变动情况。在没有期初余额的情况下，本期增加发生额与本期减少发生额相减后的差额就是期末余额。本期的期末余额转入下期就是下期的期初余额。余额属于静态指标，它反映有关会计要素的具体内容的增减变动结果。上述账户四个金额要素的关系可用下列公式表示：

期末余额＝期初余额+本期增加发生额−本期减少发生额

1. 开字式账户

在采用借贷记账法的基础上，开字式账户的基本结构分为借方、贷方和余额三部分，开字式账户的格式见，表2−21。

表2−21

账户名称

借方	贷方	余额

2. “T”形账户

为了简化起见，一般账户的格式可用“T”形账户表示，见表2−22。

表2−22

账户名称

左方	右方

“T”形账户的左右两方是按相反方向来记录增加额和减少额的，如果规定在左方记录增加额，则在右方记录减少额；反之如果规定在右方记录增加额，则在左方记录减少额。至于哪方记增加哪方记减少，则取决于该账户的性质。反映资产类科目的账户，借方记录数量的增加，贷方记录数量的减少；反映负债类、所有者权益类科目的账户，贷方记录数量的增加，借方记录数量的减少。

（五）账户运用举例

【例2−3】沿用【例2−2】相关资料，对相关业务均用“T”形账户表示。

（1）5月3日，公司从银行借入短期借款50 000元存入银行。

该项业务应设置“银行存款”和“短期借款”两个账户。

银行存款

50 000	

短期借款

	50 000

（2）5月5日，公司投资人张某投入100 000元，存入银行。

该项业务应设置“银行存款”和“实收资本”两个账户。

银行存款	
100 000	

实收资本	
	100 000

（3）5月15日，通用数码有限责任公司从银行提取现金1 000元。

该项业务应设置“银行存款”和“库存现金”两个账户。

银行存款	
	1 000

库存现金	
1 000	

（4）5月20日，企业开出一张面值为30 000元的商业汇票，以抵偿原欠新茂公司的货款。

该项业务应设置“应付票据”和“应付账款”两个账户。

应付票据	
	30 000

应付账款	
30 000	

五、财务软件中会计科目设置与编码

1. 财务软件中会计科目设置

进入20世纪90年代以来，以信息技术和知识经济为核心的新经济迅速发展，对我国传统手工会计提出了严峻的挑战。面对这种挑战，除加强会计基本理论创新研究之外，还应该建立“计算机网络会计”，也就是说，会计电算化成为了当今会计工作的主要趋势。会计电算化财务软件运用中会计科目设置与手工会计要求一样，应尽量符合《会计法》、《企业会计准则》以及《企业会计准则——应用指南》的规定。一级科目编码设置同表2-1。

2. 编码设置

账务系统中广泛应用代码，在此主要介绍科目代码的设置。建账时要将收集到的会计科目加入账务系统，建立账务系统的会计科目体系。在电算化账务系统中除了像手工账务一样要使用会计科目外，还要为每一个会计科目加入一个编码。会计科目编码通常用阿拉伯数字编制，采用群码的编码方式即分段组合编码，从左到右分成数段，每一段设有固定的位数表示不同层次的会计科目。如第一段表示总账科目，第二段表示二级明细科目，第三段表示三级明细科目。在设定科目编码时需要重点注意以下问题：

（1）系统性。财政部已制定的各行业会计制度中都系统地给出了总账科目及少量二级科目的名称和科目编码。在设定总账科目编码时必须符合财政部门制定的会计制度中的有关规定，设立明细科目编码除会计制度有规定的以外，可按上级主管部门和本单位的管理要求设定，以保证科目代码的系统性和统一性。

（2）对应性。要保证每一个代码对应于唯一一个会计科目，既不允许出现重复的科目编码也不允许出现同名的会计科目，但如果同名的明细科目分属于不同的上级科目，则可以被系统接受而不被误认为是同名的会计科目。

（3）简洁性。在满足管理要求和适合计算机处理的前提下，力求代码简单明了、位数越短越好，既便于记忆又能提高输入凭证的速度。

（4）可扩展性。会计科目体系一经设定，其代码结构就无法改变。修改结构只能通过重新建账来实现，而重新建账将丢失已输入的所有初始化数据和已输入的凭证资料。因此在设计代码时一定要充分考虑各方面的要求。总账科目编码长度由所选会计制度来决定，通常为3～4位，而确定某一级明细科目的代码长度通常是以上级科目中所含明细科目最大可能达到的个数来确定的，以二级明细科目为例，总账科目为其上级科目，“银行存款”、“应收账款”、“销售费用”、“管理费用”等总账科目都有二级明细科目，“银行存款”通常以开户银行及账号为明细科目，少则两三个，多则二三十个，“销售费用”、“管理费用”等科目下设的二级明细科目一般都不会超过九十九个，两位长的代码应能满足以后添加同级科目的需求，而应收账款等往来科目通常以客户或单位为来设置明细科目，明细科目的数量不同单位差异很大，少则几十个，多则成百上千个，两位码长难以满足要求，要增至三位甚至更长，由于同级科目必须使用等长的科目编码，其他总账科目下的二级科目也要使用三位或更长的科目编码。当设定的分段代码位数较长而绝大多数上级科目所包含的明细科目个数不多时，其他科目的凭证输入速度势必会受到影响，与简洁性相矛盾。

为了解决这一矛盾，可将明细科目先分类，按分类设置二级科目，然后再设置下一级明细科目，如应收账款总账科目下先按客户所属地区分类，设置二级明细科目，然后再按客户名设置三级明细科目。更理想的解决方案是应用往来客户辅助核算，目前的商品化会计软件通常都提供了这一功能。因辅助核算中的项目代码与会计科目的代码完全独立，自成体系，项目代码只与其关联会计科目（如前述应收账款等往来科目）相关，不影响其他科目的代码设定，与科目代码的位数无关，非常便于扩充。如选用了辅助核算功能，在科目代码设置之后，还要设置辅助项目代码及名称。如果单位的会计业务，特别是货币资金涉及外币，在建立科目体系时还要将外币考虑进去。会计软件中提供了复币核算的功能，在系统初始化时必须将外币资料输入系统，这些资料包括：外币代码、外币名称与本位币的汇率等。

第三节 借贷记账法

一、记账方法概述

记账方法是指会计核算工作中在簿籍系统中登记经济业务的方法。前面已经说明，为了详细核算和监督会计对象，揭示会计对象之间的本质联系，首先要将会计对象的具体内容划分为六项会计要素。为了正确核算会计要素的具体内容，还要对会计要素作进一步分类，设置会计科目，并根据设定的会计科目开设账户，以便连续、系统地反映特定会计主体的经济活动及结果。但是，账户仅仅是记录经济业务的工具，为记录经济业务提供了空间和场地，要把经济业务记到账户中去，还需要运用科学的记账方法。在会计发展的历史中，人们采用过单式记账法与复式记账法。而复式记账法已成为现代会计工作中人们普遍采用的记账方法。

（一）单式记账法

单式记账法是对发生的经济业务所产生的会计要素的增减变动一般只在一个账户中进行登记的方法。单式记账法是一种比较简单、不完整的记账方法，一般只适用于现金及债权债务账户的记录。例如，以银行存款 2 000 元购入生产用材料，只在“银行存款”账户中登记减少存款 2 000 元，对于材料的购入情况，则忽略不计。又如销售产品一批 50 000 元未收到货款，则只在“应收账款”中登记增加应收账款 50 000 元，而不反映销售产品的情况。这种记账方法，既不能反映现金减少的原因，又不能反映应收账款增加的原因，各账户之间的记录没有直接的联系，没有一套完整的账户体系，所以不能全面、系统地反映经济业务的来龙去脉，不能提供全面、客观的会计信息，也不便于检查账户记录的正确性和完整性。目前，世界各国对于这种记账方法的运用已经很少了。

（二）复式记账法

复式记账法是指对每一项发生的经济业务，都要同时在相互联系的两个或两个以上的账户中，以相等的金额进行登记的一种方法。例如，以银行存款 2 000 元购入生产产品所需的材料，这项业务的发生一方面使该单位的银行存款减少了 2 000 元，另一方面使该单位的原材料增加了 2 000 元。采用复式记账法，对于这项经济业务就要以相等的金额 2 000 元，同时在“银行存款”和“原材料”这两个相互联系的账户中进行登记。

在长期的会计实践中逐步形成了多种复式记账法。在我国，曾经采用的复式记账法包括借贷记账法，增减记账法和收付记账法。目前，世界各国广泛采用的复式记账法是借贷记账法。

二、复式记账法

（一）复式记账法的特点及意义

复式记账法与单式记账法相比，具有以下特点：

（1）复式记账法需要设置完整的账户体系。复式记账法作为一种科学的记账方法，它不仅要对每一笔经济业务进行全面反映，而且对单位所发生的全部经济业务都要进行记录，因此，就必须设置一整套账户，用于反映各种各样的经济业务。

（2）复式记账法必须对每一笔经济业务都进行反映和记录，这既有必要又有可能。其必要性在于复式记账要求全面反映各单位的经济活动；其可能性在于复式记账具有完整的账户体系，具有全面反映记录每一经济业务的可能性。

（3）复式记账法对每一笔经济业务，都要反映其来龙和去脉两个方面，这是复式记账的最基本特点。只有这样，通过复式记账才能全面了解每一笔经济业务的内容。

（4）采用复式记账可以对一定时期内所发生的全部经济业务的会计记录，进行全面的综合试算。因为所有经济业务在各个账户中都有反映，而每一笔经济业务的金额又是相等的，所以一定时期内全部经济业务必然能进行全面的试算平衡。

采用复式记账法，对每一项经济业务都在相互联系的两个账户或两个以上的账户中作双重纪录，这不仅可以了解每一项经济业务的来龙去脉，而且在把全部的经济业务都相互联系地登记到账簿以后，可以通过账户记录，完整、系统地反映经济活动的过程和结果。同时，由于对每一项经济业务都以相等的金额进行分类登记，因而对记录的结果，可以进行试算平衡以检查账户记录是否正确。复式记账法是在市场经济长期发展的过程中，通过会计实务实践逐步形成和发展起来的。因为复式记账具有上述特点，在其他一些会计方法的使用中，如编制会计凭证和登记账簿，都必须运用复式记账法进行相关反映。所以在全部会计核算体系方法中，复式记账法占有极其重要的位置。目前，我国的企业和行政、事业单位所采用的记账方法，都属于复式记账法。

（二）复式记账法的理论基础

“资产=负债+所有者权益”反映了企业资金的平衡关系，决定了复式记账的基本方法和内容，是复式记账的理论基础，即复式记账的基本原理。本章第二节中【例2-1】已经举例说明。

（三）复式记账法的内容

复式记账法的内容包括设置账户、记账符号、记账规则、会计分录、试算平衡等相互联系的几个因素。

（1）设置账户。复式记账法无论哪一种记账方法，都要设置账户，以便把发生的经济业务登记到账户中去，只是不同记账方法，对账户设置的要求有所不同。

（2）记账符号。记账符号表示记账方向的符号，也是区别不同复式记账法的标志。每一种复式记账法都必须有对应的记账符号，以便把发生的业务在账户上以记账符号标记的固定方式进行登记。

（3）记账规则。记账规则是运用某种记账方法将经济业务记录到账户中的一种规律。不同的记账方法，其记账规则是不同的。只有按照规定的记账规则记账，才能使记账内容保持一致。

（4）**会计分录**。会计分录是分别对每一笔经济业务列示其应记账户的名称、记账的方向和登记的金额的一种记录。不同的复式记账法，会计分录的表达方式是不同的。

（5）**试算平衡**。复式记账法对发生的每项经济业务都要以相等的金额在两个或两个以上的账户中相互联系地进行双重记录。通过这种双重记录，便形成了账户之间的平衡关系。利用这种平衡关系，可以对账户登记的结果进行试算平衡，以检查账户的记录是否正确。不同的复式记账法，试算平衡的方法是不同的。

三、借贷记账法

（一）借贷记账法的历史沿革

借贷记账法是当今世界各国普遍采用的一种复式记账方法，也是世界上最早产生的一种复式记账方法。据史料记载，借贷记账法大约起源于12、13世纪封建社会开始瓦解，资本主义开始萌芽的意大利，到14、15世纪已逐步形成比较完备的复式记账法，并流行于意大利工商业和银行业比较发达的沿海城市。

借贷记账法是随着资本主义经济关系的萌芽，伴随着资本主义经济关系的发展而产生的，而后为适应管理资本主义经济的需要，逐步形成一整套较为科学的方法。在借贷记账法形成与发展过程中，早期意大利的佛罗伦萨式簿记、热那亚式簿记和威尼斯式簿记，都起了一定的奠基作用，是借贷记账法发展的良好开端。1494年，意大利数学家，近代会计之父卢卡·帕乔利在威尼斯出版了《算术、几何、比及比例概要》一书，这是世界会计发展史上极为重要的事件。该书第九编第十论——“计算与记录要论”是以威尼斯式簿记为依据写成的，它系统地阐释了复式簿记的理论与方法，是人类最早关于复式记账的文献。当时这部著作的发表，不仅轰动了意大利数学界，而且也引起了会计界人士的关注。人们认为，这部著作不仅是欧洲数学发展史上的光辉篇章，而且开创了世界会计发展史上的新纪元。1494年后，卢卡·帕乔利的著作先后被译为英文、法文、荷兰文、德文、西班牙文等，从而使借贷记账法在世界各国得到迅速的传播。在亚洲，日本是学习借贷记账法的先行者。从“明治维新”开始，日本通过引进、推进欧美的先进会计方法与理论，不仅在会计改革中获得成功，而且在促进借贷记账法的发展方面做出了一定的贡献。

在我国，最早介绍借贷记账法的书籍是1905年由蔡锡勇所著的《连环账谱》。1907年，由谢霖和孟森合作编纂的《银行簿记学》在日本东京发行，成为外国第二部介绍借贷记账法的著作。借贷记账法进入我国，首先应用于那些由外国人开办的工厂、商行和银行，以及根据不平等条约受帝国主义控制的我国海关、铁路和邮政等部门。1858年（咸丰八年）后由英国人控制的海关是我国最早应用借贷记账法的部门。1897年（光绪二十三年），由盛宣怀创办的中国第一个商业性质的银行——中国通商银行，是我国自办银行采用借贷记账法的先驱。国民政府实业部于1930年颁布推行借贷记账法的统一办法，从此借贷记账法逐渐成为我国工商界、银行界习惯运用的记账方法之一。

20世纪50年代以后，我国开始改革记账方法，先后出现了一些新的记账方法，如增减记账法、收付记账法等。随着市场经济的不断发展，会计成为了一种国际商业语言，目前借贷记账法已成为我国法定的记账方法。

（二）借贷记账法的基本内容

1. 借贷记账法的记账符号

借贷记账法是以“借”、“贷”为记账符号。最早的“借”、“贷”具有一定的经济含义，分别表示债权、债务的增减变化。随着经济的发展，借贷记账法得到了广泛的运用。核算的对象不再局限于债权债务关系，而是扩展到记录材料物资的增减变化和计算经营损益。这样“借”、“贷”失去了原有的含义，变成了纯粹的记账符号。

2. 借贷记账法的账户结构

我们知道，账户的基本结构分为左、右两方，在借贷记账法下，账户的基本结构分为借、贷两方。一般规定，账户的左方为“借方”，账户的右方为“贷方”。账户的一般格式见表2–23。

表2–23 **账户的一般格式**

年		凭证号数	摘要	借方	贷方	借或贷	余额
月	日						

为了便于说明，可以用简化的账户格式“T”形账户表示，见表2–24。

表2–24 **账户名称**

借方	贷方

确定借贷记账法下的账户结构，就是要规定账户的借方与贷方所登记的内容以及可能存在的账户余额的方向和内容。采用借贷记账法时账户的借贷两方必须作相反方向的记录。即对每一个账户来说，如果规定借方用来登记增加额，则贷方就用来登记减少额；如果规定借方用来登记减少额，则贷方就用来登记增加额。至于账户哪一方用来登记增加额，哪一方用来登记减少额，则要看账户的性质。账户的性质不同，账户的结构就不同。对于账户的四个金额要素，期初余额、期末余额、本期增加发生额、本期减少发生额，在借贷记账法下将带有符号的色彩。在一个会计期间，借方记录的合计数称为借方发生额，贷方记录的合计数称为贷方发生额，借方发生额、贷方发生额视账户的性质不同分别表示增加发生额和减少发生额（或减少发生额和增加发生额）。在每个会计期间的期末要将借贷发生额相比较，其差

额称作期末余额。如果余额在借方则表示借方余额，如果余额在贷方则表示贷方余额。下面就不同性质的账户说明账户的结构。

（1）资产类账户的账户结构

对于用来记录资产的账户，账户的借方登记资产的增加额，账户的贷方登记资产的减少额，账户如有余额，一般为借方余额，表示期末资产余额。资产类账户的结构见表2-25。资产账户的期末余额可以根据下列公式计算。

期末借方余额=期初借方余额+本期借方发生额-本期贷方发生额

表2-25 **账户名称**

借方	贷方
期初余额：	
（1）本期资产增加额	（1）本期资产减少额
（2）本期资产增加额	（2）本期资产减少额
…	…
本期发生额：	本期发生额：
期末余额：	

会计人物2-3　古代理财家——刘晏

刘晏（公元715—780年），是唐代著名的经济改革家和理财家。字士安，曹州南华（今东明县）人。幼年才华横溢，号称神童，名噪京师，后官至宰相，明朝时列名《三字经》。

他的贡献主要表现在：

（1）改进漕运法。专门设计“上门填阙船”，以盐税雇船工，专司行船，减少了沿运河力役的征发。组织运输船队，井然有法，又有军队押运，保证了途中安全。

（2）改进盐法。一方面可备盐荒，同时又能起调剂作用，防止盐商抬价。又在全国各地设巡院十三所，查禁私盐贩。

（3）平抑物价。招募大批干练的“疾足”在重要城市设置粮仓，以调节丰歉，平衡粮价。

资料来源　胡寄窗．中国经济思想史（中册）．上海：上海人民出版社，1963.

【例2-4】通用数码有限责任公司2013年3月1日仓库结存价值76 000元的原材料，本月购进5 000元，生产领用34 000元，3月末能结存多少原材料？

月末结存材料（47 000）= 月初结存材料（76 000）+ 本月购进材料（5 000）- 本月生产领用（34 000）

将相关过程用“T”形账户表示，见表2-26。

表 2-26

原材料

借方	贷方
期初余额：76 000 本期购进：5 000	本期领用：34 000
本期发生额：5 000 期末余额：47 000	本期发生额：34 000

（2）负债类账户的账户结构

对于用来记录负债的账户，账户的贷方登记负债的增加额，账户的借方登记负债的减少额，账户如有余额，一般为贷方余额，表示期末负债余额。负债类账户的结构见表 2-27。

表 2-27

负债类账户

借方	贷方
（1）本期负债减少额 （2）本期负债减少额 ……	期初余额： （1）本期负债增加额 （2）本期负债增加额 ……
本期发生额：	本期发生额： 期末余额：

负债账户的期末余额可以根据下列公式计算：

期末贷方余额=期初贷方余额+本期贷方发生额-本期借方发生额

【例 2-5】通用数码有限责任公司期初有尚未支付的料款 50 000 元，到了月末尚未支付的料款是 43 000 元，本月新购进材料 11 500 元，其中以银行存款支付了 5 000 元，本月支付了多少前欠料款？

本月支付的前欠款（13 500）= 期初欠款（50 000）+ 本月新购材料款（11 500）- 实际付款（5 000）- 月末欠款（43 000）

（3）所有者权益类的账户结构

对于用来记录所有者权益的账户，账户的贷方登记所有者权益的增加额，借方登记所有者权益的减少额，账户如有余额，一般为贷方余额，表示期末所有者权益余额。所有者权益账户的结构见表 2-28。

所有者权益账户期末余额的计算公式与负债账户相同。

由于账户按会计要素可以分为资产、负债、所有者权益、成本和损益五大类。上面已经介绍了资产、负债和所有者权益类账户的结构，那么成本、损益类的结构如何呢？由于损益类账户包括两层含义，一是收益，二是费用。而收益和费用的经济性质完全不同，因此它们的账户结构也不相同。成本和费用类账户的经济性质大致相同，都是公司、企业经营过程中的资金耗费，所以将成本类账户与损益类账户的内容重新组合为成本费用类账户与收益类账户。

表 2-28

所有者权益账户

借方	贷方
	期初余额：
（1）本期所有者权益减少额	（1）本期所有者权益增加额
（2）本期所有者权益减少额	（2）本期所有者权益增加额
…	…
本期发生额：	本期发生额：
	期末余额：

（4）成本费用类账户的结构

企业在生产经营中要有各种耗费，有成本费用的发生。在成本费用抵消收入以前，可以将其看作一种资产。因此，成本费用账户的结构与资产类账户的结构基本相同，账户的借方记录成本费用的增加额，账户的贷方记录成本费用的结转额。由于借方记录的成本费用一般都要通过贷方转出，所以成本费用账户通常没有期末余额，如有余额，也表示借方余额。其结构见表 2-29。

表 2-29

成本费用账户

借方	贷方
（1）本期成本费用增加额	本期成本费用转出额
（2）本期成本费用增加额	
…	…
本期发生额：	本期发生额：

（5）收益类账户的结构

公司、企业取得的收入最终会导致所有者权益发生变化。收益的增加可视同所有者权益的增加，因此决定了收益类账户的结构与所有者权益类账户的结构基本相同。收益账户的贷方登记收益的增加额，账户的借方登记收益的结转额，通常该账户没有余额，其账户结构见表 2-30。

表 2-30

收益类账户

借方	贷方
本期收益转出额	（1）本期收益增加额
	（2）本期收益增加额
…	…
本期发生额：	本期发生额：

从上述分析不难看出，“借”、“贷”作为记账符号所记录的经济内容随着账户经济性质的不同而不同，但是各类账户的期末余额应与记录该账户增加额的方向是

一致的。因此，根据账户余额所在方向来判断账户的性质，是借贷记账法的一个重要特点。

在借贷记账法下，借方登记：资产、成本费用的增加额，负债、所有者权益的减少额，收益的转销额；贷方登记：资产的减少额，负债、所有者权益和收益的增加额，成本费用的转销额。用丁字式账户表示全部账户结构，见表2-31。

表2-31

账户名称

借方	贷方
（1）资产增加额	（1）资产减少额
（2）成本费用增加额	（2）成本费用转出额
（3）负债减少额	（3）负债增加额
（4）所有者权益减少额	（4）所有者权益增加额
（5）收益转出额	（5）收益增加额
期末余额：资产（成本费用）	期末余额：负债、所有者权益
结存数：	结存数：

3. 借贷记账法的记账规则

我们在采用借贷记账法进行核算经济业务时，应从下面三方面进行考虑：首先，根据发生的经济业务设置相应的会计科目和账户并判断其性质。其次，确定该项经济业务所涉及的账户是增加还是减少。最后，决定该账户的结构，即应记录的方向是借方还是贷方。

【例2-6】按照上述步骤，采用借贷记账法，通过对上一节中的通用数码有限责任公司多种类型业务的核算，说明借贷记账法的记账规则。

（1）6月3日，公司从银行借入短期借款60 000元存入银行。

该项业务属于资产与负债同增的经济事项，应设置资产类账户的“银行存款”账户和负债类账户的“短期借款”账户；同时根据借贷记账法的账户结构，记入“银行存款”账户的借方及“短期借款”账户的贷方。用丁字式账户表示如下：

银行存款

借方	贷方
（1）60 000	

短期借款

借方	贷方
	（1）60 000

（2）6月5日，公司投资人张某投入100 000元，存入银行。

该项业务属于资产与所有者权益同增的经济事项，应设置资产类账户中的“银行存款”账户和所有者权益类账户中的“实收资本”账户；同时根据借贷记账法的账户结构，记入“银行存款”账户的借方及“实收资本”账户的贷方。用丁字式账户表示如下：

银行存款

借方	贷方
（2）100 000	

实收资本

借方	贷方
	（2）100 000

（3）6月8日，公司以银行存款偿还去年借入的短期借款50 000元。

该项业务属于资产与负债同减的经济事项，应设置资产类账户中的“银行存款”账户和负债类账户中的“短期借款”账户；同时根据借贷记账法的账户结构，记入“银行存款”账户的贷方及“短期借款”账户的借方。用丁字式账户表示如下：

短期借款

借方	贷方
（3）50 000	

银行存款

借方	贷方
	（3）50 000

（4）6月10日，公司上级主管部门按照法定程序将价值100 000元的设备调出，以抽回国家对通用数码有限责任公司的投资。

该项业务属于资产与所有者权益同减的经济事项，应设置资产类账户中的“固定资产”账户和所有者权益类账户中的“实收资本”账户；同时根据借贷记账法的账户结构，记入“固定资产”账户的贷方及“实收资本”的借方，用丁字式账户表示如下：

实收资本

借方	贷方
（4）100 000	

固定资产

借方	贷方
	（4）100 000

（5）6月15日，公司从银行提取现金1 000元。

该项业务属于资产内部有增有减的经济事项，应设置资产类账户中的“银行存款”账户和“库存现金”账户；同时根据借贷记账法的账户结构，记入“银行存款”账户的贷方及“库存现金”账户的借方。用丁字式账户表示如下：

库存现金

借方	贷方
（5）1 000	

银行存款

借方	贷方
	（5）1 000

（6）6月20日，公司开出一张面值为30 000元的商业汇票，以抵偿原欠新茂公司的货款。

该项业务属于负债内部有增有减的经济事项，应设置负债类账户中的“应付票据”账户和“应付账款”账户；同时根据借贷记账法的账户结构，记入“应付票据”账户的贷方及“应付账款”账户的借方。用丁字式账户表示如下：

应付账款

借方	贷方
（6）30 000	

应付票据

借方	贷方
	（6）30 000

(7) 6月22日，经过批准，公司用50 000元资本公积转增注册资本。

该项业务属于所有者权益内部有增有减的经济事项，应设置同属于所有者权益类账户中的“实收资本”账户和“资本公积”账户；同时根据借贷记账法的账户结构，记入“实收资本”账户的贷方及“资本公积”账户的借方。用丁字式账户表示如下：

资本公积

借方	贷方
(7) 50 000	

实收资本

借方	贷方
	(7) 50 000

(8) 6月25日，公司按法定程序将应支付给投资者的利润100 000元转增资本金。

该项业务属于负债与所有者权益之间增减变化的经济事项，应设置负债类账户中的“应付股利”账户和所有者权益类账户中的“实收资本”账户；同时根据借贷记账法的账户结构，记入“应付股利”账户的借方及“实收资本”账户的贷方。用丁字式账户表示如下：

应付股利

借方	贷方
(8) 100 000	

实收资本

借方	贷方
	(8) 100 000

(9) 6月28日，公司承诺代甲公司偿还甲公司前欠乙公司的货款30 000元，但款项尚未支付。与此同时，办妥相关手续，冲减甲公司在通用数码有限责任公司的投资。

该项业务属于负债与所有者权益之间增减变化的经济事项，应设置负债类账户中的“应付账款”账户和所有者权益类账户中“实收资本”账户；同时根据借贷记账法的账户结构，记入“应付账款”账户的贷方及“实收资本”账户的借方。用丁字式账户表示如下：

实收资本

借方	贷方
(9) 30 000	

应付账款

借方	贷方
	(9) 30 000

上述事项已可以说明，对于涉及资产，负债和所有者权益变化经济业务类型的处理，都是有借方就有相对应的贷方，而且借贷的金额是相等的。下面再分析影响动态要素变化的经济业务的情况。

(10) 6月30日，公司以库存现金250元购买办公用品。

该项业务属于资产与费用同增的经济事项，应设置资产类账户中的“库存现金”账户和成本费用类账户中的“管理费用”账户；同时根据借贷记账法的账户结构，记入“库存现金”账户的贷方及“管理费用”账户的借方。用丁字式账户表示如下：

管理费用	
借方	贷方
（10）250	

库存现金	
借方	贷方
	（10）250

（11）6月30日，公司出售价值10 000元的商品，货款尚未收到。

该项业务属于资产与收入同增的经济事项，应设置资产类账户中的“应收账款”账户和收益类账户中的“主营业务收入”账户；同时根据借贷记账法的账户结构，记入“应收账款”账户的借方及“主营业务收入”账户的贷方。用丁字式账户表示如下：

应收账款	
借方	贷方
（11）10 000	

主营业务收入	
借方	贷方
	（11）10 000

通过以上举例，已经概括了企业绝大部分业务类型，而无论哪种类型的经济业务，都是以相等的金额同时记入有关账户的借方和另一对应账户的贷方。这样就可以归纳出借贷记账法的记账规则——“有借必有贷，借贷必相等”。

借贷记账法的账户结构要求对发生的任何经济事项，都要按借贷相反的方向进行记录，如果在一个账户中记借方，必然在另一账户中记贷方，即有借就必然有贷。复式记账法要求对发生的任何经济事项，都要等额地在相关账户中进行登记，如果采用“借”和“贷”作为记账符号，借贷的金额就一定是相等的。因此借贷记账法的记账规则是有一定的理论依据的。

会计人物2-4　　会计制度设计者——雍家源

雍家源（1898—1975），是我国早期会计学家，现代政府会计制度的设计者。曾任复旦大学教授和会计系系主任、上海财经学院教授、上海社会科学院研究员。是我国20世纪30至50年代最有影响力的政府会计学家，其代表性著作为《中国政府会计论》、《会计核算原理》。

资料来源　文静．雍家源：现代政府会计制度的设计者［EB/OL］．会计网［2012-11-27］，http：//cache. baiducontent. com.

4. 借贷记账法的会计分录

从以上举例可以看出，在运用借贷记账法进行核算时，在有关账户之间存在着应借、应贷的相互关系，账户之间的这种相互关系被称为账户的对应关系，存在对应关系的账户被称为对应账户。

根据账户的对应关系可以了解经济业务的内容和来龙去脉，可以检查账目的正确性，可以加强会计监督。尽管账户的对应关系有如此重要的意义，但在实际工作中，经济业务一般较为复杂，如果直接根据账户登记账户，就容易产生错误。为了既保证账户记录的正确性又减少工作量，在将经济业务登记入账前，应先运用账户的对应关系编制会计分录。

在借贷记账法下，会计分录是指标明某项经济业务应借、应贷方向，科目名称和金额的记录。如果某项经济业务只涉及一个账户的借方与一个账户的贷方相对应，则这种会计分录称为简单会计分录；如果某项经济业务涉及一个账户的借方与多个账户的贷方相对应或多个账户的借方与一个账户的贷方相对应，这种会计分录称为复合会计分录。在实际工作中，不允许将多项经济业务合并编为复合分录，但若属于同一项经济业务时可编制复合会计分录。

【例2-7】沿用【例2-6】相关资料，将上述各经济业务用会计分录进行表示。

(1) 借：银行存款　60 000
　　贷：短期借款　60 000
(2) 借：银行存款　100 000
　　贷：实收资本　100 000
(3) 借：短期借款　50 000
　　贷：银行存款　50 000
(4) 借：实收资本　100 000
　　贷：固定资产　100 000
(5) 借：库存现金　1 000
　　贷：银行存款　1 000
(6) 借：应付账款　30 000
　　贷：应付票据　30 000
(7) 借：资本公积　50 000
　　贷：实收资本　50 000
(8) 借：应付股利　100 000
　　贷：实收资本　100 000
(9) 借：实收资本　30 000
　　贷：应付账款　30 000
(10) 借：管理费用　250
　　贷：库存现金　250
(11) 借：应收账款　10 000
　　贷：主营业务收入　10 000

上述会计分录均为简单会计分录，下面举例说明复合会计分录的编制。

【例2-8】3月29日，通用数码有限责任公司购买原材料一批，价值59 000元，其中以银行存款支付34 000元，其余款项尚未支付。

该项业务涉及资产类账户中的“原材料”账户、“银行存款”账户以及负债类账户中的“应付账款”账户，编制复合会计分录如下：

借：原材料　　59 000
　贷：银行存款　　34 000
　　　应付账款　　25 000

5. 借贷记账法的试算平衡

各单位的经济业务纷繁复杂，再加上有些人为的因素，在账户的日常记录中难免会出现一些差错。为了检查一定时期内所发生经济业务在账户中的记录是否正确，在会计期末应对账户试算平衡。所谓试算平衡是指根据会计恒等式“资产=负债+所有者权益”以及借贷记账法的记账规则通过汇总、检查和验算所有账户记录是否正确的过程，它包括发生额试算平衡法和余额平衡法。

（1）发生额试算平衡

借贷记账法的记账规则是“有借必有贷，借贷必相等”。根据这一记账规则，对于公司、企业发生的每一经济事项都要以相等的金额，分别记入两个或两个以上的账户的借方和贷方，借贷双方的金额必然相等。因此，当一定时期的经济事项全部记入相关的账户以后，所有账户的借方发生额合计与贷方发生额合计也必然相等。

发生额试算平衡是根据本期所有账户借方发生额与贷方发生额合计恒等关系，来检验本期发生额记录是否正确的方法。用公式表示如下：

全部账户本期借方发生额合计=全部账户本期贷方发生额合计

在实际工作中，本项工作是通过编制发生额试算平衡表进行的。

【例2-9】沿用【例2-7】相关资料，根据（1）—（9）项经济业务编制发生额试算平衡表（见表2-32）。

表2-32　**总分类账户发生额试算平衡表**

账户名称	本期发生额	
	借方	贷方
银行存款	（1）60 000 （2）100 000	（5）1 000 （3）50 000
库存现金	（5）1 000	
固定资产		（4）100 000
短期借款	（3）50 000	（1）60 000
应付票据		（6）30 000
应付账款	（6）30 000	（9）30 000
应付股利	（8）100 000	

续表

账户名称	本期发生额	
	借方	贷方
实收资本	(4) 100 000 (9) 30 000	(2) 100 000 (7) 50 000 (8) 100 000
资本公积	(7) 50 000	
合计	521 000	521 000

(2) 余额试算平衡

账户的余额试算平衡是根据所有账户借方余额合计与贷方余额合计的恒等关系，来检验本期记录是否正确的方法。这是由"资产=负债+所有者权益"的恒等式关系决定的。而根据余额的时间不同，可分为期初余额平衡与期末余额平衡两类。

期末余额平衡是指：期末所有账户借方余额合计与贷方余额合计相等，用公式表示如下：

全部账户的期末借方余额合计=全部账户的期末贷方余额合计

【例 2-10】沿用【例 2-1】相关资料，通用数码有限责任公司 2013 年 6 月发生经济业务之前假设拥有资产 1 326 000 元：其中库存现金 1 500 元，银行存款 24 500元，应收账款 40 000 元，原材料 110 000 元，固定资产 1 150 000 元。该公司投资者实际投入 600 000 元，资本公积 385 000 元。该公司还存在一些负债，其中短期借款 76 000 元，应付账款 50 000 元，应付职工薪酬 15 000 元，应付股利 200 000 元。

该公司在 2013 年 6 月资产、负债以及所有者权益存在的平衡关系见表 2-33。

表 2-33　**科目余额表**

2013 年 5 月 31 日

资产	期初余额	负债及所有者权益	期初余额
库存现金	1 500	短期借款	76 000
银行存款	24 500	应付账款	50 000
应收账款	40 000	应付职工薪酬	15 000
原材料	110 000	应付股利	200 000
固定资产	1 150 000	实收资本	600 000
		资本公积	385 000
合计	1 326 000	合计	1 326 000

通用数码有限责任公司在经过第 (1) — (9) 笔经济业务后，可以编制总分类账户余额试算平衡表（见表 2-34）。

表 2-34

总分类账户余额试算平衡表

账户名称	借方余额	贷方余额
库存现金	2 500	
银行存款	133 500	
应收账款	40 000	
原材料	110 000	
固定资产	1 050 000	
短期借款		86 000
应付票据		30 000
应付账款		50 000
应付职工薪酬		15 000
应付股利		100 000
实收资本		720 000
资本公积		335 000
合计	1 336 000	1 336 000

在实际工作中也可将发生额及余额试算平衡表合并编表，见表 2-35。

表 2-35

总分类账户发生额及余额试算平衡表

账户名称	期初余额		本期发生额		期末余额	
	借方	贷方	借方	贷方	借方	贷方
库存现金	1 500		（5）1 000		2 500	
银行存款	24 500		（1）60 000 （2）100 000	（5）1 000 （3）50 000	133 500	
应收账款	40 000				40 000	
原材料	110 000				110 000	
固定资产	1 150 000			（4）100 000	1 050 000	
短期借款		76 000	（3）50 000	（1）60 000		86 000
应付票据				（6）30 000		30 000
应付账款		50 000	（6）30 000	（9）30 000		50 000
应付职工薪酬		15 000				15 000
应付股利		200 000	（8）100 000			100 000
实收资本		600 000	（4）100 000 （9）30 000	（2）100 000 （7）50 000 （8）100 000		720 000
资本公积		385 000	（7）50 000			335 000
合计	1 326 000	1 326 000	521 000	521 000	1 336 000	1 336 000

应该看到，试算平衡表只是通过借贷金额是否平衡来检查账户记录是否正确，而有些错误对于借贷双方的平衡并不发生影响。因此，在编制试算平衡表时对以下问题应引起注意：

（1）必须保证所有账户的余额均已计入试算表。因为会计等式是对六项会计要素整体而言的，缺少任何一个账户的余额，都会造成期初或期末借方余额与贷方余额合计不相等。

（2）如果借贷试算不平衡，肯定账户记录有错误，应认真查找，直到实现平衡为止。

（3）如果借贷试算平衡，则并不能说明账户记录绝对正确，因为有些错误对于借贷双方的平衡并不发生影响。例如：

①某项经济业务，将使本期借贷双方的发生额等额减少，借贷仍然平衡；

②重记某项经济业务，将使本期借贷双方的发生额发生等额虚增，借贷仍然平衡；

③某项经济业务错记入有关账户，借贷仍然平衡；

④某项经济业务颠倒了记账方向，借贷仍然平衡；

⑤借方或贷方发生额中，偶然一多一少并且金额相等，借贷仍然平衡。

■ 思考题

1. 什么是会计科目？为什么要设置会计科目？
2. 账户与会计科目有什么区别和联系？
3. 会计科目怎样进行分类？不同分类的意义是什么？
4. 什么是账户的一般结构？
5. 如何计算账户的期末余额？
6. 什么是借贷记账法？借贷记账法有何特点？
7. 在借贷记账法下，不同性质账户的“借”、“贷”的含义是什么？
8. 什么是会计分录？会计分录的三要素是什么？
9. 借贷记账法下，试算平衡具体包括哪些方面？

■ 案例讨论

关于权责发生制与收付实现制的比较

企业的会计核算应当以权责发生制为基础。即凡是当期已经实现的收入和已经发生或应当负担的费用，不论款项是否收付，都应当作为当期的收入和费用；凡是不属于当期的收入和费用，即使款项已在当期收付，也不应当作为当期的收入和费用。

收付实现制是与权责发生制相对应的一种确认基础，它是以收到或支付现金作为确认收入和费用的依据的。目前，我国的行政单位采用收付实现制，事业单位除经营业务采用权责发生制外，其他业务均采用收付实现制。以下通过一个实例来说明这两种确认基础的差异。

资料：某企业本月份发生以下经济业务。

(1) 支付上月份电费5 000元。

(2) 收回上月的应收账款10 000元。

(3) 收到本月的营业收入款项8 000元。

(4) 支付本月应负担的办公费900元。

(5) 支付下季度保险费1 800元。

(6) 应收营业收入25 000元，款项尚未收到。

(7) 预收客户货款5 000元。

(8) 负担上季度已经预付的保险费600元。

要求：

(1) 比较权责发生制与收付实现制的异同。

(2) 通过计算说明它们对收入、费用和盈亏的影响。

(3) 说明它们各自具备的优、缺点。

第三章

借贷记账法应用

主要知识点

* 了解借贷记账法的应用原理
* 掌握资金筹集业务的会计处理
* 掌握生产准备业务的会计处理
* 掌握产品生产业务的会计处理
* 掌握资金回收业务的会计处理
* 掌握财务成果计算的会计处理

关键概念

资金筹集业务　生产准备业务　产品生产业务　资金回收业务　财务成果计算

引言

本章内容是对上一章借贷记账法相关知识的进一步介绍，学习本章，有助于帮助学习者理解和强化借贷记账法的含义。本章是整个会计核算体系的核心与基础，学习本章内容，将帮助学习者把会计核算的基本方法与会计实务紧密结合起来，进一步强化对借贷记账法的理解和应用。本章阐述了如何根据经济业务的内容进行的账户设置，如何正确运用借贷记账法进行账务处理，从而使学习者进一步理解和掌握借贷记账法。

本章将学习资金筹集业务、资产运作业务、产品生产业务、资金回收业务、财务成果计算等经济业务的账务处理原理。

第一节　资金筹集业务

资金筹集业务是指公司从各种不同的来源，用各种不同的方式筹集其生产经营过程中所需要的资金。资金筹集业务中的资金由于来源与方式的不同，其筹集的条件、筹集的成本和筹集的风险也不同，大体上可分为资本金和借贷资金。

一、资本金业务

一家营利性的企业，要进行正常的经营活动，必须具有一定数量的“本钱”。企业要申请营业，必须符合国家相关的法律规范制定的经营条件，并且具有与其生产经营和服务规模相适应的资本金数额。我国目前实行的注册资本金制度，要求企业投资人的出资总额必须等于企业的全部注册资本金额。企业的实有资本金额和原注册资本金额相比，如果增减变动幅度超过一定比例，必须向原登记主管机关申请变更登记。

（一）资本金制度

1. 资本金制度定义

资本金制度是指国家围绕资本金的筹集、管理以及所有者的责、权、利等方面所作的法律规范。资本的存在是市场经济发展的必然结果，是现代企业制度或公司制度的基石，是市场经济的基本要素，具有存在的必然性。

2. 资本金制度的内容

（1）法定资本金的数量要求。所谓法定资本金，是指国家规定的开办企业必须筹集的最低资本金数额，或者说是企业设立时必须具备的最低限额的本钱，否则企业不得批准成立。

（2）资本金筹资方式。根据国家法律、法规的规定，企业可以采用各种方式吸收各种资本金。企业筹集资本金既可以吸收货币资金投资，也可以吸收实物、无形资产投资，但吸收的实物和无形资产，应按照评估确认或者合同、协议约定的金额计价。

（3）无形资产出资限额。世界上大多数国家都允许用无形资产对企业投资，但同时也都对无形资产投资的比例进行了限定。

（4）资本金的筹资期限。企业资本金可以一次或者分期筹集，企业应当按照法律、法规和合同、章程的规定，及时筹集资本金。关于资本金筹集期限的规定，一般有三种类型：一是实收资本制，即企业成立时需确定资本金总额，一次筹足，实收资本与注册资本数额一致，否则企业不得成立。二是授权资本制，即企业成立时虽然也要确定资本金总额，但是否一次筹足，与企业成立无关，只要筹集到第一期资本企业即可成立，其余部分由董事会在公司成立后进行筹集，这样一来就导致企业成立时的实收资本与注册资本数额不一致；三是折衷资本制，即企业成立时确定资本金总额，不一定一次筹足，但规定了首期出资的数额或比例，以及最后一期缴清资本的期限。

（5）验资及出资证明。验资是指对投资者所投资产进行法律上的确认，它包括对现金与非现金资产的价值和时间确认进行验证等内容。在验资过程结束后，委托的会计师事务所等中介机构及注册会计师应向企业出具验资报告，企业据此向投资者出具出资证明。

（6）投资者的违约及其责任。投资者由于各种原因，违反企业章程、协议或者合同的有关规定，没有及时足额地出资，从而影响企业的成立，这种行为在法律上视为出资违约。对于出资违约的出资者，企业和其他投资者可以依法追究其责任，政府部门还应根据国家有关法律、法规，对违约者进行处罚。

3. 资本金制度的特点

资本金制度的特点是：资本金属于非债务性资金，投资者可按其出资比例依法享有所有者权益，也可转让其出资，但一般不得以任何方式抽回。资本金制度对不同行业和不同企业在原则上是一致的，但也有所差别，主要是不同行业的国有企业，其国家资本金的构成不同。

4. 资本金制度的分类

（1）实收资本制。实收资本制又称法定资本制，它要求在企业设立时，必须确定资本金总额并一次缴足，否则不得设立。在实收资本制度下，企业的实收资本等于注册资本。在该制度下，企业要增减资本，都必须修改公司章程，并在工商行政管理部门办理重新登记手续。实收资本制下企业增减资本的灵活性低，因此实收资本制主要在属于成文法系（又称大陆法系、法国法系）的国家使用，如位于欧洲大陆的国家。

（2）授权资本制。授权资本制，虽然要求企业在公司章程中确定资本金总额，但是并不要求在企业设立时一次缴足全部资本，只要缴纳了第一期出资额，企业即可成立。剩余未缴资本金，则授权董事会在公司成立之后分期到位。在该种制度下，允许实收资本与注册资本不一致，企业增减资本灵活。授权资本制主要在属于非成文法系的国家使用，如英、美等国。

（3）折中资本制。折中资本制是介于实收资本制和授权资本制之间的一种资本金制度，它要求在企业设立时，应确定资本金总额，并规定首期出资额或比例。该种资本金制度筹资灵活性虽不如授权资本制大但却高于实收资本制，法律约束力则低于实收资本制，高于授权资本制。我国对外商投资企业实行的就是折衷资本制。

5. 资本金制度的意义

建立资本金制度是我国企业资金管理制度改革的一项重要内容，它对于明晰企业产权、确保资本金的安全完整、维护投资者的权益等具有重要意义：

（1）有利于企业资本金的保全。根据资本金制度的规定，企业筹集到资本金后，在企业生产经营期内，投资者除依法转让外一般不得抽回资金，即使是依法转让，也要有相应的条件和程序，这就从制度上保全了资本金。

（2）有利于保障投资者的合法权益。建立资本金制度，投资者在以现金、实物、无形资产等形式向企业投资后，可以按照出资比例或者合同章程的规定，分享企业利润并承担风险及亏损。另外，按照资本保全原则，上述核算上的变化有利于准确计算企业损益，如实反映企业经营成果，也保护了投资者的利益，使投资者的合法权益从制度上得到了保障，还有利于吸收更多的投资资金。

（3）有利于企业负债筹资、自负盈亏。资本金是企业长期稳定拥有的资金，筹集借入资金的前提是企业拥有使债权人信赖的偿债能力，而反映企业偿债能力的是企业的资本金规模及生产经营状况。因此，一定数额的资本金是企业取得债务资金的必要保证。同时，市场经济条件下，企业不可避免地存在着经营风险，它要求企业具有承担亏损的能力。所以，建立资本金制度将有利于促进企业真正实现自负盈亏、自主经营、自我发展和自我约束。

（二）资本金核算业务

1. “实收资本”账户

投资者对企业的投资，可以是货币资金，也可以是实物资产和无形资产，如银行存款、原材料、运输工具、机器设备、建筑物、专利权、经营权和商标权等。对于投资者投资的需计入注册资本金项目的业务，会计核算主要通过开设“实收资本”（或“股本”）账户进行核算。若投资者的实际出资额超过约定计入注册资本金的份额，则在“实收资本”账户登记注册资本金，超出注册资本金的那部分投资额记入“资本公积”账户。

企业可以设立“实收资本”账户进行相关资本金业务的核算。该账户（股份公司一般称为“股本”）主要核算企业的投资者投入的需要计入注册资本金的经济业务，最终出资数额应与企业登记的注册资本金保持一致。该账户贷方登记实际收到的投资者投入资本金，借方登记经批准允许减少的投资者退出的资本金，期末余额在贷方，表示投资者保留在企业内的资本金。该账户按投资者类别设置明细分类账，进行明细分类核算。

会计人物 3-1　　古代理财家——管仲

管仲（约公元前 725 年—公元前 645 年），名夷吾，字仲，亦称管敬仲，是中国古代历史上一位有突出成就的大理财家。

据说他早年经营商业，后从事政治活动。齐桓公即位后重用管仲，而管仲也不负厚望，他在经济上，实行租税改革，对井田“相地而衰征”，次地轻征，增产多得，并采取了若干有利于农业、手工业发展的政策。管仲作为中国古代著名的理财家，首先提出了“治国必先富民”的思想，这也是他理财的核心思想，在《管子·治国篇》中首先指出：“凡治国之道，必先富民。民富则易治也，民贫则难治也。”

管仲有句名言：“仓廪实则知礼节，衣食足则知荣辱。”他以朴素唯物主义的观点，指出了管理国家必须从发展经济入手，把财政经济问题放在首位。

资料来源　佚名．中国历代思想家、政治家的税收观［EB/OL］．中国税务网［2010-11-23］，http：//cache. baiducontent. com.

2. “资本公积”账户

该账户主要核算企业实际收到的出资资本超过允许登记的注册资本金的那部分出资额以及其他方式增加的资本公积。该账户贷方登记企业通过各种方式增加的资本公积金的数额，借方登记企业通过各种方式减少的资本公积的数额。期末余额在贷方，表示企业本期保留的资本公积金的结存数额。该账户应当按资本公积的形成类别分类设置明细账户，进行明细分类核算。

下面以通用数码有限责任公司（简称“通用数码”）为例，说明借贷记账法在工业企业中的具体应用。

【例 3-1】20×3 年 1 月，为吸收更多投资者投资入股，通用数码收到甲投资者投资款共计 900 000 元，存入银行，该笔投资款按照协议规定全部计入注册资本金。

根据经济业务，企业可以编制会计分录如下：

借：银行存款　　900 000

　贷：实收资本——甲投资者　　900 000

【例 3-2】20×3 年 1 月，通用数码接受乙投资者以一台全新的通用设备投资，协议价值 800 000 元，该笔投资按照协议规定全部计入注册资本金。

根据经济业务，企业可以编制会计分录如下：

借：固定资产——通用设备　　800 000

　贷：实收资本——乙投资者　　800 000

【例 3-3】20×3 年 1 月，通用数码收到丙投资者作为投资转让的一项专利权，按照双方达成的投资协议，该专利权评估价值为 580 000 元，该笔投资按照协议规定全部计入注册资本金。

根据经济业务，企业可以编制会计分录为：

借：无形资产——专利权　　580 000

　贷：实收资本——丙投资者　　580 000

二、资金借贷业务

从商业银行或其他金融机构融入资金是企业非常重要的资金筹集渠道。企业以负债的形式从金融机构取得的借款一般通过“短期借款”和“长期借款”等账户进行核算。

“短期借款”账户主要核算企业从金融机构借入的，偿还期限在一年（含一年）以内的各类型借款，其贷方登记企业借入的本金，借方登记企业归还给金融机构的本金。该账户期末余额在贷方，表示企业向金融机构借入的应在一年内偿还的本金。短期借款利息不在该账户中进行核算。

“长期借款”账户的性质与“短期借款”账户的性质基本相同，所不同的是该账户核算企业借入的，期限在一年以上的各类借款和应支付的借款利息。

【例 3-4】20×3 年 2 月，为筹集生产用资金，通用数码向工商银行借入两种类型的资金共计 600 000 元。其中，6 个月期限的短期借款为 200 000 元，3 年期限的借款为 400 000 元。

根据经济业务，企业可以编制会计分录如下：

借：银行存款　　600 000

　贷：短期借款　　200 000

　　　长期借款　　400 000

从金融机构借入资金，需要支付一定比例的利息，一般短期借款的利息支出可以根据资金的使用用途在“财务费用”等账户中进行核算。

长期借款要看借款的目的和用途来处理，若为建造固定资产而借入的，借款利息可按借款的使用情况记入固定资产价值。支付给金融机构的借款利息核算方法参见本章第五节“财务成果计算”。偿还金融机构借款时，会计分录如下：

借：短期借款　　×××

　　长期借款　　×××

　贷：银行存款　　×××

第二节　生产准备业务

生产准备业务主要包括非流动资产准备业务和流动资产准备业务。

一、非流动资产准备业务

（一）固定资产准备业务

固定资产是为生产商品、提供劳务、出租或经营管理而持有的，并且使用寿命超过一个会计年度的有形资产。固定资产的确认应注意两个条件：

（1）与该固定资产有关的经济利益很可能流入企业。

（2）该固定资产的成本能够可靠地计量。

固定资产是企业的劳动手段，也是企业赖以生产经营的主要资产。从会计的角度划分，固定资产一般被分为生产用固定资产、非生产用固定资产、租出固定资产、未使用固定资产、不需用固定资产、融资租赁固定资产、接受捐赠固定资产等。

企业取得固定资产时的入账价值，按固定资产取得时的实际成本确定。取得时的实际成本是指企业购建固定资产达到预计可使用状态前所发生的一切合理的、必要的支出。这些支出既有直接发生的（如支付的固定资产的买价、包装费、运杂费、安装费），也有间接发生的（如固定资产建造过程中应予以资本化的借款利息、外币借款、折算差额、应分摊的其他间接费用等）。一般来说，构成固定资产取得时实际成本的具体内容包括买价、运输费、保险费、包装费、支付的增值税

（根据固定资产的种类和用途决定增值税是否记入实际成本）、安装费等。由于企业可以从各种渠道取得固定资产，再加上通过不同的渠道形成的固定资产，其价值构成的具体内容可能不同，因此固定资产取得时的入账价值应根据具体情况和涉及的具体情况分别确定。

1. 账户设置

为了核算固定资产业务，企业一般需要设置“固定资产”、“累计折旧”、“在建工程”、“工程物资”、“固定资产清理”、“固定资产减值准备”等账户。

“固定资产”账户核算固定资产取得时的原始价值。借方登记各种情况下增加的固定资产原始价值，贷方登记各种情况下减少的固定资产原始价值。期末余额在借方，表示期末持有的固定资产原始价值。该账户应按照固定资产的类别、使用部门和每项固定资产设置明细账户，进行明细分类核算。企业应设置固定资产总账、固定资产明细账及固定资产卡片。

“累计折旧”账户属于“固定资产”账户的调整账户，用于核算固定资产的累计损耗。贷方登记按照规定的条件计算提取的固定资产折旧金额，借方登记处置减少固定资产时转出的累计折旧。期末余额在贷方，反映企业持有的固定资产的累计折旧额。

“在建工程”账户属于固定资产类的成本核算账户，主要用于核算企业在基础设施建设、安装或改造固定资产等在建工程中发生的各项支出，借方登记企业各项在建工程的实际支出金额，贷方登记完工的工程转出的成本，期末借方余额反映企业尚未达到预定可使用状态的在建工程的成本。

“工程物资”账户核算企业为实施在建工程而准备的各种物资的实际成本。该账户借方登记企业购入的各种工程物资的成本，贷方登记在建工程项目领用的工程物资成本，期末余额在借方，反映企业为在建工程准备的各种物资的成本。

“固定资产清理”账户主要核算企业因转让、对外投资、报废、毁损等原因减少的固定资产价值以及在固定资产清理过程中发生的清理费用。借方登记减少的固定资产的账面净值（净值，即原始价值减去已经计提的累计折旧和固定资产减值准备）、清理过程中发生的相关税费及其他费用；贷方登记固定资产清理过程中取得的转让收入、毁损固定资产的相关责任人的赔偿或保险公司的赔偿，以及可利用的残余材料的入库估值等。期末余额在借方，反映企业尚未清理完毕的固定资产清理净损失。该账户按被清理的固定资产设置明细账，进行明细核算。

2. 主要业务处理

外购固定资产的成本，包括购买价款、相关税费、使固定资产达到预定可使用状态前所发生的可归属于该项资产的运输费、装卸费、安装费和专业人员服务费等。

以一笔款项购入多项没有单独标价的固定资产，应当按照各项固定资产公允价值比例对总成本进行分配，分别确定各项固定资产的成本。购买固定资产的价款超过正常信用条件延期支付，实质上具有融资性质的，固定资产的成本以购买价款的现值为基础进行确定。

实际支付的价款与购买价款的现值之间的差额，除按照《企业会计准则第17号——借款费用》应予资本化的以外，应当在信用期间内记入当期损益。

外购固定资产，应按实际核算的成本等作为固定资产的原始价值。

需要安装的固定资产，应先通过“在建工程”账户进行成本核算，待安装工程完工，固定资产交付使用后，再将固定资产成本从“在建工程”账户转入“固定资产”账户。购入的专用工程物资，应按实际支付的成本（买价、支付的增值税、运输装卸费等）确定其入账价值。固定资产由于出售、投资、报废或损毁等原因发生的价值减少业务应通过“固定资产清理”账户进行核算。固定资产使用期间发生的后续支出，满足固定资产确认条件的，应记入固定资产的成本；不满足固定资产确认条件的，发生时应直接记入当期损益。

固定资产在使用寿命内，应按确定的方法对固定资产原始价值进行系统的分摊（一般称为计提折旧）。除已提足折旧、提前报废和当月新增的固定资产不计提折旧外，其他情况一般需要计提折旧。影响折旧计算的因素主要有固定资产原始价值、预计净残值、固定资产使用年限和采用的折旧计算方法等。固定资产计提折旧的常用方法主要有年限平均法、工作量法、双倍余额递减法和年数总和法。

【例3-5】20×3年3月，通用数码购入一台不需要安装的数码设备，增值税专用发票中注明的设备买价为125 000元，增值税为21 250元。普通发票注明的运杂费为2 000元，以上款项均通过银行系统转账支付，设备购入后随即交付使用。

分析：这项经济业务，一方面使得公司固定资产取得的原始成本增加127 000元，记入“固定资产”账户的借方，发生的增值税属于可以抵扣的范围，应该记入“应交税费——应交增值税”账户的借方（进项税额专栏），金额为21 250元。另一方面使得公司的银行存款因为发生的支付行为而减少148 250元，应该记入“银行存款”账户的贷方。

根据经济业务，企业可以编制会计分录如下：

借：固定资产　　127 000

　　应交税费——应交增值税（进项税额）　　21 250

　贷：银行存款　　148 250

【例3-6】20×3年3月，通用数码通过银行转账的方式购入一台需要安装的设备，有关发票等凭证显示，设备购买价格为480 000元，增值税税额为81 600元，包装运杂费等共计5 000元，设备验收后已开始实施安装工程。

分析：这项经济业务的发生，一方面使得公司的在建工程成本增加了485 000元，可记入“在建工程”账户的借方，发生的增值税属于可抵扣范围，应记入“应交税费——应交增值税”账户的借方，金额为81 600元。另一方面使得公司因为支付行为而导致银行存款减少566 600元，应记入“银行存款”账户的贷方。

根据经济业务，企业可以编制会计分录如下：

借：在建工程 485 000

应交税费——应交增值税（进项税额） 81 600

贷：银行存款 566 600

【例 3-7】沿用上例资料，通用数码在上述设备的安装过程中发生的安装费用如下：领用本公司设备安装专用配件 12 000 元，发生应支付的安装工人工资20 000 元，应提取的安装工人福利费 2 800 元。

分析：设备在安装过程中发生的安装费用也构成了企业固定资产安装工程的一项成本项目。上述经济业务的发生，一方面使得公司固定资产安装工程成本（安装费）增加了 34 800 元，记入“在建工程”账户的借方；另一方面使得公司的库存设备安装专用配件减少了 12 000 元，应记入“工程物资”账户；同时，发生的应支付安装工人薪酬总额增加了 22 800 元，应记入“应付职工薪酬”账户的贷方。

根据经济业务，企业可以编制会计分录如下：

借：在建工程 34 800

贷：工程物资 12 000

应付职工薪酬——工资 20 000

——职工福利 2 800

固定资产安装工程完工后，如果达到预定可使用状态，说明该固定资产的原始价值已经形成。验收合格后，可以将该在建工程的全部成本转入“固定资产”账户。上述两个例题的在建工程全部成本为 519 800 元。这项经济业务的发生，一方面使得固定资产取得的原始成本增加 519 800 元，记入“固定资产”账户的借方；另一方面使得公司的在建工程成本减少 519 800 元，应记入“在建工程”账户的贷方。

根据经济业务，可以编制的会计分录如下：

借：固定资产 519 800

贷：在建工程 519 800

【例 3-8】沿用上例资料，20×3 年 3 月末，通用数码财务部门核算出的公司本月固定资产折旧总额为 850 000 元，其中公司行政管理部门使用的固定资产的折旧额为 250 000 元，生产部门使用的固定资产的折旧额为 500 000 元，专设的营销中心使用的固定资产的折旧额为 100 000 元。

根据经济业务，企业可以编制会计分录如下：

借：制造费用 500 000

管理费用 250 000

销售费用 100 000

贷：累计折旧 850 000

（二）无形资产准备业务

无形资产是指企业拥有或控制的没有实物形态的可辨认非货币性资产，其内容包括专利权、非专利技术、商标权、著作权、土地使用权和特许经营权等。资产满足下列条件之一的，符合无形资产定义中的可辨认性标准：

（1）能够从企业中分离或者划分出来，并能单独或者与相关合同、资产或负债一起，用于出售、转移、授予许可、租赁或者交换。

（2）源自合同性权利或其他法定权利，无论这些权利是否可以从企业或其他权利和义务中转移或者分离。

无形资产同时满足下列条件的，才能予以确认：

（1）与该无形资产有关的经济利益很可能流入企业。

（2）该无形资产的成本能够可靠地计量。

企业在判断无形资产产生的经济利益是否很可能流入企业时，应当对无形资产在预计使用寿命内可能存在的各种经济因素做出合理的估计，并且应当有明确的证据予以支持。

为了核算无形资产的取得、摊销等经济业务，企业应当设置“无形资产”、“累计摊销”、“无形资产减值准备”等账户。

“无形资产”账户核算企业持有的无形资产的原始价值，借方登记各种形式下取得无形资产的原始成本，贷方登记出售、转让、报废等情况下减少的无形资产账面价值，期末余额在借方，反映企业持有的无形资产的账面价值。本账户应按无形资产项目设置明细账，进行明细分类核算。

“累计摊销”账户属于“无形资产”的调整账户，用于核算企业对使用寿命有限的无形资产计提的累计摊销，贷方登记企业计提的无形资产的摊销额，借方登记处置无形资产时转出的累计摊销。期末余额在贷方，反映企业持有的无形资产累计摊销额。

1. 外购无形资产

【例 3-9】沿用上例资料，通用数码于 20×3 年 4 月 2 日以 200 000 元的价格购买了一项专利权，购买专利权时支付的相关税费为 20 000 元，全部款项均已经通过转账的方式付讫。

根据经济业务，企业可以编制会计分录如下：

借：无形资产——专利权　　　　220 000

　贷：银行存款　　　　　　　　　　220 000

2. 无形资产摊销

企业应当于取得无形资产时分析、判断其使用寿命。使用寿命有限的无形资产应当自可供使用当月起进行摊销，使用期限结束后进行处置的当月不进行摊销；使用寿命无限的无形资产不应当进行摊销。

企业应当按月对无形资产进行摊销，摊销金额一般记入当期损益。企业自用的无形资产，其摊销金额记入管理费用；出租无形资产的摊销金额记入其他业务成本。

【例3-10】沿用上例资料，通用数码财务部门核算出公司本月份自用的无形资产应摊销的价值为22 000元。

根据经济业务，企业可以编制的会计分录如下：

借：管理费用　　22 000

　贷：累计摊销　　22 000

二、流动资产准备业务

（一）材料采购成本的确定

原材料是组成产品的实体，是构成产品成本的主要项目。企业在采购原材料时，应根据经济合同和结算制度的相关条款支付采购货款。此外，还要支付因购买材料而发生的其他各种采购费用，并支付相关的税费。原材料的购买价格加上相关的采购费用，按原材料的种类进行归集分配，就形成了原材料的采购成本。原材料的采购成本具体包括购买价和采购费用两个方面的内容。

（1）购买价格，即供货单位开具的发票上注明的价格。

（2）采购费用，即为购进材料而发生的各种相关费用，如运输费用、装卸费用、保险费用等。

从理论上讲，采购人员为采购材料而发生的差旅费等，也应构成材料的采购成本。但在实际工作中，为了简化核算，这部分费用不列入材料采购成本，而列为管理费用。

增值税是以商品或劳务交易额为计税依据，采取税款抵扣原则计算征收的一种流转税。我国于1994年1月1日起对从事工业、加工业、商业批发、零售以及修理、修配业的企业和个人销售商品或提供劳务的收入征收增值税。对于一般纳税人来说，在购进商品的过程中上缴的增值税，在符合增值税抵扣条件时，可作为销项税额的抵减项目计算应缴纳的增值税，计算公式如下。

应纳增值税=销项税额-进项税额

其中：销项税额=销售额×增值税税率

进项税额=购买额×增值税税率

式中所指的销售额和购买额均为不含税额，即价税分离，商品的价值及其应付增值税分别计价。

销售商品或提供劳务采用价税合一定价方法的，应当按下列公式计算销售额和进项税额。

$$销售额=\frac{含税销售额}{1+征收率}$$

$$购买额=\frac{含税购买额}{1+征收率}$$

目前我国一般纳税人企业的增值税税率分为三档：①出口货物，增值税税率为0；②销售或进口粮食、煤气、图书、农药等，增值税税率为13%；③其他情况，增值税税率为17%。企业属于小规模纳税人的，增值税征收率为3%，进项税额不得抵扣。

【例3-11】通用数码某月购进不含税价格为80 000元的材料等货物，销售产品不含税价格为120 000元，增值税税率为17%。

则：进项税额=80 000×17%=13 600（元）

销项税额= 120 000×17%= 20 400（元）

应交增值税=20 400-13 600=6 800（元）

即购进材料实际发生的支出为93 600元（80 000+13 600），销售产品实际取得的收入为140 400元（120 000+20 400）。

如果企业采取价税合一的定价方法，那么购进材料价款93 600元和销售收入140 400元要折算为不含税价格，再计算购买额和销售额。

购买额=93 600÷（1+17%）=80 000（元）

进项税额=80 000×17%=13 600（元）

销售额=140 400÷（1+ 17%）=120 000（元）

销项税额=120 000×17%= 20 400（元）

应交增值税=20 400-13 600=6 800（元）

作为可从销项税额抵减的进项税额，除购进材料外还包括支付的运费，其具体的核算方法本书不再讲述。

（二）账户的设置

1. “原材料”账户

“原材料”账户主要核算库存原材料的增减变动和结存情况。该账户借方登记购进原材料的入库成本；贷方登记发出原材料的成本；期末余额在借方，表示原材料库存结余的成本。为详细反映和监督每一种库存材料的增减变动情况及结存情况，严格地从数量和金额两方面对原材料进行管理，应按材料的品种、规格等分别设置原材料明细分类账户，进行明细分类核算。

2. “应付账款”账户

“应付账款”账户主要核算企业因采购商品、提供劳务等发生的未及时支付的货款。该账户借方登记已偿还的购货款；贷方登记应付给供应单位的购货款；期末余额在贷方，表示尚未偿还的应付给供应单位的购货款。同时为详细记录所欠债权人（供应单位）的债务情况，还应分别按各供应单位名称，设置应付账款明细分类账户，进行明细分类核算。

3. “应交税费”账户

为了正确反映企业应上缴国家财政的各项税款，如增值税、消费税、营业税、所得税及其附加费用等，企业需设置“应交税费”账户。该账户借方登记已上缴国家财政的税款及因购进材料等物品所支付的、符合抵扣条件的增值税（即进项税款）及其附加费用；贷方登记企业应上缴国家财政的各项税款及其附加费用；期末余额在贷方，表示企业应缴未缴的税款及附加费用；期末余额在借方，则表示多交或待扣增值税税额。该账户还应按税种和附加费用，设置应交税费明细分类账户，进行明细分类核算。

会计人物 3-2　　会计学家——王松年

王松年（1930—1951），上海财经学院会计系本科毕业。1955 年中国人民大学工业会计方向研究生毕业，1956 年晋升为讲师。1979—1981 年任斯诺文尼亚卢布尔雅那大学客座教授，同时在联合国公共事业国际中心（U. N. International Center for Public Enterprises）兼职。1986 年晋升为教授。1991—1992 年任美国丹佛大都会州立学院（Metropolitan State College of Denver）客座会计教授。他原任上海财经大学主管教学的副校长，现任上海财经大学教授、博士生导师，兼任上海市会计学会副会长、上海市投资学会副会长等职务。为了表彰他为我国高等教育事业做出的突出贡献，自 1992 年起享受政府特殊津贴。

研究领域：国际会计和财务会计。

主要学术成果有：《中华人民共和国会计与审计》、《中国预算会计》（英文版）、《新编会计学教程》（东北财经大学出版社出版，1993 年版）。另外，王松年教授还发表了国际会计方面的论文数十篇。

资料来源　佚名. 国内外会计名家简介［EB/OL］. 内蒙古会计网［2009-01-08］. http://www.nmgacc.cn/info_view.asp?id=15.

（三）主要经济业务

下面以通用数码 20×3 年发生的经济业务为例说明各账户的应用。

【例 3-12】通用数码向下列供应单位购入甲材料，甲材料收到后已验收入库，但货款、增值税尚未支付，业务数据见表 3-1。

表 3-1　　**通用数码材料采购汇总表**　　金额单位：元

供应单位	数量（吨）	单价（元/吨）	货款	增值税（17%）	金额合计
金星公司	500	65	32 500	5 525	38 025
金地公司	200	65	13 000	2 210	15 210
合计	700		45 500	7 735	53 235

购入材料的买价为材料采购成本的部分，应把合计数 45 500 元记入“原材料”账户的借方；支付的增值税为 7 735 元，记在“应交税费”账户的借方。同时，由于货款及增值税尚未支付，从而形成了企业对供应单位的一项负债，应以相等的金

额记入“应付账款”账户的贷方，这笔业务的会计分录如下。

借：原材料——甲材料　　45 500

　　应交税费——应交增值税（进项税额）　　7 735

　贷：应付账款——金星公司　　38 025

　　　　　　　——金地公司　　15 210

【例3-13】通用数码以银行存款支付购入甲材料的采购费用，其中购买价为200 000元，包装费为3 500元，增值税为34 000元。材料已经验收入库。

材料的包装费也是材料采购成本的组成部分，应计入原材料的采购成本。支付的增值税，记在“应交税费”账户的借方，这笔业务的会计分录如下。

借：原材料——甲材料　　203 500

　　应交税费——应交增值税（进项税额）　　34 000

　贷：银行存款　　237 500

【例3-14】通用数码从方圆公司购入一批材料，所有材料均已验收入库。货款、增值税均以银行存款支付，业务数据见表3-2。

表3-2　**通用数码材料采购汇总表**　单位：元

供应单位	数量（吨）	单价	货款	增值税（17%）	金额合计
乙材料	400	95	38 000	6 460	44 460
丙材料	200	85	17 000	2 890	19 890
合计			55 000	9 350	64 350

这笔业务的会计分录如下。

借：原材料——乙材料　　38 000

　　　　　——丙材料　　17 000

　　应交税费——应交增值税（进项税额）　　9 350

　贷：银行存款　　64 350

企业如果同时购入几种材料而共同发生的采购费用，应选用适当的摊配标准，在该批材料的各品种之间进行合理的分配，以便分别计算出它们的实际采购成本。所谓适当的摊配标准，是指能够表明各种费用摊配对象对共同性费用的合理分担关系的标准。就材料来讲，摊配标准有重量、体积、件数和金额等，实际工作中应酌情选用，其计算公式如下。

1. 分配率的计算

分配率是分配对象与分配标准总和的比值。分配对象就是分配的内容，用公式表示为：

$$分配率=\frac{分配对象}{分配标准总和}$$

2. 分配额的计算

分配额=分配率×某种分配标准

【例 3-15】通用数码以银行存款偿还金星公司货款 38 025 元，金地公司货款 15 210 元，这笔业务的会计分录如下。

借：应付账款——金星公司　38 025

　　　　　——金地公司　15 210

　贷：银行存款　53 235

根据上述资料编制材料采购成本计算表，见表 3-3。

表 3-3 **材料采购成本计算表** 单位：元

项目	甲材料		乙材料		丙材料		成本合计
	总成本	单位成本	总成本	单位成本	总成本	单位成本	
买价	45 500	65	38 000	95	17 000	85	100 500
包装费	3 500	5	1 600	4	800	4	5 900
采购成本	49 000	70	39 600	99	17 800	89	106 400

上述"原材料"账户明细核算见表 3-4、表 3-5 和表 3-6，有关账户的期初余额已登记在各账户内。

表 3-4 **原材料明细分类账**

材料名称：甲材料 金额单位：元

20×3 年		凭证号	摘要	收入			发出			结存		
月	日			数量（吨）	单价	金额	数量（吨）	单价	金额	数量（吨）	单价	金额
			月初余额							60	70	4 200
			购入	700	70	49 000				760	70	53 200
			发出									
			本期发生额及余额									

表 3-5 **原材料明细分类账**

材料名称：乙材料 金额单位：元

20×3 年		凭证号	摘要	收入			发出			结存		
月	日			数量（吨）	单价	金额	数量（吨）	单价	金额	数量（吨）	单价	金额
			月初余额							50	99	4 950
			购入	400	99	39 600				450	99	44 550
			发出									
			本期发生额及余额									

表 3-6

原材料明细分类账

材料名称：丙材料

金额单位：元

20×3 年		凭证号	摘要	收 入			发 出			结 存		
月	日			数量（吨）	单价	金额	数量（吨）	单价	金额	数量（吨）	单价	金额
			月初余额							30	89	2 670
			购入	200	89	17 800				230	89	20 470
			发出									
			本期发生额及余额									

第三节　产品生产业务

产品生产业务主要包括材料核算业务、其他成本项目核算业务和成本核算业务。

一、材料核算业务

企业在产品生产过程中发生的各项耗费，共同构成了产品的生产成本。产品生产成本的构成主要包括消耗的原材料及辅助材料、生产岗位和生产管理岗位工人的工资及福利费、生产部门发生的制造费用等。制造费用是指车间组织和管理生产产品活动而发生的各项费用，如车间技术管理人员的工资福利费、车间固定资产的折旧费、车间发生的水电费、办公费等。

（一）账户的设置

1. “生产成本”账户

“生产成本”账户主要核算和监督产品生产阶段为产品生产而发生的各项耗费。该账户借方登记生产产品过程中耗用的原材料及辅助材料、生产工人工资及福利费，以及从“制造费用”账户分配转入的制造费用等；贷方登记已完工产品转出的实际生产成本；期末余额在借方，表示在生产过程中尚未完工的在产品费用。为生产产品直接耗用的原材料及辅助材料、生产工人工资及福利费等可以直接记入生产成本；凡不可直接认定用于某种产品的各种费用，即共同性费用，则需按一定标准分配或先通过“制造费用”账户归集后再分配记入本账户。

为详细反映企业每一种产品的生产费用构成和实际生产成本，企业应在“生产成本”账户下按各产品或各产品大类分别设置明细分类账户，进行明细分类核算。“生产成本”的明细账为多栏格式，分别设置“直接材料”、“直接人工”、“制造费用”三个项目，其中，“直接人工”包括生产工人工资及其福利费。

2. “制造费用”账户

“制造费用”账户主要核算企业生产车间为组织和管理生产所发生的各种间接费用，以反映和控制制造费用的预算和执行情况。该账户的借方登记当期发生的各项制造费用；贷方登记期末直接转入或分配转入“生产成本”账户的当期发生的制造费用，月末结转后该账户一般没有余额。

3. “管理费用”账户

“管理费用”账户主要核算企业管理部门为组织和管理企业生产经营活动所发生的各项费用。该账户借方登记当期发生的各种管理费用；贷方登记转入“本年利润”借方的当期管理费用。月末结转后一般没有余额。

4. “库存商品”账户

“库存商品”账户主要核算和监督库存商品增减变动及其结存情况。库存商品是指已完成生产过程，经验收合格转入库存，可供销售的产品。该账户的借方登记各种已验收入库的产品的实际成本，贷方登记库存产品出库的实际生产成本。该账户余额在借方，表示期末库存产品的实际生产成本。为详细反映和监督企业每一种产品的收、发、存情况，还应按各产品品种和规格等分别设置库存商品明细分类账户，以进行明细分类核算。

5. “应付职工薪酬”账户

“应付职工薪酬”账户主要核算企业根据有关规定应付给职工的各种薪酬，包括工资、职工福利、社会保险、住房公积金等内容。该账户贷方登记应付给职工的薪酬，借方登记已支付或为职工代付的职工薪酬。期末余额一般在贷方，表示应付未付的职工薪酬。该账户应按其应付项目设置明细账，以便反映应付未付或多付的职工薪酬。

6. “固定资产”账户

“固定资产”账户是用来核算固定资产的原始价值，即购买或建造时形成的实际成本。由于固定资产在使用过程中实物形式保持不变，需要以该账户反映其原始价值。该账户借方登记以各种方式增加的固定资产的原始价值；贷方登记以各种方式减少的（如报废或出售等）固定资产的原始价值；期末余额在借方，表示企业拥有或控制的固定资产原始价值。该账户应按固定资产的类别设置明细分类账，还应根据每项固定资产的情况编制管理卡片，以确保固定资产的安全。

7. “累计折旧”账户

“累计折旧”账户主要用来核算固定资产的损耗情况。虽然固定资产在使用过程中实物形态保持不变，但在使用过程中会发生实务或价值的损耗，通过该账户反映固定资产的损耗，既可以提供固定资产的原始价值，又可以通过从固定资产原始价值中扣减该账户来计算固定资产净值。该账户贷方登记发生的固定资产损耗；借方登记因固定资产减少（如报废或出售等）而减少的累计折旧；期末余额在贷方，表示企业固定资产已发生的损耗。该账户一般无须设置明细账。

（二）主要经济业务

1. 发出材料业务

【例 3–16】通用数码公司材料库根据当月领料凭证，编制当月发料汇总表，见表 3–7。

表 3–7 **发料汇总表** 金额单位：元

项目	甲材料			乙材料			丙材料			金额合计
	数量（吨）	单价	金额	数量（吨）	单价	金额	数量（吨）	单价	金额	
A 产品	240	70	16 800	140	99	13 860				30 660
B 产品	220	70	15 400	180	99	17 820				33 220
小计	460	70	32 200	320	99	31 680				63 880
车间一般耗用							90	89	8 010	8 010
企业一般耗用							80	89	7 120	7 120
合计	460	70	32 200	320	99	31 680	170	89	15 130	79 010

根据表 3–7，仓库发出的材料，用于生产产品的材料耗费，应记入“生产成本”账户；用于车间产品生产共同发生的一般性耗费，记入“制造费用”账户；用于企业行政管理部门发生的一般性耗费，记入“管理费用”账户。根据上表可以编制会计分录如下：

借：生产成本——A 产品　　30 660
　　　　　　——B 产品　　33 220
　　制造费用　　8 010
　　管理费用　　7 120
　贷：原材料——甲材料　　32 200
　　　　　　——乙材料　　31 680
　　　　　　——丙材料　　15 130

这笔经济业务除在有关总分类账户中登记外，还应根据发料汇总表的记录，在“原材料”账户的各个明细分类账进行详细登记，见表 3–8，表 3–9 和表 3–10。记入“生产成本”、“制造费用”、“管理费用”账户的材料费用，也应记入 A 产品、B 产品明细分类账和制造费用明细分类账、管理费用明细分类账。制造费用和管理费用的明细分类账从略。

表 3-8 **原材料明细分类账**

材料名称：甲材料 金额单位：元

20×3 年		凭证号	摘要	收入			发出			结存		
月	日			数量（吨）	单价	金额	数量（吨）	单价	金额	数量（吨）	单价	金额
			月初余额							60	70	4 200
		⑤	购入	700	70	49 000				760	70	53 200
		⑩	发出				460	70	32 200	300	70	21 000
			本期发生额及余额	700	70	49 000	460	70	32 200	300	70	21 000

表 3-9 **原材料明细分类账**

材料名称：乙材料 金额单位：元

20×3 年		凭证号	摘要	收入			发出			结存		
月	日			数量（吨）	单价	金额	数量（吨）	单价	金额	数量（吨）	单价	金额
			月初余额							50	99	4 950
		⑤～⑨	购入	400	99	39 600				450	99	44 550
		⑩	发出				320	99	31 680	130	99	12 870
			本期发生额及余额	40	99	39 600	320	99	31 680	130	99	12 870

表 3-10 **原材料明细分类账**

材料名称：丙材料 金额单位：元

20×3 年		凭证号	摘要	收入			发出			结存		
月	日			数量（吨）	单价	金额	数量（吨）	单价	金额	数量（吨）	单价	金额
			月初余额							30	89	2 670
		⑤～⑨	购入	200	89	17 800				230	89	20 470
		⑩	发出				170	89	15 130	60	89	5 340
			本期发生额及余额	200	89	17 800	170	89	15 130	60	89	5 340

二、其他成本项目核算业务

1. 职工薪酬核算业务

【例 3-17】月末，通用数码的财务部门核算并结转某月职工薪酬，按职工岗位归集后，结果如下。

A 产品生产工人工资　40 000 元
B 产品生产工人工资　30 000 元
小计　70 000 元
车间技术、管理人员工资　10 000 元
厂部技术、管理人员工资　15 000 元
小计　25 000 元
总计　95 000 元

根据上面的资料，把本期的应付职工薪酬，分别按岗位记入不同账户，生产工人工资应记入“生产成本”账户；车间技术、管理人员工资应记入“制造费用”账户；厂部技术、管理人员工资应记入“管理费用”账户。企业所做的会计分录如下。

借：生产成本——A 产品　40 000
　　　　　——B 产品　30 000
　　制造费用　10 000
　　管理费用　15 000
　贷：应付职工薪酬——工资　95 000

这笔业务应在有关总分类账户和明细分类账户中登记。

【例 3-18】承上例，通用数码公司通过银行存款系统发放职工工资 95 000 元。

这笔经济业务，应通过“应付职工薪酬”账户核算。“应付职工薪酬”是一个负债类账户，其借方登记实际发放的工资和其他补贴、奖金；贷方登记应付职工工资及福利费等；期末余额在贷方。企业所做的会计分录如下。

借：应付职工薪酬——工资　95 000
　贷：银行存款　95 000

2. 应付职工薪酬业务

【例 3-19】沿用【例 3-17】相关资料，根据相关规定，计提职工福利费。

企业可根据与职工签订的劳动合同，按工资总额的一定比例提取一部分福利费，用于各种集体福利事业，如医疗卫生补助、生活困难补助、集体福利部门人员工资等。若福利费用尚未支付，可作为应付职工薪酬处理。

福利费应按工资的构成分别记入不同账户。按生产工人工资提取的福利费，记入“生产成本”账户；按车间技术管理人员工资提取的福利费，记入“制造费用”账户；按厂部技术、管理人员工资提取的福利费，记入“管理费用”账户，即福利费是随工资记入有关账户的。

根据劳动合同，应提取的福利费用如下：

A 产品生产工人应付福利费　5 600 元
B 产品生产工人应付福利费　4 200 元
小计　9 800 元

车间技术、管理人员应付福利费 1 400 元
厂部技术、管理人员应付福利费 2 100 元
小计 3 500 元
总计 13 300 元

这笔业务的会计分录如下。

借：生产成本——A 产品 5 600
　　　　　　——B 产品 4 200
　　制造费用 1 400
　　管理费用 2 100
　贷：应付职工薪酬——福利费 13 300

3. 制造费用业务

制造费用除本部门耗用的材料费、车间技术管理人员工资福利费以外，还包括车间水电费、固定资产折旧费、修理费、办公费等费用。制造费用归集后，于月末转入“生产成本”账户，结转后一般没有余额。下面举例说明它们的核算业务。

【例 3-20】通用数码以银行存款支付本期办公费 4 500 元，其中车间的办公费为 2 400 元，行政管理部门的办公费为 2 100 元，做会计分录如下。

借：制造费用 2 400
　　管理费用 2 100
　贷：银行存款 4 500

【例 3-21】通用数码公司计提本期固定资产折旧费用 8 600 元，其中，车间计提 6 600 元，行政管理部门计提 2 000 元。

固定资产（如厂房、机器和运输设备等）可供企业长期使用，并在使用过程中基本上保持其原有的实物形态，而其价值则随着其在使用过程中发生的损耗，逐渐地转移到它所参与生产的产品成本中或构成管理费用，然后通过产品的销售，从销售收入中得到补偿。固定资产在使用过程中的因逐渐损耗而转移到成本或费用中去的那部分价值称为固定资产折旧。固定资产折旧一般是根据企业使用的固定资产的原始价值和规定的折旧率按月计提的。

在会计核算中，为了给企业固定资产管理者提供有用的会计信息，应设置“固定资产”账户。由于固定资产在使用过程中，其实物形态不变，因而管理上要求会计提供固定资产购建、取得时的价值资料，即要求“固定资产”账户以原始价值反映。所谓原始价值，是指固定资产取得时所发生的成本。那么，固定资产在使用过程中发生的损耗（即折旧）就不能在“固定资产”账户中反映。为了在账簿记录上既反映固定资产的原始价值，又可随时查明它的现有价值（即扣除折旧以后的净值），满足经营管理上的需要，在计提折旧时，就不直接把它记入“固定资产”账户的贷方，而是通过设置另一个专门用来抵销固定资产原始价值的账户——“累计折旧”账户来反映，把所计提的折旧记入这个账户的贷方。通过用

“固定资产”账户的原始价值与“累计折旧”账户余额相抵减，其差额就是固定资产的净值。

由于“累计折旧”账户是用来抵减固定资产的原始价值的，因此这个账户的登记方式与固定资产相反。计提折旧时登记在这个账户的贷方，期末余额在贷方，表示截止到本期期末，固定资产已损耗价值的累计数。可见，“固定资产”账户和“累计折旧”账户两者所反映的经济内容是一致的，把固定资产使用中的损耗价值记入“累计折旧”账户的贷方，这与把它直接记入“固定资产”账户的贷方并无本质区别，只是为了更全面地反映其真正的价值。上述业务的会计分录如下。

借：制造费用　　6 600

　　管理费用　　2 000

　贷：累计折旧　　8 600

【例 3-22】通用数码公司以银行存款支付车间本期水电费用 2 350 元。根据经济业务，可以编制的会计分录如下：

借：制造费用　　2 350

　贷：银行存款　　2 350

【例 3-23】通用数码公司以银行存款支付包括本期在内的全年财产保险费 1 200元。

财产保险费一般是按企业全部财产计算交纳的，应记入管理费用。上述业务的会计分录如下。

借：管理费用　　1 200

　贷：银行存款　　1 200

【例 3-24】通用数码公司预提应由本期承担的短期借款利息 3 000 元。

这笔业务的会计分录如下。

借：财务费用　　3 000

　贷：应付利息　　3 000

三、成本核算业务

“制造费用”账户是把车间为组织和管理产品生产而发生的费用进行归集，这些费用归根到底是构成产品成本的。因此，月末应计算当月制造费用的借方发生额，并将其全部从“制造费用”账户贷方转到“生产成本”账户借方。

为了具体核算每一种产品成本的构成，当企业生产产品的品种为两个或两个以上时，应先按一定标准把制造费用分配后再转账。分配制造费用的标准可以是生产工人工资比例、产品的产量或生产工时等。“制造费用”账户分配结转后，一般无余额。

【例 3-25】通用数码公司月末把本月发生的制造费用，按生产 A、B 两种产品的工人工资比例分配转入“生产成本”账户。

(1) 计算“制造费用”账户本期借方发生额。

根据【例3-8】、【例3-16】、【例3-17】、【例3-18】、【例3-19】、【例3-20】、【例3-21】和【例3-22】等相关资料计算可得，“制造费用”账户本期借方发生额为140 000元。

(2) 计算分配率。

根据业务要求，制造费用以生产A、B两种产品工人工资为分配标准，假设生产A产品工人工资为40 000元，生产B产品工人工资为30 000元，需要分配的制造费用为140 000元。

$$分配率=\frac{待分配费用总额}{待分配对象分配标准之和}$$

$$=140\ 000\div(40\ 000+30\ 000)=2$$

(3) 计算分配额。

应分配给A产品的制造费用=40 000×2=80 000（元）

应分配给B产品的制造费用=30 000×2=60 000（元）

(4) 编制会计分录。

借：生产成本——A产品　　80 000

　　　　　　——B产品　　60 000

　贷：制造费用　　140 000

在工业企业里，制造完工并经验收合格入库的产品即成为企业可供销售的产品。处在生产过程中尚未制造完成的产品，月末应计算当月完工产品的生产成本，从“生产成本”账户的贷方转入“库存商品”账户的借方。若“生产成本”账户结转后仍有余额，则为期末在产品成本。

【例3-26】沿用【例3-25】相关资料，本期A产品完工1 000件，并已验收入库，A产品尚有100件未完工，作为月末在产品处理，每件在产品均按照下列标准计价，期初没有在产品，见表3-11。

表3-11　**A产品在产品成本统计表**　单位：元

项目	直接材料	直接人工	制造费用	合计
在产品单位成本	30	14	6	50

对完工的A产品，按其实际生产成本转账；B产品全部未完工，均作为月末在产品，也没有期初在产品。具体的计算、结转过程如下。

(1) 计算本期完工产品成本（A产品）。

本月完工产品成本=月初在产品成本+本月生产成本发生额−月末在产品成本

在本例中，期初A在产品成本为0，本月A产品生产成本发生额为10万元，A产品的期末在产品成本为5 000元，本期完工产品成本为95 000元。

(2) 编制该笔业务的会计分录。

借：库存商品——A产品　　95 000

贷：生产成本——A 产品 95 000

由于 B 产品尚未完工，“生产成本——B 产品”明细分类账户的期末余额 86 664元，表示 B 产品期末在产品成本。

根据上述资料，该企业生产成本明细分类账以及本期完工 A 产品 1 000 件的成本计算表，列示见表 3-12 和表 3-13。在“生产成本——A 产品”明细分类账户中，完工产品的转出（即贷方）是用红字表示（此处以方框表示）的。

表 3-12

生产成本明细分类账

产品名称：A 产品　　完工数量：1 000 件　　单位：元

20×3 年		凭证号	摘　要	借　方			
月	日			直接材料	直接人工	制造费用	合　计
			期初余额				
		(10)	生产投料	30 660			30 660
		(12)	生产工人工资		40 000		40 000
		(13)	生产工人福利费		5 600		5 600
		(21)	分配制造费用			23 740	23 740
			本期发生额	30 660	45 600	23 740	100 000
		(22)	结转完工产品(1 000 件)成本	[27 660]	[44 200]	[23 140]	[95 000]
			期末余额	3 000	1 400	600	5 000

表 3-13

生产成本明细分类账

产品名称：B 产品　　单位：元

20×3 年		凭证号	摘　要	借　方			
月	日			直接材料	直接人工	制造费用	合　计
			期初余额				
		(10)	生产投料	33 220			33 220
		(12)	生产工人工资		30 000		30 000
		(13)	生产工人福利费		4 200		4 200
		(21)	分配制造费用			19 244	19 244
			本期发生额	33 220	34 200	19 244	86 664
			期末余额	33 220	34 200	19 244	86 664

第四节　资金回收业务

资金回收业务主要包括产品销售业务、销售费用业务和销售税金业务。

一、产品销售业务

工业企业通过产品的销售来取得货币资金或债权，从而完成销售过程。在我国，工业企业的产品销售，应按照有关经济合同和货币结算制度办理结算手续，及时地收回货款。工业企业通过产品销售所收回的货款或债权（应收账款）就是企业的销售收入。企业的销售收入是按各种产品的销售数量与该产品的销售单价计算出来的。在销售过程中，企业还会发生一些销售费用，如销售产品的运输费、装卸费、广告费及产品展览费等。产品的销售费用，如同管理费用一样，都属于期间费用。另外，企业销售产品或提供劳务（如运输、修理等）时，要按规定计算并上缴相关税款（如增值税、消费税、城市维护建设税以及教育费附加等）。其中，增值税是与销售收入分别列示的，即价税分离，其余税款则包括在销售收入中。

（一）账户的设置

1. “主营业务收入”账户

“主营业务收入”账户主要核算企业销售产品取得的收入。对于工业企业而言，产品销售为其主要经营业务。该账户的贷方登记因销售产品而获得的销售收入，借方登记因销售退回等原因导致的收入减少和在月末转入“本年利润”贷方的数额，因此该账户结转后一般没有余额。

2. “主营业务成本”账户

“主营业务成本”账户主要核算企业因销售产品而转出的产品成本。该账户借方登记当月销售产品结转的生产成本，贷方登记月末转入“本年利润”账户借方的生产成本，结转后一般没有余额。

会计人物 3-3　　中国注册会计师制度的缔造者——谢霖

谢霖（1885—1969），我国会计界先驱，知名会计学者，我国会计师制度的创始人，会计改革实干家和会计教育家，中国的第一位注册会计师，中国第一家会计师事务所的创办者，中国会计改革的先驱，中国会计师制度的拓荒者。

谢霖曾经先后担任中国银行、交通银行总会计师、中央银行秘书长等职务，任职期间还先后兼任湖南明德大学、北京大学、上海商学院、光华大学、复旦大学、光华大学成都分校、四川大学、成华大学、川康农工学院、四川省会计专科学校等院校的教授，以及光华大学商学院会计系主任、光华大学成都分校副校长等重要职务。

主要代表著作有：《银行簿记学》、《簿记学》、《改良中式会计》、《中国之会计师制度》、《实用银行簿记》、《实用银行会计》、《银行会计》、《会计学》、《成本会计》、《铁道会计》、《审计学要义》、《商人通义讲义》、《现行公司法要义》、《现行票据法要义》、《海商法要义》、《破产法要义》、《实用政府会计》、《实用基础簿记》等。

资料来源　梦小晨．谢霖：中国会计师制度的拓荒者［EB/OL］．中华会计网校［2011-10-11］，http：//www.chinaacc.com/new.

3. “营业税金及附加”账户

“营业税金及附加”账户主要核算企业因取得销售产品收入和其他业务收入而承担的销售税金及附加，如消费税、城市维护建设税及教育费附加等。该账户借方登记当月因取得销售收入而承担的销售税金及附加，贷方登记月末转入“本年利润”借方的金额，结转后该账户一般没有余额。

4. “销售费用”账户

“销售费用”账户主要核算企业在产品销售阶段为促进产品的销售而发生的相关费用。该账户借方登记当期发生或支付的运输费、包装费、广告费等销售费用；贷方登记期末转入“本年利润”账户借方的金额。结转后该账户一般没有余额。

5. “应收账款”账户

“应收账款”账户主要核算企业销售产品、提供劳务等经济业务而与购买单位发生的债权结算关系。该账户的借方登记应向购买单位或个人收回的全部款项；贷方登记实际收回的各种款项。期末余额在借方，表示应收而尚未收回的各种款项。为了详细反映企业与每一购货单位的款项结算情况，企业应按购货单位的名称分别设置“应收账款”的明细分类账，进行明细分类核算。

（二）主要经济业务核算

1. 主营业务收入的取得

【例 3-27】通用数码公司销售给双利公司 A 产品 600 件，每件的单位售价为 400 元；B 产品 1 000 件，每件的单位售价为 430 元。A 产品增值税为 40 800 元，B 产品增值税为 73 100 元。A 产品的货款及增值税款已收存银行，B 产品的货款及增值税暂未收回。

这笔经济业务中，企业通过销售产品转让了产品所有权，取得了货币或索取货款的凭据。这时销售已经实现，不论货款是否已经收到，均应做销售处理。企业向购货方收取的增值税，记入“应交税费”账户的贷方。企业编制的相关会计分录如下。

A 产品：借：银行存款	280 800	
贷：主营业务收入——A 产品		240 000
应交税费——应交增值税（销项税额）		40 800
B 产品：借：应收账款——双利公司	503 100	
贷：主营业务收入——B 产品		430 000
应交税费——应交增值税（销项税额）		73 100

增值税是根据“应交税费——应交增值税”明细账的销项税额抵扣其进项税额后的余额上缴的。

【例 3-28】承上例，通用数码公司本月支付的进项税款为 122 638 元，本月销售产品所收取的销项税款为 113 900 元（40 800+73 100），则该企业本期应上缴的增值税为-8 738 元（113 900-122 638），即本期不用上缴，留待下期继续抵扣，不编制会计分录；如果结果是正数，就要向税务机关缴纳增值税，编制会计分录时应借记“应交税费——应交增值税（已交税金）”账户，贷记“银行存款”账户。

【例 3-29】通用数码公司收到银行通知，双利公司已经偿还其所欠的部分货款 200 000 元，存入公司银行账户。企业编制会计分录如下。

借：银行存款 200 000

贷：应收账款——双利公司 200 000

【例 3-30】通用数码公司月末把本月发生的销售收入 670 000 元结转至“本年利润”账户。企业编制会计分录如下。

借：主营业务收入 670 000

贷：本年利润 670 000

2. 销售成本的结转

【例 3-31】通用数码公司月末结转已销售的 A、B 两种产品的实际生产成本。相关数据资料见表 3-14。

表 3-14 **A、B 两种产品的销售成本计算单** 金额单位：元

产品名称	销售数量（件）	单 价	销售成本
A 产品	600	90	54 000
B 产品	1 000	150	150 000

本月销售的 A、B 两种产品一方面使得公司销售收入增加，同时引起库存商品成本的减少，因而应在月末把已售产品的实际生产成本从“库存商品”账户的贷方转入“主营业务成本”账户的借方，以便进行期末利润的计算。企业编制会计分录如下。

借：主营业务成本——A 产品 54 000

——B 产品 150 000

贷：库存商品——A 产品 54 000

——B 产品 150 000

【例 3-32】月末，通用数码公司把本月销售产品的生产成本转入“本年利润”账户。

企业编制会计分录如下。

借：本年利润 204 000

贷：主营业务成本 204 000

二、销售费用业务

【例 3-33】通用数码公司以银行存款支付为销售产品发生的送货运费共计

2 000元，其中运送A产品运费800元，运送B产品运费1 200元。这项销售费用的发生，能按产品品种进行认定，可直接记入“销售费用”账户的借方。企业编制会计分录如下。

借：销售费用——A产品 800
——B产品 1 200
贷：银行存款 2 000

【例3-34】沿用【例3-31】相关资料，通用数码公司用银行存款支付为促销A、B两种产品所发生的产品广告费20 000元，按A、B两种产品的销售量分配。

由于这项销售费用是为促销A、B两种产品的销售而发生的共同性费用。应先按一定标准进行分配，再记入“销售费用”账户的借方。企业的分配过程计算如下。

(1) 分配率：

$$分配率=\frac{20\ 000}{600+1\ 000}=12.5\text{（元/件）}$$

(2) 分配额：

A产品广告费=12.5×600=7 500（元）

B产品广告费=12.5×1 000=12 500（元）

企业编制相关会计分录如下。

借：销售费用——A产品 7 500
——B产品 12 500
贷：银行存款 20 000

【例3-35】月末，通用数码公司把本月发生的销售费用22 000元结转到“本年利润”账户中。

借：本年利润 22 000
贷：销售费用 22 000

三、销售税金业务

按照税法的规定，在商品销售环节计征的营业税金有两种计算方法：一种是在取得销售收入时从销售收入中扣除，不通过“营业税金及附加”账户核算，如增值税；另一种是把销售税金通过“营业税金及附加”账户汇总核算，然后转入“本年利润”账户计算利润，如消费税、营业税、城市维护建设税等。

【例3-36】通用数码公司财务部门月末计算出本期销售产品应交消费税为10万元，其中应由A产品承担4万元，B产品承担6万元，相关会计分录如下。

借：营业税金及附加——A产品 40 000
——B产品 60 000

贷：应交税费——应交消费税　　100 000

【例 3-37】通用数码公司月末把本月营业税金及附加结转“本年利润”账户，相关会计分录如下。

借：本年利润　　100 000

贷：营业税金及附加　　100 000

第五节　财务成果计算

一、利润的构成

财务成果是指企业在一定生产经营周期内，生产经营活动的结果在财务上的体现，即盈利或亏损。它是一项综合反映企业一定期间生产经营活动的重要指标。企业生产经营的目的就是要获取盈利，这也是企业与预算单位的区别。企业在销售商品的过程中取得的销售利润或发生的销售亏损并非企业的最终财务成果。在生产经营活动中，还会发生因组织、管理企业生产经营活动而发生的管理费用和企业为筹集生产经营所需资金而发生的各项支出（如利息等），也会发生因对外投资（如购买其他公司的股票、债券等）、联营投资等而获取的投资收益或亏损。在企业生产经营活动以外，由于其他原因还会发生一些意外的收入和支出（或损失）。这些收入和支出（或损失）被称为营业外收入和营业外支出。属于营业外收入的有确实无法支付的应付账款等；属于营业外支出的有赔偿金、违约金等。因此，利润总额的构成计算公式如下。

利润总额=营业利润+营业外收入-营业外支出

其中，营业利润是企业主要的利润来源，其计算公式为：

营业利润=营业收入-营业成本-营业税金及附加-销售费用-管理费用-财务费用-资产减值损失+公允价值变动损益（或减变动损失）+投资收益（或减投资损失）

其中：营业收入包括“主营业务收入”和“其他业务收入”。

营业成本包括“主营业务成本”和“其他业务支出”。

净利润的计算公式为：

净利润=利润总额-所得税费用

企业在一定时期内实现的利润总额，应按国家规定的程序、办法进行纳税和分配。根据现行税法的规定，凡有盈利的企业，都要根据税法将实现利润的总额调整为应纳税所得额，按规定的税率计算并缴纳所得税，税后利润要计提一定比例的盈余公积，以用来弥补亏损或转增资本。企业可用剩余的利润对投资者进行利润分配。所得税的计征和盈余公积的计算，都应根据企业当年实现的应纳税所得额计算。为了保证国家税收的及时性，一般在年度各月份先预缴所得税，待年度终了时，再由企业与国家有关的财税部门进行总结算，以保证企业定期、足额地上缴当年应缴纳的所得税，具体账户的设置如下。

会计人物 3-4

会计学家——吴水澎

吴水澎（1941 年生人），我国著名的会计学家、经济学家。1963 年以优异成绩毕业于厦门大学并留校任职至今。历任厦门大学会计系主任、经济学院副院长，现任厦门大学研究生院副院长，兼任河北大学、西南财经大学、江西财经学院、杭州商学院客座教授，同时兼任中国中青年财务成本研究会顾问，福建省会计学会理事、注册会计师协会及经济学会常务理事，《会计理论探索丛书》副主编等职。他的名字与事迹曾被多家报纸、杂志以“会计学界的新秀”、“我国会计界最年轻的教授”为题加以介绍，并被收入《中华当代文化名人大辞典》、《中国当代经济科学学者辞典》、《国际名人录》（美国传记协会，第三辑）。

研究领域：会计基本理论、财务管理理论与方法。

代表作品：《财务管理理论与方法》、《经济效益会计论》、《财务会计基本理论研究》、《会计学原理教程》、《会计学原理》等。

资料来源　佚名．中国会计大师名录［EB/OL］．老会计师的博客［2012-12-01］，http：//blog. sina. com. cn/s/blog_ a6b164380101dxml. html.

1. “本年利润”账户

“本年利润”账户主要核算企业在本年度实现的利润总额和净利润。其贷方登记期末从“主营业务收入”、“其他业务收入”、“营业外收入”、“投资收益”（贷方余额）等账户转入的当期收入；借方登记期末从“主营业务成本”、“其他业务成本”、“销售费用”、“营业税金及附加”、“管理费用”、“财务费用”、“营业外支出”等账户转入的各种费用成本，以及年末从“所得税费用”账户计算结转的所得税费用。如果“投资收益”账户期末为借方余额，也应转入“本年利润”账户的借方。若“本年利润”账户的期末余额在贷方，表示本期企业实现利润的总额；若在借方，则表示本期发生的亏损额。年度终了，应把本年实现的净利润总额或亏损总额，全部转入“利润分配”账户，结转后该账户应无余额。

2. “所得税费用”账户

“所得税费用”账户主要核算企业按税法规定确认的应从当期利润总额中扣除的所得税费用。其借方登记资产负债表日，企业按照税法规定计算确定的当期应交所得税，贷方登记期末转入“本年利润”的所得税，结转后该账户应无余额。本账户可按“当期所得税费用”、“递延所得税费用”进行明细核算。

3. “利润分配”账户

“利润分配”账户主要核算企业的利润分配（或亏损的弥补）情况和历年分配（或弥补）后的结存情况。该账户借方登记本期的利润分配情况；贷方登记可供分配的利润来源。期末余额如果在贷方，表示企业未分配的利润；若余额在借方，则表示企业未弥补的亏损。本账户一般应设置“提取盈余公积”、“应付利润（或股利)”、“未分配利润”等明细分类账，进行明细分类核算。

4. “财务费用”账户

“财务费用”账户主要核算企业为筹集生产经营所需资金等而发生的筹资费用，包括利息支出（减利息收入）、汇兑损益以及相关的手续费、企业发生的现金折扣或收到的现金折扣等。为购建或生产满足资本化条件的资产发生的应予以资本化的借款费用，在“在建工程”、“制造费用”等账户核算。该账户借方登记本期发生的各项财务费用，贷方登记期末结转到“本年利润”账户的财务费用，期末一般没有余额。

5. “管理费用”账户

“管理费用”账户主要核算企业行政管理部门为组织和管理生产经营活动而发生的各项管理费用。借方登记实际发生的各项管理费用，贷方登记期末转入“本年利润”账户的管理费用，期末一般没有余额。

6. “营业外收入”账户

“营业外收入”账户主要核算企业发生的与企业生产经营无直接关系的各项收入，如固定资产盘盈、罚款收入、处理固定资产净收益、确实无法支付的应付款项等。该账户贷方登记与经营无直接关系的各项收入，借方登记期末转入“本年利润”账户贷方的数额，结转后该账户没有余额。

7. “营业外支出”账户

“营业外支出”账户主要核算企业发生的与企业生产经营无直接关系的各项支出，如固定资产盘亏、处理固定资产净损失、非常损失、违约金、赔偿金等。该账户借方登记企业所发生的与企业生产经营无直接关系的各项支出，贷方登记期末转入“本年利润”账户借方的数额，结转后一般没有余额。

8. “盈余公积”账户

“盈余公积”账户主要核算企业按规定从本期净利润中计提的盈余公积。贷方登记本期计提的盈余公积金额；借方登记本期使用的盈余公积金额。期末余额在贷方，表示以留存收益表现的所有者权益。

二、利润核算业务

1. 管理费用核算

管理费用是指企业行政管理部门为组织和管理生产经营活动而发生的各项费用。管理费用属于期间费用，在发生的当期就计入当期的损益。具体项目包括办公费、管理人员工资、修理费、物料消耗、低值易耗品摊销、待业保险费、劳动保险费、咨询费、诉讼费、印花税、邮电费、汽车费、差旅费、交通费、业务招待费、土地使用税、车船税、存货盘亏或盘盈、计提的坏账准备、存货跌价准备、折旧费、审计评估费、开办费摊销、无形资产摊销、递延资产摊销、工会经费、其他等。

由于管理费用的归集在核算上与制造费用相似，因此在本章中介绍产品生产业务时已举例说明其发生、归集的核算。期末，应把本期发生的管理费用全部结转至“本年利润”账户进行利润计算。

【例3-38】通用数码有限责任公司2×13年8月发生下列有关销售费用的业务，财务部门进行了相关的业务处理。

(1) 8月2日，厂部用现金购买办公用品300元。

(2) 8月5日，以存款支付行政管理部门水电费800元。

(3) 8月7日，以现金支付离退休人员工资5 500元。

(4) 8月8日，分配本月职工工资，其中管理部门人员工资为6 000元。

(5) 8月9日，计提管理部门人员的福利费840元。

(6) 8月18日，财务部张某报销差旅费2 000元，以现金付讫。

(7) 8月28日，以现金购买印花税票500元。

(8) 8月29日，计提工会经费3 000元。

(9) 8月31日，将本月发生的管理费用转入“本年利润”账户。

根据上述业务，企业编制会计分录如下：

(1) 8月2日，厂部用现金购买办公用品300元。

借：管理费用——办公费　300

　贷：库存现金　300

(2) 8月5日，以存款支付行政管理部门水电费800元。

借：管理费用——水电费　800

　贷：银行存款　800

(3) 8月7日，以现金支付离退休人员工资5 500元。

借：管理费用——劳动保险费　5 500

　贷：库存现金　5 500

(4) 8月8日，分配本月职工工资，其中管理部门人员工资为6 000元。

借：管理费用——工资及福利费　6 000

　贷：应付职工薪酬——工资　6 000

(5) 8月9日，计提管理部门人员的福利费840元。

借：管理费用——工资及福利费　840

　贷：应付职工薪酬——职工福利　840

(6) 8月18日，财务部张某报销差旅费2 000元，以现金付讫。

借：管理费用——差旅费　2 000

　贷：库存现金　2 000

(7) 8月28日，以现金购买印花税票500元。

借：管理费用——税金　500

　贷：库存现金　500

(8) 8月29日，计提工会经费3 000元。

借：管理费用——工会经费 3 000

　贷：其他应付款 3 000

(9) 8月31日，将本月发生的管理费用转入“本年利润”账户。

借：本年利润 18 940

　贷：管理费用 18 940

2. 财务费用核算

财务费用指企业在生产经营过程中为筹集资金而发生的各项费用，包括企业生产经营期间发生的利息支出（减利息收入）、汇兑净损失（有的企业（如商品流通企业、保险企业等）的汇兑净损失进行单独核算，不包括在财务费用中）、金融机构手续费，以及筹资过程中发生的其他财务费用如债券印刷费、国外借款担保费等。但在企业筹建期间发生的利息支出，应计入开办费；与购建固定资产或者无形资产有关的，在资产尚未交付使用或者虽已交付使用但尚未办理竣工决算之前的利息支出，计入购建资产的价值；清算期间发生的利息支出，计入清算损益。

【例3-39】2×13年8月，通用数码公司发生下列有关财务费用的经济业务，财务部门进行了相关业务的会计处理。

(1) 10日，支付本月短期借款利息6 000元。

(2) 25日，接到银行通知，第二季度存款利息收入为3 000元。

(3) 28日，支付银行承兑汇票手续费2 000元。

(4) 30日，将本月发生的财务费用转入“本年利润”账户。

根据上述经济业务，企业编制会计分录如下：

(1) 10日，支付本月短期借款利息6 000元。

借：财务费用——利息支出 6 000

　贷：银行存款 6 000

(2) 25日，接到银行通知，第二季度存款利息收入为3 000元。

借：银行存款 3 000

　贷：财务费用——利息收入 3 000

(3) 6月28日，支付银行承兑汇票手续费2 000元。

借：财务费用——手续费 2 000

　贷：银行存款 2 000

(4) 6月30日，将本月发生的财务费用转入“本年利润”账户。

借：本年利润 5 000

　贷：财务费用 5 000

3. 营业外收入核算

营业外收入是指企业发生的与其日常活动无直接关系的各项利得。营业外收入并不是企业经营资金耗费所产生的，不需要企业付出代价，实际上是经济利益的净流入，不可能也不需要与有关的费用进行配比。因此，在会计核算上，应当严格区分营业外收入与营业收入的界限。

营业外收入主要包括非流动资产处置利得、盘盈利得、罚没利得、捐赠利得、确实无法支付而按规定程序经批准后转作营业外收入的应付款项等。

（1）非流动资产处置利得包括固定资产处置利得和无形资产出售利得。①固定资产处置利得，指企业出售固定资产所取得的价款或报废固定资产的材料价值和变价收入等，扣除处置固定资产的账面价值、清理费用、处置相关税费后的净收益。②无形资产出售利得，是指企业出售无形资产所取得的价款，扣除无形资产的账面价值、出售相关税费后的净收益。

（2）盘盈利得，主要是指对于清查盘点过程中盘盈的现金等，报经批准后计入营业外收入的金额。

（3）罚没利得，指企业取得的各项罚款，在弥补由于违反合同或协议而造成的经济损失后的罚款净收益。

（4）捐赠利得，指企业接受捐赠产生的利得。

【例 3-40】通用数码公司根据与伟达公司签订的购销合同，应支付给伟达公司的货款总额为 200 000 元。因伟达公司出现违约情况，根据合同规定，公司将货款总额的 10% 作为罚款扣除，并将余额支付给伟达公司。

根据上述经济业务，企业编制会计分录如下：

借：应付账款　　200 000

　贷：营业外收入　　20 000

　　　银行存款　　180 000

【例 3-41】通用数码公司欠正华经营部 800 元的损毁模具费用。现因正华经营部撤销，公司无法支付，经批准转为营业外收入。

根据上述经济业务，企业编制会计分录如下：

借：其他应付款　　800

　贷：营业外收入　　800

【例 3-42】期末，公司财务部门将本期发生的营业外收入 20 800 元结转到“本年利润”账户中。

根据上述经济业务，企业编制会计分录如下：

借：营业外收入　　20 800

　贷：本年利润　　20 800

4. 营业外支出核算

营业外支出是指企业发生的与其日常活动无直接关系的各项损失，主要包括非流动资产处置损失、盘亏损失、罚款支出、公益性捐赠支出、非常损失等。

（1）非流动资产处置损失包括固定资产处置损失和无形资产出售损失。①固定资产处置损失，指企业出售固定资产所取得价款或报废固定资产的材料价值和变价收入等，不足以抵补处置固定资产的账面价值、清理费用、处置相关税费所发生的净损失。②无形资产出售损失，指企业出售无形资产所取得价款，不足以抵补出售无形资产的账面价值、出售相关税费后所发生的净损失。

（2）盘亏损失，主要指对于财产清查盘点中盘亏的资产，在查明原因处理时按确定的损失计入营业外支出的金额。

（3）罚款支出，指企业由于违反税收法规、经济合同等而支付的各种滞纳金和罚款。

（4）公益性捐赠支出，指企业对外进行公益性捐赠发生的支出。

（5）非常损失，指企业对于因客观因素（如自然灾害等）造成的损失，在扣除保险公司赔偿后应计入营业外支出的净损失。

企业发生营业外支出时，借记“营业外支出”账户，贷记“固定资产清理”、“待处理财产损溢”、“库存现金”、“银行存款”等账户。期末，应将“营业外支出”账户的余额结转入“本年利润”账户，借记“本年利润”账户，贷记“营业外支出”账户。

【例 3-43】通用数码公司将已经发生的原材料意外灾害损失 270 000 元转作营业外支出。

根据上述经济业务，企业编制会计分录如下：

借：营业外支出	270 000	
贷：待处理财产损溢		270 000

【例 3-44】通用数码公司用银行存款支付因违反经济合同而承担的违约金 1 000元。

根据上述经济业务，企业编制会计分录如下：

借：营业外支出	1 000	
贷：银行存款		1 000

【例 3-45】通用数码公司将拥有的一项非专利技术出售，取得价款 900 000 元，应交的营业税为 45 000 元。该非专利技术的账面余额为 1 000 000 元，累计摊销额为 100 000 元，未计提减值准备。

根据上述经济业务，企业编制会计分录如下：

借：银行存款	900 000	
累计摊销	100 000	
营业外支出	45 000	
贷：无形资产		1 000 000
应交税费——应交营业税		45 000

【例 3-46】通用数码公司本期营业外支出总额为 840 000 元，期末结转本年利润。

根据上述经济业务，企业编制会计分录如下：

借：本年利润　　840 000

　贷：营业外支出　　840 000

5. 利润总额的计算

如前所述，企业利润总额是由营业利润、投资净收益和营业外收支净额、资产减值损失、公允价值变动损益五部分组成的。为简化起见，投资净收益、资产减值损失、公允价值变动损益等具体内容本书不作讲述。

企业经过一个会计期间的经营活动后，为了核算本期的经营成果，需要将本期所实现的收入和费用结转至“本年利润”账户中计算。“本年利润”“T”形账户如图 3-1 所示。

本年利润	
204 000	670 000
22 000	2 800
9 500	
34 620	
300	
6 000	
本期发生额：276 420	本期发生额：672 800
	期末余额：　396 380

图 3-1　“本年利润”“T”形账户

扣除所得税前，“本年利润”账户的期末余额在贷方，表示企业利润总额为 396 380 元。

【例 3-47】通用数码公司 2012 年度取得主营业收入 5 000 万元，其他业务收入 1 800 万元，投资净收益 1 400 万元，营业外收入 250 万元。发生主营业务成本 3 500万元，其他业务成本 1 400 万元，营业税金及附加 60 万元，销售费用 380 万元，管理费用 340 万元，财务费用 120 万元，营业外支出 200 万元。试根据以上经济业务，编制相关的会计分录，并计算营业利润和利润总额。

根据上述经济业务，企业编制会计分录如下：

(1) 结转收入类账户时：

借：主营业务收入　　50 000 000

　　其他业务收入　　18 000 000

　　营业外收入　　2 500 000

　　投资收益　　14 000 000

　贷：本年利润　　84 500 000

（2）结转成本、费用、支出类账户时：

借：本年利润　　60 000 000
　贷：主营业务成本　　35 000 000
　　营业税金及附加　　600 000
　　其他业务成本　　14 000 000
　　管理费用　　3 400 000
　　销售费用　　3 800 000
　　财务费用　　1 200 000
　　营业外支出　　2 000 000

（3）计算营业利润和利润总额。

营业利润=5 000+1 800+1 400−3 500−1 400−60−380−340−120=2 400（万元）

利润总额=2 400+250−200=2 450（万元）

6. 所得税费用及净利润的计算和结转

所得税费用是指企业为取得会计税前利润应缴纳的所得税。"所得税费用"，核算企业负担的所得税，是损益类账户；所得税费用一般不等于当期应交所得税，因为可能存在"暂时性差异"。如果只有永久性差异，则等于当期应交所得税。

所得税费用是根据企业所得而征收的一种税，即以企业的收入扣除费用后的余额为基数计算的。在实际工作中，会出现税收确认收入和费用与会计规定不同的情况，这时应按税收规定将会计利润调整为应纳税所得额，按应纳税所得额乘以适用税率计算应交所得税。

【例3-48】假设通用数码公司不存在纳税差异，即会计利润与按照税法确认的应纳税所得额相同，公司适用的所得税税率为25%，本期实现的利润总额为396 380元。

应交所得税=396 380×25%=99 095（元）

企业编制会计分录如下：

借：所得税费用　　99 095
　贷：应交税费——应交所得税　　99 095

所得税费用作为一种期间费用，应于期末转入"本年利润"账户。从"本年利润"账户扣除所得税后的余额为净利润。根据上述业务，本期净利润计算如下：

净利润=396 380−99 095=297 285（元）

"本年利润"账户扣除"所得税费用"后的净利润应于期末结转到"利润分配——未分配利润"账户中，结转后，"本年利润"账户余额为零。

【例3-49】沿用【例3-48】，期末结转"所得税费用"账户余额至"本年利润"，并将"本年利润"账户扣除"所得税费用"后的余额即净利润结转至"利润分配——未分配利润"账户。

根据上述经济业务，企业会计分录如下：

借：本年利润　99 095
　贷：所得税费用　99 095
同时：借：本年利润　297 285
　　贷：利润分配——未分配利润　297 285

结转后，"所得税费用"及"本年利润"账户的余额均为零。

"应交税费"、"所得税费用"、"本年利润"、"利润分配——未分配利润"账户之间的关系如图3-2所示。

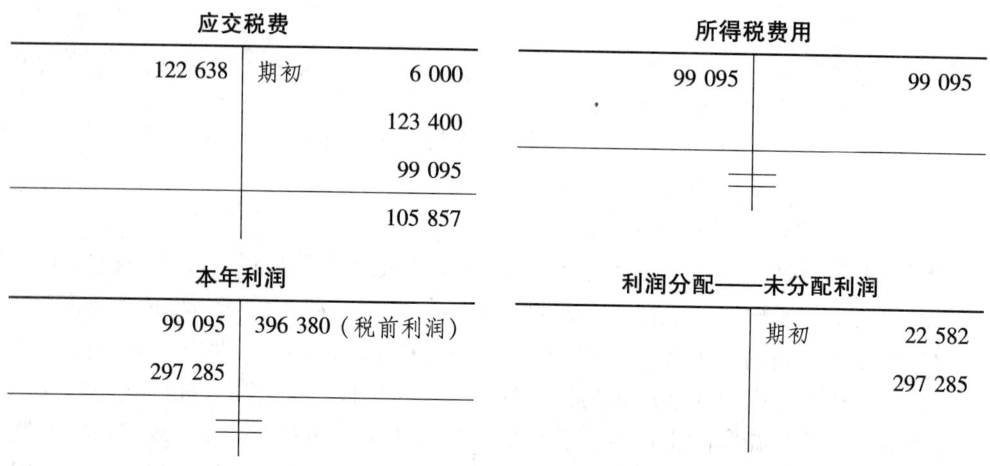

图3-2　所得税费用与净利润的结转

三、利润的分配

从理论上说，扣除所得税后的净利润应归企业投资者所有，可以用做分配利润或追加投资，即转增资本。但为了约束企业过量分配，我国《公司法》规定企业应留有一部分积累，保证企业能持续经营，维护债权人的利益等。这部分指定用途的留存收益，在会计上称为"盈余公积"。从净利润中提取盈余公积后的余额加上以前期间的未分配利润为可供分配利润，经董事会或股东会批准可用做利润分配。值得注意的是，若以前期间发生亏损，则应用本期利润弥补亏损后才能提取盈余公积和分红。

【例3-50】沿用【例3-49】相关资料，公司股东大会决定，按税后净利润的10%计提法定盈余公积。

则，应计提盈余公积的金额=297 285×10%=29 728.50（元）

根据上述经济业务，编制会计分录如下：

借：利润分配——提取法定盈余公积　29 728.50
　贷：盈余公积——法定盈余公积　29 728.50

【例3-51】沿用【例3-50】相关资料，公司股东大会通过决议，按可供分配利润的60%计算应分配给投资者的利润。

可供分配投资者利润=净利润+期初未分配利润-提取盈余公积

=297 285+22 582-29 728.50=290 138.50（元）

应分配给投资者利润=290 138.50×60%

=174 083.10（元）

期末未分配利润=290 138.50-174 083.10

=116 055.40（元）

根据上述经济业务，编制会计分录如下：

借：利润分配——应付现金股利 174 083.10

贷：应付股利 174 083.10

期末，还应将“利润分配”账户的各个明细账结转到未分配利润明细账。

根据上述经济业务，企业编制会计分录如下：

借：利润分配——未分配利润 203 811.60

贷：利润分配——提取法定盈余公积 29 728.50

——应付现金股利 174 083.10

■ 思考题

1. 简述生产费用与期间费用的关系。
2. 简述企业财务成果的构成。
3. 试分析销售收入应当如何确认？
4. 试回想有关利润分配的大致内容。

■ 案例讨论

税务专管员张强到正圆公司检查20×3年8月份纳税情况，会计王伟提供了下面的资料：

存货项目的账户期初、期末余额如下（单位：元）。

	8月1日	8月31日
原材料	137 600	124 000
在产品	6 450	7 680
库存商品	82 180	94 450

本月发放的各项收入与支出如下（单位：元）。

生产工人的工资	73 600
车间管理人员的工资	27 500
行政管理人员的工资	14 320

车间一般消耗材料	14 800
折旧费用——机器设备	16 500
——生产部门房屋	11 000
——行政办公用房	8 500
本期购入材料	356 200
本期销售收入	596 920
保险费用	520
利息费用	2 400
销售费用	6 450
邮电费用	100
营业税金及附加	29 130
差旅费	600
所得税费用（税率25%）	4 500

经过查对，税务专管员张强认为该企业的所得税计算有错误，请帮助会计王伟找出错误所在，并计算出正确的所得税额应该是多少。

第四章

会计凭证

主要知识点

* 了解会计凭证的概念、种类与作用
* 掌握原始凭证的概念、分类与填制要求
* 掌握记账凭证的概念、分类与填制要求
* 了解手工填制与计算机打印记账凭证的异同
* 掌握会计凭证的保管要求

关键概念

会计凭证　原始凭证　记账凭证

引言

在古代中国的战国时期，出现了最早的经济法典——《法经》，这本书中包含有“会计”方面的内容。比如在会计簿书的真实性和保管方面，规定会计簿书如果丢失、错讹，则视同被盗论处；在会计凭证和印鉴方面，规定券契（当时的原始凭证）如有伪造、更改等情形，重者与盗贼同罪论处，轻者以欺诈论处，若会计报告不真实，有欺诈隐瞒者，根据情节轻重判刑；在仓储保管方面，规定对于账实不符的，区分通盗、责任事故、非责任事故等不同情况进行处理；在度量衡方面，规定度量衡不准者，按情况不同实行杖打等不同的处罚。

《法经》中规定了对会计处理日常经济业务所用到的凭证，出现错弊、伪造等行为时的处罚规定，这说明了凭证对会计的重要意义。会计凭证是会计核算的重要依据，其填制和审核是会计核算的基本方法之一。本章主要阐述会计凭证的分类、填制与审核，介绍凭证的基本构成、典型格式、手工编制方法以及计算机打印记账凭证等内容，为登记账簿、编制会计报表打下良好的基础。

第一节 会计凭证概述

一、会计凭证的概念

会计凭证是记录经济业务、明确经济责任，并作为记账依据的书面文件。

由于真实性和相关性是会计信息最重要的质量特征，为了保证会计信息的真实性和相关性，进入会计信息生产系统的每一个原始数据都必须有据可查，这就要求每一项经济业务的发生都应当通过凭证记录其发生的真实数据。为了真实地反映会计主体经济业务的发生和完成情况，明确各项经济业务相关人员的经济责任，任何会计主体在办理一项经济业务时，都必须以会计凭证为依据，由执行和完成该项经济业务的相关人员取得或填制会计凭证，以书面形式记录和证明所发生经济业务的性质、内容、数量和金额等，并在凭证上签名或盖章，对经济业务的合法性、真实性、正确性和有效性负责。例如，从银行提取一笔现金备用，需开具现金支票，在支票上应填制提取现金的用途、金额，并加盖单位财务专用章及其他相关印章等，将现金支票送交银行据以提取现金，存根由单位留存，作为从银行提取现金的会计凭证。所有会计凭证都必须由会计部门审核无误后才能作为记账的依据。因此，填制和审核会计凭证，是会计核算的基本方法，也是整个会计核算工作的起点和基础。

二、会计凭证的作用

会计凭证的填制和审核，对于如实反映和有效监督企业的经济业务运行情况、完成会计核算工作、实现会计监督职能、充分发挥会计的经济监测作用、保证会计信息的真实性和相关性具有非常重要的作用。具体来说，会计凭证的作用主要体现在以下三个方面。

（一）记录经济业务，提供记账依据

企业办理任何经济业务，都必须取得或填制会计凭证，来如实记录经济业务的性质、内容、数量和金额，经过审核，只有正确无误的会计凭证才能作为记账的依据。会计凭证是记录经济业务的载体，经济业务的执行和完成情况都会在会计凭证中反映出来。因此，做好会计凭证的填制和审核工作，是保证会计账簿资料真实性、正确性的前提条件。

（二）明确经济责任，强化内部控制

会计凭证不仅记录了每项经济业务的内容，还需要有关部门和经办人员签名或盖章，对会计凭证上所记录的经济业务的真实性、合法性、正确性、合规性负责，这样有利于增强经办部门或人员的责任感，使其严格执行法律、法规和单位的规章制度。即使出现违纪问题，也能够根据会计凭证的签名或盖章，追究有关人员的经济责任，从而起到防止舞弊、强化内部控制的作用。

(三) 监督经济活动，控制经济运行

为了保证会计主体发生的经济业务真实、正确、合法，会计人员必须在记账之前对会计凭证进行严格审核。审核会计凭证的过程就是实施会计监督的过程。通过会计凭证的审核，可以查明各项经济业务是否符合法规、制度的规定，是否存在违法乱纪、铺张浪费的现象。对于查出的问题，企业应积极采取措施予以纠正，这将有利于促进企业经济活动健康、有序地进行。

三、会计凭证的分类

企业的经济业务多种多样，使得会计凭证从具体格式到填制内容都存在差异。通常，会计凭证可以按照填制程序和用途，分为原始凭证和记账凭证两大类。原始凭证是在经济业务发生或完成时填制或取得的，用来证明经济业务发生或完成情况的原始单据；记账凭证是将原始凭证中的一般数据转化为会计语言的工具，是介于原始凭证与会计账簿之间的中间环节，是登记明细分类账户和总分类账户的依据。

第二节 原始凭证

一、原始凭证的概念

原始凭证是指在经济业务发生或完成时取得或填制的，用来记录或证明经济业务发生或完成情况的书面证明，是会计核算的原始资料和主要依据。

原始凭证是伴随着经济业务的发生而产生的，记录经济业务的具体内容，明确经济责任，是进行会计核算的初始资料和依据。可见，原始凭证必须能够证明经济业务已经发生或完成的情况。例如，会计主体销售商品的销售发票，就能证明商品销售业务已经发生或完成；银行存款的付款凭证，如转账支票，就能证明付款业务已经发生并完成；另外，会计主体内部填制的收料单、领料单、产品入库单、产品成本计算表、借款单等，均可作为会计核算的原始凭证使用。

二、原始凭证的作用

原始凭证通常在经济业务发生或完成后进行填制或取得，以书面形式证明或记录业务性质、内容、数量及金额等，是记载经济业务内容的原始单据；原始凭证上相关部门或人员的签字或盖章，能够起到明确经济责任的作用；同时，通过对原始凭证的一般语言的分析，可以转化为会计语言，因此原始凭证是编制记账凭证的依据。

三、原始凭证的分类

(一) 原始凭证按来源不同分类

原始凭证按其来源不同，可以分为自制原始凭证和外来原始凭证。

1. 外来原始凭证

外来原始凭证是指在经济业务发生或完成时，从其他单位或个人取得的凭证，如购买货物时取得的普通发票（见表4-1）或增值税专用发票（见表4-2）、向外单位支付款项时取得的收据（见表4-3），以及职工出差时取得的车票、住宿发票等。

表4-1

××× 普通发票

No. 130880558

客户名称： 年 月 日

货 号	品 名	规 格	单 位	数 量	单 价	金 额
合计金额（大写） 拾 万 仟 佰 拾 元 角 分						

收款单位（未盖章无效） 开票人： 收款人：

表4-2

×××增值税专用发票

No. 67809550

开票日期： 发票联

<table>
<tr><td>购货单位</td><td colspan="4">名　　称：
纳税人识别号：
地 址 、电 话：
开户行及账号：</td><td colspan="4">密码区</td></tr>
<tr><td colspan="2">商品或应税劳务名称</td><td>规格型号</td><td>单位</td><td>数量</td><td>单价</td><td>金额</td><td>税率</td><td>税额</td></tr>
<tr><td colspan="2"></td><td></td><td></td><td></td><td></td><td></td><td></td><td></td></tr>
<tr><td colspan="2">合　　计</td><td></td><td></td><td></td><td></td><td></td><td></td><td></td></tr>
<tr><td colspan="2">价税合计（大写）</td><td colspan="7">拾 万 仟 佰 拾 元 角 分（小写　　　　）</td></tr>
<tr><td>销货单位</td><td colspan="4">名　　称：
纳税人识别号：
地 址 、电 话：
开户行及账号：</td><td colspan="4">备注</td></tr>
</table>

收款人： 复核： 开票人： 销货单位（章）：

表4-3

收 据

No. 0003748

年 月 日

付款单位：________________________________
人民币（大写） 拾 万 仟 佰 拾 元 角 分（¥________）
付款事由：

经手人： 审核人： 出纳员： 收款单位：

2. 自制原始凭证

自制原始凭证是由本单位经办业务的部门和人员，在执行或完成某项经济业务时填制的凭证。如材料验收入库时的收料单（见表4–4）、材料领用出库时的领料单（见表4–5）、完工产品入库时的产品入库单（见表4–6）、销售产品时的产品出库单、提货单、借款单（见表4–7）、固定资产折旧计算表等。

表4–4

收 料 单

年 月 日

供货单位： 凭证编号：

发票号码： 收料仓库：

材料编号	材料名称	材料规格	计量单位	数量		实际成本					备注
				应收	实收	单价	金额	运费	其他	合计	
合计											
备注：											

仓库主管： 仓库保管： 收料检验： 记账：

表4–5

领 料 单

领料单位： 编号：

用 途： 年 月 日 仓库：

材料编号	材料名称	材料规格	计量单位	数量		单位成本	金 额	备注
				请 领	实 领			
合计								
备注：								

审批人： 发料人： 领料人： 制单：

表4-6

产品入库单

编号：

交库单位： 年 月 日 产品仓库：

产品编号	产品名称	产品规格	计量单位	实收数量	检验结果		单位成本	金额	备注
					合格	不合格			
合计									
备注：									

主管： 保管： 交库： 会计：

表4-7

借 款 单

年 月 日

借款人		所属部门	
借款事由		归还时间 归还方式	
申请借款金额	人民币（大写） 万 仟 佰 拾 元 角 分（¥________）		
审批意见		部门财会小组意见	

主管： 出纳： 借款人签章：

（二）原始凭证按填制手续及内容分类

原始凭证按填制手续的次数和填制内容的不同，可分为一次凭证、累计凭证、汇总原始凭证和记账编制凭证四类。

1. 一次凭证

一次凭证也称为一次有效凭证，是指只反映一项经济业务，或者同时反映若干项同类性质的经济业务的会计凭证。其填制手续是一次完成的，如收据、发票、收料单、领料单、报销凭单等。一次凭证只能反映一笔业务的内容，使用方便灵活，但不能重复使用。一次凭证可以是自制凭证，也可以是外来凭证。

2. 累计凭证

累计凭证亦称为多次有效凭证，是指在一定时期内连续多次记载若干项不断重复发生的相同经济业务的会计凭证。这类凭证的填制手续是随着经济业务的发生而分次进行的，随时能结出累计数及结余数，期末按实际累计数作为记账的依据，如限额领料单（见表4-8）。累计凭证是多次有效的会计凭证。

表4-8

限额领料单

领料部门：　　凭证编号：

领料用途：　　发料仓库：

材料类别	材料编号	材料名称及规格	计量单位	领用限额	实际领用	单价	金额	备注
供应部门负责人：					生产计划部门负责人：			

日期	领用				退料			限额结余
	请领数量	实发数量	发料人	领料人	退料数量	退料人	收料人	

领料单位负责人：（签章）　供应部门负责人：（签章）　发料人：（签章）

3. 汇总原始凭证

汇总原始凭证亦称为原始凭证汇总表，是指将一定时期内若干份记录同类经济业务的原始凭证汇总编制成一张凭证，用以集中反映某项经济业务总括发生情况的原始凭证。如月末根据月份内所有领料单汇总编制的收料凭证汇总表、发料凭证汇总表（见表4-9），现金收入汇总表、差旅费报销单等。汇总原始凭证合并了同类型的经济业务，简化了记账工作量，但它本身不能单独作为记账的直接依据。

表4-9

发料凭证汇总表

年　月

单位：元

产品领用及部门耗用	原材料			合计
	甲材料	乙材料	丙材料	
生产产品耗用				
其中：A产品				
B产品				
车间一般耗用				
管理部门耗用				
合计				

记账：　复核：　制表：

4. 记账编制凭证

记账编制凭证是指根据账簿记录，把某一项经济业务加以归类、整理而重新编制的一种会计凭证。例如，月末确定已销商品成本时根据库存商品账簿记录所编制的成本计算表（见表4-10），月末计算产品生产成本时所编制的制造费用分配表以及月末所编制的利润分配计算表等。

表 4-10

销售产品成本计算表

年　月

单位：元

品种	数量	计量单位	单位成本	总成本
合计				

（三）原始凭证按格式不同分类

原始凭证按格式不同可分为通用凭证和专用凭证。

1. 通用凭证

通用凭证是指由有关部门统一印刷、在一定范围内使用的具有统一格式和使用方法的原始凭证。这里的一定范围，可以是某一地区、某一行业，也可以是全国。例如，某省（市）印制的普通发票、收据（见表 4-11）等，在该省（市）通用。而由中国人民银行制作的银行承兑汇票，可在全国统一使用。

表 4-11

×××财政局统一收据

年　月　日　　　　编号：

今收到______________________________

交来______________________________

人民币（大写）______________________________

收款单位
公章　　　　收款人：　　　　交款人：

2. 专用凭证

专用凭证是指由单位自行印刷、仅在本单位内部使用的具有特定内容和专门用途的原始凭证，如折旧计算表、工资费用分配表、差旅费报销单（见表 4-12）等。

表 4-12

差旅费报销单

年　月　日

<table>
<tr><td colspan="2">姓名</td><td colspan="3"></td><td colspan="3">职别</td><td colspan="3"></td><td colspan="3">出差事由</td><td colspan="9"></td></tr>
<tr><td colspan="2" rowspan="2">起日</td><td colspan="2" rowspan="2">止日</td><td rowspan="3">合计天数</td><td colspan="10">各项补助费</td><td colspan="7">车船杂支费</td><td rowspan="3">合计金额</td></tr>
<tr><td colspan="3">伙食补助</td><td colspan="3">住宿补助</td><td colspan="3">未买卧铺补助</td><td rowspan="2">夜间乘硬座超过12小时补助</td><td rowspan="2">火车费</td><td rowspan="2">汽车费</td><td rowspan="2">轮船费</td><td rowspan="2">飞机费</td><td rowspan="2">市内交通费</td><td rowspan="2">住宿费</td><td rowspan="2">其他杂支</td></tr>
<tr><td>月</td><td>日</td><td>月</td><td>日</td><td>天数</td><td>标准</td><td>金额</td><td>天数</td><td>标准</td><td>金额</td><td>票价</td><td>标准</td><td>金额</td></tr>
<tr><td></td><td></td><td></td><td></td><td></td><td></td><td></td><td></td><td></td><td></td><td></td><td></td><td></td><td></td><td></td><td></td><td></td><td></td><td></td><td></td><td></td><td></td><td></td></tr>
<tr><td></td><td></td><td></td><td></td><td></td><td></td><td></td><td></td><td></td><td></td><td></td><td></td><td></td><td></td><td></td><td></td><td></td><td></td><td></td><td></td><td></td><td></td><td></td></tr>
<tr><td colspan="23">合计：人民币（大写）　拾　万　仟　佰　拾　元　角　分（¥　　　）</td></tr>
<tr><td colspan="23">原借差旅费______元　　　报销______元　　　剩余交回______元</td></tr>
</table>

附件　张

审批人：　　　会计主管：　　　报账人：　　　领款人：

四、原始凭证的填制

（一）原始凭证的基本要素

由于现实经济生活中的经济业务错综复杂，反映的内容多种多样，因此记录经济业务的原始凭证格式不好统一。但作为明确责任的书面证明，每一种原始凭证都必须能够客观、真实地记录和反映经济业务的发生和完成情况，都必须能够明确有关单位、部门及人员的经济责任。这就决定了每种原始凭证都必须具备以下几方面的基本要素。

（1）原始凭证的名称。

（2）填制原始凭证的日期及编号。

（3）接受凭证的单位名称。

（4）经济业务的内容（数量、单价和金额）。

（5）填制原始凭证单位的名称和有关人员的签章。

（6）凭证附件。

原始凭证除了必须具备上述基本要素外，还可以根据经营管理和特殊业务的需要，补充必要的内容。例如，增值税专用发票还要填写税率、税额以及购销双方单位的地址、电话、税号、账号等。

会计人物 4-1　　古代理财家——孔子

孔子（公元前551年—公元前479年），名丘，字仲尼，春秋末期鲁国陬邑（今山东曲阜市东南）人。孔子是我国古代著名的思想家、教育家、儒家学派创始人。

孔子思想的基本特征是道德政治。他注重道德，关心政治，热心教育，又“罕言利”。其实，孔子对社会经济问题并不轻视，其经济思想的认识价值和实践意义对于中国古代社会来说，并不亚于其道德与政治学说。值得后人深入挖掘与认真总结。

孔子的经济思想可以从以下两个方面去认识：一是义利思想，它涉及的是道德与经济的关系问题。二是理财思想，它涉及的是国计民生问题，其核心是如何处理富国与富民的关系。

资料来源　课题组．孔子理财思想再认识［J］．财经论丛，1999（2）．

（二）原始凭证填制的基本要求

原始凭证是具有法律效力的原始记录文件，是进行会计核算必备的原始依据。为了保证原始凭证能够及时、准确、清晰地反映经济业务的真实情况，提高会计工作质量，填制原始凭证时必须符合以下基本要求。

1. 凭证合法、内容合理，记录真实

原始凭证上所记载的经济业务内容，必须内容合法、金额合理，必须与实际情况相符合，绝不允许有任何歪曲或弄虚作假的情况。对于实物的数量、质量和金额，都要经过严格的审查，确保凭证内容真实、数据可靠。从外单位取得的原始凭证若有丢失，应取得原签发单位盖有财务专用章的证明，并注明原凭证的编号、所载金额等内容，由经办单位负责人批准后，可代作原始凭证；对于确实无法取得证明的，如火车票、轮船票、飞机票等，可由当事人写出详细情况，由经办单位负责人批准后，也可代作原始凭证。

2. 内容完整，手续齐全

原始凭证必须严格按照规定的格式和内容逐项填写经济业务事项，所有要求项目必须填写齐全，不得省略或漏填，同时必须由有关部门和人员签章，对凭证的真实性、正确性负完全责任。如果项目填写不全，则不能作为经济业务的合法证明，也不能作为有效的会计凭证。同时，原始凭证的填制手续，必须符合内部牵制原则的要求。购买实物的原始凭证，必须有实物的验收证明；支付款项的原始凭证，必须有收款方的收款证明；一式几联的原始凭证，必须是一次性套写完成，单页凭证必须用钢笔填写；销货退回时，除填制退货发票外，还必须取得对方的收款收据或开户行的汇款凭证，不得以退货发票代替收据；职工因公出差的借款收据，必须附在记账凭证上，收回借款时，应另开收据或退回收据副本，不得退回原借款收据；经有关部门批准办理的某些特殊业务，应将批准文件作为原始凭证的附件或在凭证上注明批准机关名称、日期和文件字号。

3. 填制及时，书写规范

原始凭证的及时性是保证会计信息及时性的前提条件。在经济业务发生或完成时，经办业务的有关部门或人员必须及时填制原始凭证，做到不拖延、不积压，并按规定的程序及时送交会计部门，以便审核并据以编制记账凭证。

原始凭证的书写包括各项目的文字书写和数字书写规范，而数字书写包括阿拉伯数字的书写和汉字大写数字的书写两个方面。

（1）原始凭证的文字书写。各种凭证的文字书写要简要、规范，不得使用未经国务院公布的简化字，要用蓝色或黑色墨水笔书写；填写支票必须使用碳素笔（手工填写）或用专用支票打印机打印；属于需要套写填制的凭证，必须一次套写清楚；合计的小写金额前要加注币值符号，如人民币币种符号“￥”、港元币种符号“HK $”、美元币种符号“US $”等。

（2）原始凭证的数字金额书写。原始凭证中的金额是凭证中最重要的资料，必须认真按规范填写，大小写金额数字要符合规格，正确填写。

阿拉伯数字应一个一个地写，不得连笔。阿拉伯数字的合计金额前应加注人民币币种符号“￥”，数字与符号“￥”之间不得留有空格，凡阿拉伯数字前写有人民币币种符号“￥”的，数字后面不再写币值“元”等字；阿拉伯数字金额应该填写至“角、分”，无“角”无“分”的，“角”位与“分”位用“00”或符号“-”表示，有“角”无“分”的，“分”位应写0，不得用符号“-”代替。

大写金额数字前应填写币种如“人民币”字样，“人民币”与金额之间不得留有空格，手写文字一律用正楷或行书体书写。汉字大写金额数字，正确的写法应为“零、壹、贰、叁、肆、伍、陆、柒、捌、玖、拾、佰、仟、万、亿、元、角、分、零、整”，不得任意自造简化字。大写金额数字到“元”或“角”为止的，应在其后书写“整”字，如到“分”为止的，则后面不必写“整”字。阿拉伯金额数字个位不是0，但中间有0时（不管连续有几个0），汉字大写金额只要写一个“零”字，如￥2005.70，汉字大写金额应写成“人民币贰仟零伍元柒角整”；如果“元”位是0（不管连续有几个0），汉字大写金额中的“零”可写可不写，如￥1 000.49，汉字大写金额应写成“人民币壹仟元零肆角玖分”，或“人民币壹仟元肆角玖分”。

4. 数据准确，字迹清晰

凭证列示的数量、单价、金额，都要准确无误，大写金额与小写金额必须一致，合计金额应大写，以防止涂改作弊。凭证记载的各项内容不得随意涂改、刮擦、挖补。原始凭证有错误的，应由出具凭证单位重开或更正，金额有错误的，必须重开。

5. 凭证编号要连续

各种凭证要连续编号以便查考，手工填制的凭证如果写坏作废时，应加盖“作废”戳记，妥善保管，不得撕毁。

此外，《会计基础工作规范》还针对以下特殊情况的原始凭证规定了特别的要求。

（1）从外单位取得的原始凭证，必须加盖填制单位的公章；从个人取得的原始凭证，必须有填制人员的签名或盖章。自制的原始凭证必须有经办单位领导人或者其指定人员的签名或盖章，对外开出的原始凭证，必须加盖本单位的公章。

（2）购买实物的原始凭证必须有验收证明；支付款项的原始凭证必须有收款单位和收款人的收款证明。

（3）一式几联的原始凭证，应当注明各联的用途，只能以其中一联作为报销凭证。

（4）发生销货退回的，除填制退货发票外，还必须有退货验收证明；退款时，必须取得对方的收款收据或者汇款银行的凭证，不得以退货发票代替收据。

（5）经上级有关部门批准的经济业务，应当将批准文件作为记账凭证附件。如果批准文件需要单独归档的，应当在凭证上注明批准机关名称、日期和文件字号。

（三）原始凭证的填制举例

按照原始凭证的填制要求，现分别以一次凭证、累计凭证和汇总原始凭证为例说明原始凭证的填制方法。

1. 一次凭证的填制

一次凭证的填制手续简单，一般在经济业务发生时，由经办人员一次填制完成。下面以自制原始凭证收料单和外来原始凭证增值税专用发票为例说明一次凭证的填制。

（1）收料单的填制。收料单是在外购的材料验收入库时，由仓库保管员或其他收料人根据发票随货联及验收材料的实际数量而填制的原始凭证。收料单一般一式三联，一联仓库留存，由保管人员据以登记明细账；一联随发票账单交财会部门据以记账，一联由供应部门保留。其样式见表 4-13。

表 4-13

收　料　单

供应单位：星月公司　　　　　　　　　　　　　　　　凭证编号：0756

发票编号：0145876　　　　20××年×月×日　　　　收料仓库：1 号库

材料类别	材料编号	材料名称及规格	计量单位	数量		金额			
				应收	实收	单价	买价	运杂费	合计
型钢	120230	Φ30mm 圆钢	千克	2 000	2 000	10	20 000	2 000	22 000
合计				2 000	2 000	10	20 000	2 000	22 000
备注：									

保管员：周密　　　　　　　　　　　　　　收料人：严察

（2）增值税专用发票的填制。如果企业为增值税一般纳税人，在销售商品时，须填制增值税专用发票。专用发票由基本联次或者基本联次附加其他联次构成，基本联次为三联：发票联、抵扣联和记账联。发票联作为购买方核算采购成本和增值税进项税额的记账凭证；抵扣联作为购买方报送主管税务机关认证和留存备查的凭证；记账联作为销售方核算销售收入和增值税销项税额的记账凭证。其他联次的用途由一般纳税人自行确定，如纳税人可增加存根联，由销货方留存备查。增值税专用发票需要套写，应填明开票日期、购货单位名称、地址、出售商品或劳务名称、商品或劳务的数量、单价、金额、增值税税率、税额、销货单位名称等内容。其样式见表 4-14。

表4-14 <u>××省增值税专用发票</u> №. 67809550

发票联

开票日期： 金额单位：元

<table>
<tr><td rowspan="4">购货单位</td><td colspan="4">名　　称：星月公司</td><td colspan="4" rowspan="4">密码区</td></tr>
<tr><td colspan="4">纳税人识别号：</td></tr>
<tr><td colspan="4">地 址 、电 话：</td></tr>
<tr><td colspan="4">开户行及账号：</td></tr>
<tr><td colspan="2">商品或应税劳务名称</td><td>规格型号</td><td>单位</td><td>数量</td><td>单价</td><td>金额</td><td>税率</td><td>税额</td></tr>
<tr><td colspan="2">A材料</td><td></td><td>千克</td><td>2 000</td><td>10</td><td>20 000</td><td>17%</td><td>3 400</td></tr>
<tr><td colspan="2">合　　计</td><td></td><td></td><td></td><td></td><td></td><td></td><td></td></tr>
<tr><td colspan="2">价税合计（大写）</td><td colspan="7">人民币贰万叁仟肆佰元整（小写￥23 400.00）</td></tr>
<tr><td rowspan="4">销货单位</td><td colspan="4">名　　称：</td><td colspan="4" rowspan="4">备注</td></tr>
<tr><td colspan="4">纳税人识别号：</td></tr>
<tr><td colspan="4">地 址 、电 话：</td></tr>
<tr><td colspan="4">开户行及账号：</td></tr>
</table>

收款人： 复核： 开票人： 销货单位（章）：

2. 累计凭证的填制

累计凭证是相对于一次凭证而言的，可以在一张凭证上反映出同类经济业务的累计发生情况，同时可以简化手续，减少凭证数量。“限额领料单”就是典型的累计凭证，其具体的样式见表4-15。

表4-15 <u>限额领料单</u>

领料部门：生产三车间 凭证编号：

领料用途：A产品 发料仓库：1号库 金额单位：元

<table>
<tr><td>材料类别</td><td>材料编号</td><td>材料名称及规格</td><td>计量单位</td><td>领用限额</td><td>实际领用</td><td>单价</td><td>金额</td><td>备注</td></tr>
<tr><td>型钢</td><td>123230</td><td>Φ30mm圆钢</td><td>千克</td><td>2 000</td><td>2 000</td><td>10</td><td>20 000</td><td></td></tr>
<tr><td colspan="5">供应部门负责人：李明</td><td colspan="4">生产计划部门负责人：张伟</td></tr>
<tr><td rowspan="2">日期</td><td colspan="4">领用</td><td colspan="3">退料</td><td>限额结余</td></tr>
<tr><td>请领数量</td><td>实发数量</td><td>发料人签章</td><td>领料人签章</td><td>退料数量</td><td>退料人签章</td><td>收料人签章</td><td></td></tr>
<tr><td>4.1</td><td>1 000</td><td>1 000</td><td>赵军</td><td>王清</td><td>50</td><td></td><td></td><td>1 050</td></tr>
<tr><td>4.30</td><td>1 050</td><td>1 000</td><td>赵军</td><td>王清</td><td></td><td></td><td></td><td>50</td></tr>
<tr><td></td><td></td><td></td><td></td><td></td><td></td><td></td><td></td><td></td></tr>
<tr><td>合计</td><td>2 050</td><td>2 000</td><td></td><td></td><td>50</td><td></td><td></td><td>50</td></tr>
</table>

3. 汇总原始凭证的填制

常用的汇总原始凭证有“发料凭证汇总表”，是根据各部门到仓库领用材料的领料单按一定时期，同类经济业务进行归类汇总而成的。其汇总的时间可根据业务量的大小自行确定，即可按旬、按月汇总一次，其样式见表4-16。

表4-16

发料凭证汇总表

年　月

单位：元

产品领用及部门耗用	原材料			合计
	甲材料	乙材料	丙材料	
生产产品耗用	8 000	6 000	2 000	16 000
其中：A 产品	5 000	4 000	1 500	10 500
B 产品	3 000	2 000	500	5 500
车间一般耗用	2 000	1 000	300	3 300
管理部门耗用	500		200	700
合计	10 500	7 000	2 500	20 000

供应部门负责人：　　　生产计划部门负责人：　　　仓库负责人：

五、原始凭证的审核

原始凭证由于来源不同，因此经办单位和人员各异。为保证原始凭证的真实性及其所反映的经济业务的合法性、合理性，必须对其进行严格的审核。只有经过审核无误的原始凭证才能作为记账的依据。原始凭证的审核主要包括以下两个方面的内容。

1. 经济业务的真实性、合法性、合理性审核

原始凭证的真实性对会计信息的质量具有至关重要的影响。真实性审核，即审核原始凭证及其所记载的经济业务是否真实，有无伪造现象。经济业务的经办单位和人员、经济业务所发生的时间与地点、填制凭证的日期与内容，都必须是真实的。合法性审核，即审核原始凭证所记载的经济业务是否符合有关财经纪律、法规、制度等的规定，有无违法乱纪行为；若有，会计人员应予以揭露和制止。根据《会计法》的规定，对不真实、不合法的原始凭证，会计人员有权不予接受，并有义务向单位负责人报告。合理性审核，即审核经济业务的发生是否符合提高经济效益的要求，是否符合规定的开支标准，是否符合本单位的财务预算，是否符合成本效益原则。

2. 原始凭证的完整性审核

根据原始凭证的填制要求，审核原始凭证的摘要、数字及其他项目是否填写正确，数量、单价、金额、合计是否填写正确，大小写金额是否相符，有关经办人员是否签章，凭证联次是否正确。一式几联的原始凭证，是否使用双面复写纸套写，是否连续编号，是否按规定的用途使用等。

第三节 记账凭证

一、记账凭证的概念

记账凭证是会计人员根据审核无误的原始凭证，按照经济业务的内容确定会计分录后填制的，并作为登记账簿依据的会计凭证。记账凭证也叫记账凭单，是根据复式记账法的基本原理，确定了应借、应贷的会计科目及其金额，将原始凭证中的一般数据转化为会计语言，是介于原始凭证与账簿之间的中间环节，是登记总分类账户和明细分类账户的主要依据。

原始凭证多种多样，其格式、大小也不尽相同，通常只能表明经济业务的具体内容，不能反映其归类的会计科目和记账方向，不能凭其直接登记入账。因此，在实际会计工作中，每一笔经济业务发生以后，会计人员都要根据经济业务的基本内容和所引起的会计账户的增减变动情况编制会计分录，列示应借、应贷的账户名称和金额，即填制记账凭证。根据原始凭证编制记账凭证，并将原始凭证作为记账凭证的附件，既便于记账，防止出现差错，又便于查账，了解经济业务的内容。

二、记账凭证的作用

记账凭证是联系原始凭证与会计账簿的纽带。通过记账凭证将原始凭证中的一般数据语言转化为会计语言，即根据经济业务的内容找到相应的会计账户，并应用借贷记账法的基本原理，编制会计分录，记录在记账凭证上。因此，记账凭证主要是用来反映一个会计分录，再根据相应的账户登记账簿。正确无误的记账凭证为登记账簿提供了依据。

会计人物 4-2　　无形资产理论研究的开创者——杨汝梅

杨汝梅（1899—1985），字众先，河北磁县人，会计理论家、会计教育家，无形资产理论研究的开创者，首位列入《世界名人录》的中国会计学家。

1920 年毕业于铁路管理学校高等科（北京交通大学前身），翌年赴美国密歇根大学留学，师从著名会计学家佩顿教授，其博士论文《商誉及无形资产》作为无形资产理论研究的开山之作，迄今被奉为经典，蜚声世界。留学归国后，杨汝梅先后在北京交通大学、上海国立暨南大学等高校任职，其间还曾任盐务总局稽核、“四联总处”处长等职。

1949 年杨汝梅移居香港，执教于新亚书院、香港中文大学商学院等学府，先后担任系主任、院长等职。杨汝梅作为中国进入世界会计领域的第一人，其成就已达到当时世界先进水平，对我国乃至世界会计界产生了深远的影响。

资料来源　苍天．中国会计名人评选 潘序伦等 9 人入选［N］．中国会计报，2013－01－22.

三、记账凭证的分类

（一）记账凭证按所反映的经济内容不同分类

按照所反映的经济业务内容是否涉及货币资金，专用记账凭证可以分为收款凭证、付款凭证和转账凭证三种。收款凭证用于记录与货币资金收款有关的经济业务；付款凭证用于记录与货币资金付款有关的经济业务；转账凭证用于记录与货币资金收、付无关的经济业务。

1. 收款凭证

收款凭证是指用于记录库存现金和银行存款收款业务的专用会计凭证。它是根据有关库存现金和银行存款收款业务的原始凭证填制的，其格式见表4-17。收款凭证既是登记库存现金日记账、银行存款日记账、明细分类账和总分类账等有关账簿的依据，也是出纳人员收取款项的依据。

如果企业经济业务繁多，还可以按照库存现金和银行存款的不同，将收款凭证进一步分为库存现金收款凭证和银行存款收款凭证。

表4-17　　收款凭证

20×3 年×月×日

借方科目：银行存款　　　　银收字第　号

摘要	贷方科目		记账	金额								
	总账科目	明细科目		百	十	万	千	百	十	元	角	分
附件　张	合计											

会计主管：　　记账：　　复核：　　出纳：　　制单：

2. 付款凭证

付款凭证是指用于记录库存现金和银行存款支付业务的专业会计凭证。它是根据库存现金和银行存款支出业务的原始凭证填制的，其格式见表4-18。付款凭证既是登记库存现金日记账、银行存款日记账、明细分类账和总分类账等有关账簿的依据，也是出纳人员据以付出款项的依据。

如果企业经济业务繁多，还可以按照库存现金和银行存款的不同，将付款凭证进一步分为库存现金付款凭证和银行存款付款凭证。

表 4-18

付款凭证

20×3 年×月×日

贷方科目：银行存款　　　　　　　　　　　　　　　　　　银付字第　号

摘要	借方科目		记账	金额								
	总账科目	明细科目		百	十	万	千	百	十	元	角	分
附件　张	合计											

会计主管：　　　记账：　　　复核：　　　出纳：　　　制单：

3. 转账凭证

转账凭证是指用于记录与库存现金和银行存款收、付业务无关的转账业务的专用会计凭证。它是根据有关转账业务的原始凭证填制的。转账凭证是登记总分类账和明细分类账等有关账簿的依据，其格式见表 4-19。

表 4-19

转账凭证

20×3 年×月×日　　　　　　　　　　转字第　号

摘要	借方科目		贷方科目		记账	金额								
	总账科目	明细科目	总账科目	明细科目		百	十	万	千	百	十	元	角	分
附件　张	合计													

会计主管：　　　记账：　　　复核：　　　制单：

将专用记账凭证分为收款凭证、付款凭证和转账凭证，有利于区别不同的经济业务，有利于对经济业务的检查，但如果手工操作则工作量较大，因此适用于规模较大、收付款业务较多且可以分工处理业务的单位。对于经济业务较单一、规模较小、收付款业务不多的单位，还可采用通用凭证来记录所有的经济业务。

通用记账凭证是以一种可以记录各种经济业务的凭证。其格式见表 4-20。

表 4-20

记 账 凭 证

年 月 日 编号：

摘要	会计科目		记账	借方金额	贷方金额
	总账科目	明细科目			
附件 张	合 计				

会计主管： 记账： 出纳： 审核： 制单：

（二）记账凭证按填列方式不同分类

记账凭证按照填列方式的不同可分为复式记账凭证和单式记账凭证。

1. 复式记账凭证

复式记账凭证是指将一项经济业务所涉及的借、贷双方会计账户集中反映在一张记账凭证上。这是实际工作中应用最为普遍的记账凭证。上述收款凭证、付款凭证、转账凭证均为复式记账凭证。复式凭证能把反映经济业务的全部对应账户记录在一张凭证上，有利于检查会计分录的正确性，但不便于会计岗位的分工记账。

2. 单式记账凭证

单式记账凭证是指一张凭证上只反映一个会计科目的记账凭证，对应科目只做参考，不据以记账。某项经济业务涉及几个会计账户，就编制几张单式凭证，填列借方科目的称为借项记账凭证（见表 4-21），填列贷方科目的称为贷项记账凭证（见表4-22）。单式凭证反映内容单一、便于分工记账和汇总，但一张凭证上不能反映经济业务的全貌，不便于检查会计分录的正确性。

表 4-21

借项记账凭证

对应一级科目： 年 月 日 编号：

摘要	一级科目	明细科目	金额	记账（√）
附件 张	合 计			

会计主管： 记账： 出纳： 审核： 制单：

表4-22

贷项记账凭证

对应一级科目： 年 月 日 编号：

摘要	一级科目	明细科目	金额	记账（√）
附件 张	合 计			

会计主管： 记账： 出纳： 审核： 制单：

四、记账凭证的填制

（一）记账凭证的基本要素

不同种类的记账凭证反映的经济业务内容不同，因此在具体格式上存在一些差异，但所有的记账凭证都必须满足记账的需要，均应具备以下基本内容。

（1）记账凭证的名称，如收款凭证、付款凭证、转账凭证等。

（2）填制记账凭证的日期。

（3）记账凭证的编号。

（4）经济业务的内容摘要，即简明、扼要地说明经济业务的内容。

（5）经济业务所涉及的会计科目、记账方向及其金额（即会计分录）。

（6）所附原始凭证的张数。

（7）相关责任人签章，包括填制凭证人员、稽核人员、记账人员、会计机构负责人及会计主管人员签名或者盖章。收款和付款还应当由出纳人员签名或盖章。

（二）记账凭证填制的基本要求

记账凭证是登记账簿的直接依据，记账凭证的填制除了要做到“记录真实、内容完整、填制及时、书写清楚、明确责任”外，还必须注意以下填制要求。

1. 原始凭证完整正确

记账凭证以审核无误的原始凭证为依据，除结账和更正错误的记账凭证可以不附原始凭证外，其他记账凭证必须附有原始凭证。原始凭证必须完整无缺，记账凭证上需注明原始凭证的张数，以便核对摘要及所编会计分录是否准确无误。原始凭证内容十分重要或数量过多须单独保存的，要在“摘要”栏进行说明；一张原始凭证需填制几张记账凭证的，可以把原始凭证附在一张主要的记账凭证后面，并在其他未附有该原始凭证的记账凭证的“摘要”栏中说明“原始凭证×张，附于××号记账凭证上”，以便查对；一张原始凭证所列支出需要几个单位共同负担的，应当将其他单位负担的部分，开出原始凭证分割单进行结算。

2. 凭证日期填制恰当

记账凭证上的日期一般为填制记账凭证当天的日期，但在一些单位里，一些属于当月的经济业务（如费用的分配、成本和利润的结转等），需要到下月月初才能编制，凭证上的日期应以当月最后一天的日期作为记账凭证的日期，以便记入当月账内，正确计算经营成果。

3. 凭证摘要简明扼要

记账凭证的“摘要”栏是对经济业务的简要说明，必须针对不同性质的经济业务的特点，正确表达出经济业务的主要内容，从而便于了解经济业务的概况，满足登记账簿的需要。对于凭证摘要的填写，既要防止简而不明，又要防止过于繁琐。

4. 会计分录正确

会计分录是以会计语言反映经济业务的主要内容，要求做到正确无误。首先，账户运用必须正确。账户名称及核算内容，必须符合会计制度的统一规定，不得任意简化或改动，不得只写账户的编号、不写名称。其次，记账方向必须选择正确。在借贷记账法下，按照账户的性质及其金额的变化确定应借、应贷方向和账户名称，以便正确反映经济业务的来龙去脉。最后，金额计算正确。记入账户借方和贷方两个方向的总金额是相等的，同时总账科目金额与其所属明细账中各明细科目金额之和也是相等的，这是平行登记的要点。

5. 凭证编号连续

专用记账凭证应根据经济业务发生的时间顺序，按不同种类的记账凭证分类连续编号，如“收字第×号”、“付字第×号”、“转字第×号”。如果单位的各种经济业务采用通用记账凭证格式，则通用凭证的编号可采用顺序编号法，即在一个月内将所有的记账凭证按记账时间的先后顺序连续编号。当一笔经济业务需要填制几张记账凭证时，可采用分类编号法。例如，企业第 15 笔转账业务需要填制两张记账凭证，则填制的记账凭证的编号分别为“转字第$15\frac{1}{2}$”、“转字第 $15\frac{2}{2}$”。前面的整数表示业务顺序号，分数中的分母表示该笔业务填制的记账凭证总张数，分子表示总张数中的第几张凭证。每月最后一张凭证的号数旁边加注“全”字，表示本月记账凭证编制序号结束，以防止凭证散失时，难以确定散失张数。

6. 如果在填制记账凭证时发生错误，应当采取适当的补救措施

在手工处理账务的情况下，已经登记入账的记账凭证，如在当年内发现填写错误时，可用红字填写一张与原内容相同的记账凭证，在“摘要”栏内注明“注销某月某日某号凭证”字样，同时再用蓝字重新填制一张正确的记账凭证，

注明“订正某月某日某号凭证”字样。如果账户名称没有错误，只是金额有错误，也可以将正确数字与错误数字之间的差额，另编制一张调整的记账凭证，调增金额用蓝字，调减金额用红字。发现以前年度记账凭证有错误的，应当用蓝字填制一张更正的记账凭证。在电算化处理账务的条件下，采用类似手工的处理方法纠正错误。

7. 内容填写齐全

记账凭证中的各项内容必须填写齐全，记账凭证的填制人员及有关负责人，应于记账凭证填制齐全、确认正确无误后，在凭证相应位置签章，以示负责。

8. 注销凭证空行

手工填制的记账凭证填写金额（包括文字）不得跳行，对多余空行，应划“/”或“S”形线注销，即从金额栏最后一笔金额数字下的空行处至合计数上的空行处划线注销。

9. 其他要求

实行会计电算化的单位，对于机制记账凭证，要认真审核，做到账户名称使用正确，数字准确无误。打印的机制记账凭证要加盖制单人员、审核人员、记账人员、会计机构负责人及会计主管人员印章或签字。

（三）记账凭证填制举例

记账凭证必须根据原始凭证或原始凭证汇总表按规定的方法填制，但是手工处理经济业务与电算化处理经济业务相比，记账凭证的填制有所不同。下面举例说明在两种情况下各种记账凭证的填制方法。

1. 手工处理经济业务下记账凭证的填制

（1）收款凭证的填制方法。收款凭证反映单位收到库存现金、银行存款的情况，是根据库存现金、银行存款收款业务的原始凭证填制的。因此，收款凭证左上角的“借方科目”处应填写“库存现金”或“银行存款”；日期填写编制本凭证的实际日期（即实际收款日期）；右上角填写编制收款凭证的顺序流水号，即“收字第×号”，或“现收字第×号”、“银收字第×号”；“摘要”栏填写的是对该经济业务内容的简要说明（包括业务实际发生日期）；“贷方科目”栏应填写与“库存现金”或“银行存款”对应的账户名称；“记账”栏是该凭证已登记账簿的标记，防止经济业务被重复记录或漏记，以“√”表示已经登记；“金额”栏填写经济业务实际发生的数额；在凭证的右侧或下方填写附原始凭证张数，并在出纳及制单处签名或盖章。

【例4-1】通用数码有限责任公司20×3年6月15日，收回上月销售给中南公司的商品货款20 000元，存入银行。银行传来“收款通知”一联通知记账。假定通用数码有限责任公司分别按库存现金、银行存款收款业务编号，该笔经济业务为本期银行存款的第8笔收款业务，则收款凭证具体填制见表4-23。

表 4-23

收 款 凭 证

借方科目：银行存款　　　　20×3 年 6 月 15 日　　　　银收字第 018 号

摘要	贷方科目		记账	金额							
	总账科目	明细科目		十	万	千	百	十	元	角	分
收回中南公司前欠货款	应收账款	中南公司	√		2	0	0	0	0	0	0
附件 1 张	合计			¥	2	0	0	0	0	0	0

会计主管：××× 　记账：××× 　出纳：××× 　审核：××× 　制单：×××

（2）付款凭证的填制方法。付款凭证反映单位库存现金、银行存款的支付情况，是根据库存现金、银行存款付款业务的原始凭证填制的。因此，付款凭证左上角的“贷方科目”处应填写“库存现金”或“银行存款”；右上角填写编制收款凭证的顺序流水号，即“付字第×号”，或“现付字第×号”、“银付字第×号”；“借方科目”应填写与“库存现金”或“银行存款”对应的账户名称；其他栏目的填写与收款凭证基本相同。

【例 4-2】通用数码公司 20×3 年 6 月 18 日购买车间办公用品，发票中注明价款为 800 元，以现金支付。假定该业务为本期第 3 笔现金付款业务，则付款凭证具体填制见表 4-24。

表 4-24

付 款 凭 证

贷方科目：库存现金　　　　20×3 年 6 月 18 日　　　　现付字第 3 号

摘要	借方科目		记账	金额							
	总账科目	明细科目		十	万	千	百	十	元	角	分
购买车间办公用品	制造费用	办公费	√				8	0	0	0	0
附件 1 张	合计					¥	8	0	0	0	0

会计主管：××× 　记账：××× 　出纳：××× 　审核：××× 　制单：×××

在填制收款凭证和付款凭证时，对于涉及“库存现金”和“银行存款”的相互划转业务（如从银行提取现金、将现金存入银行的业务等），为了避免重复记账，一般只编制付款凭证，不编制收款凭证。另外，出纳人员根据收、付款凭证收、付款项后，应在收款凭证加盖“收讫”戳记，在付款凭证上加盖“付讫”戳记，避免重收或重付。

(3) 转账凭证的填制方法。转账凭证是用以记录与货币资金收款、付款无关的转账业务凭证，它是由会计人员根据审核无误的转账业务原始凭证填制的。在借、贷记账法下，将经济业务所涉及的账户名称全部填列在凭证内，将各账户名称所记应借、应贷的金额填列在“借方金额”或“贷方金额”栏内，借、贷方金额合计应该相等；凭证字号按转账业务顺序填写“转字第×号”。

【例4-3】通用数码公司在20×3年6月末结转已入库甲、乙材料的采购成本，甲材料的采购成本为4 500元，乙材料的采购成本为3 600元，原始凭证为甲、乙材料的入库单两张。假定该笔业务为第56号转账业务，转账凭证具体填制见表4-25。

表4-25

转 账 凭 证

20×3年6月30日

转字第56号

摘要	会计科目		记账	借方金额							贷方金额						
	总账科目	明细科目		万	千	百	十	元	角	分	万	千	百	十	元	角	分
结转入库甲、乙	原材料	甲材料	√		4	5	0	0	0	0							
材料采购成本		乙材料	√		3	6	0	0	0	0							
	物资采购	甲材料	√									4	5	0	0	0	0
		乙材料	√									3	6	0	0	0	0
附件2张	合计			¥	8	1	0	0	0	0	¥	8	1	0	0	0	0

会计主管：××× 记账：××× 出纳：××× 审核：××× 制单：×××

(4) 通用记账凭证的填制。通用记账凭证的填制与转账凭证相同，其填制方法也基本相同。所不同的是，通用记账凭证在编号时，经济业务不区分是否涉及库存现金、银行存款，而是将其按发生的先后顺序进行编号。如果一笔经济业务涉及两张或两张以上记账凭证时，可以采取分数编号法。

上述四种凭证均属于复式凭证，其填制方法依据不同的记账凭证种类而略有差异。

(5) 单式记账凭证填制方法。为了反映经济业务的类别，单式凭证也可以采用收、付、转三类编号法，注明“收字第×号”、“付字第×号”、“转字第×号”，而每一笔经济业务必须填制两张或两张以上单式凭证，因此在其编号上应采用分数编号。其各项目的填制与复式凭证基本相同。

2. 会计电算化条件下记账凭证的填制方法

在计算机处理经济业务的条件下，对于经济业务的分析与手工会计一致，但具体操作是有区别的。以用友软件为例，在会计软件中，单击菜单栏中的“凭证”——“凭证填制”，使系统进入“填制凭证”窗口。单击“增加”按钮，系统提供一张空白凭证，用户可以根据业务要求具体选择凭证类型进行经济业务的录

行工作。记账凭证各栏目的填列要点如下。

（1）凭证类别。系统默认“凭证类别”中设有凭证类别选项，单击“凭证”选项旁的“参照”按钮，系统就会弹出下拉菜单提供选择，双击需要的凭证类别，操作成功。或者，也可以将选择项的凭证类别删除，直接输入凭证类别。

（2）凭证编号。财务系统提供两种凭证编号方式：自动编号和手动编号。若账套参数为“系统编号”，则系统自动编号，即当前制单所在的会计期及所选凭证类别下的最后一张凭证的凭证号加1。若账套参数为“手工编号”，则凭证号为空，由用户直接输入凭证编号。

（3）制单日期。系统自动取进入账务前输入的业务日期为记账凭证填制的日期。

（4）附单据数。直接在凭证上输入附单据的数量，按“enter”键即可。

（5）摘要。摘要用以简明扼要地说明经济业务的内容，可以直接输入，也可单击“参照”按钮选择常用摘要。

（6）会计科目。在财务软件中，会计科目是与科目编码一一对应的，因此在输入会计科目时可以直接输入科目编码，记账凭证上就会显示相应的会计科目。

（7）金额。金额即输入的会计分录的借方或贷方发生额，金额不能为0，但可以是红字，红字金额以负数形式输入。

五、记账凭证的审核

记账凭证是登记账簿的依据，为了保证账簿记录的正确性，在记账以前，必须对所编制的记账凭证进行认真、严格的审核，其审核主要包括以下三个方面的内容。

（一）真实性审核

原始凭证是会计核算的原始资料和重要依据，应审核记账凭证是否附有原始凭证，原始凭证是否齐全，其内容是否合规、合法，与记账凭证的内容是否一致。

（二）正确性审核

应主要审核记账凭证的应借、应贷会计科目是否正确，账户对应关系是否明确，所使用的会计科目及其核算内容是否符合会计制度的规定，金额计算是否准确，书写是否正确。

（三）完整性审核

应主要审核审核记账凭证各项目的填写是否完整，如日期、凭证编号、摘要、会计科目、金额、附原始凭证张数及有关人员的签章等。此外，出纳人员在办理收款或付款业务后，应在凭证上加盖“收讫”或“付讫”的戳记，以避免重收或重付。

第四节　会计凭证的传递与保管

一、会计凭证的传递

会计凭证的传递，是指会计凭证从填制起到归档时止，在单位内部各有关部门和人员之间的传递程序和传递时间。为了能够利用会计凭证及时反映各项经济业务，提供会计信息，发挥会计监督的作用，必须正确、及时地进行会计凭证的传递，不得积压。因此，在进行会计凭证的传递时，应做好以下工作。

（一）确定会计凭证传递路线

根据经济业务的特点，结合本单位内部机构设置和人员分工情况以及经营管理的需要，合理确定会计凭证的传递环节与传递顺序，使各有关部门及相关人员既能按规定及时办理凭证手续，又能充分利用会计凭证资料，加强管理，避免凭证传递中不必要的环节，以达到手续完善、凭证传递迅速的目的。

（二）确定会计凭证的传递时间

根据各个环节的工作内容与工作量，合理确定凭证在各个环节的停留时间。传递时间的确定，既要保证有关部门和人员有比较充裕的时间办理凭证手续，又要避免不必要的耽误，以确保凭证及时传递。

（三）严格办理会计凭证交接手续

会计凭证在各有关部门和人员之间进行传递，就需要办理凭证交接手续。应制定严密的凭证交接制度，即凭证的签收、交接制度。这样，一方面有利于加强岗位责任制，另一方面便于保证会计凭证的安全、完整。

二、会计凭证的保管

会计凭证是重要的经济档案，必须妥善保管。会计凭证的保管，是指会计凭证经审核据以登账后的整理、装订和归档存查。会计凭证归档保管的主要方法和要求如下。

（一）会计凭证的整理归档

会计部门在记账以后，应定期对会计凭证加以归类整理，在确保记账凭证及其所附原始凭证完整无缺后，按照编号顺序定期将其装订成册（至少每月装订一次），加上封面、封底，并在封面上注明单位的名称，所属的年月和起止日期，记账凭证的种类、张数和起止号数，并由会计主管或指定装订人员签章，然后入档保管。如果某些记账凭证所附原始凭证数量过多或需要随时查阅，可另行装订或单独保管，同时在记账凭证上注明“附件另订”。

（二）会计凭证的借阅手续

会计凭证原则上不得借出，若有特殊需要必须借出，则需报经批准，但不得拆散原卷册，并应限期归还。需要查阅已入档的会计凭证时，必须办理借阅手续。其他单位因特殊需要使用原始凭证时，经本单位负责人批准后，方可查阅或复制，并必须办理登记手续。查阅或者复制会计凭证的人员，严禁在会计凭证上涂画或进行拆封和抽换。

（三）会计凭证的销毁

会计档案的保管期限，从会计年度终了后的第一天算起，会计凭证的保管期限是15年。保管期未满，任何人不得随意销毁会计凭证。按规定销毁会计凭证时必须开列清单，报经批准后，由档案部门和会计部门共同派人员监督销毁。在销毁会计凭证时，监督销毁人员应认真清点核对，销毁后在销毁清册上签名或签章，并将监销情况报告给本单位负责人。

■ 思考题

1. 什么是会计凭证？会计凭证在会计核算中有什么作用？
2. 会计凭证可分为哪几类？各有什么特点？
3. 原始凭证的基本要素有哪些？原始凭证的填制方法和要求是什么？
4. 记账凭证按反映经济内容的不同可分为哪几类？它们各有什么特点和用途？
5. 记账凭证的基本要素有哪些？不同记账凭证的填制方法和要求是什么？
6. 会计凭证的传递与保管工作的基本内容有哪些？

■ 案例讨论

20×3年5月16日，通用数码有限责任公司从外地购买一批原材料，收到发票后与实际支付款项进行核对时发现发票金额错误，经办人员在原始凭证上进行更改，并加盖了自己的印章，作为报销凭证。

试分析该公司经办人员更改原始凭证金额的做法是否符合法律规定？为什么？

第五章

会计账簿

■ 主要知识点

* 了解会计账簿的概念与种类
* 掌握会计账簿的主要内容
* 掌握不同种类的账簿的设置与登记方法
* 了解手工与财务软件在登记账簿的规则上的异同
* 掌握结账、对账与错账的更正方法

■ 关键概念

会计账簿　设置　登记　结账　对账　错账更正

■ 引言

以会计凭证为依据，设置和登记会计账簿是会计核算工作的中心环节。会计账簿是继会计凭证之后，反映经济业务的又一重要载体。本章在介绍会计账簿的意义、内容及分类的基础上，重点介绍会计账簿的设置与登记、期末的对账与结账及错账的更正方法等内容。

第一节　会计账簿的意义、内容与分类

一、会计账簿的含义

在会计核算工作中，每项经济业务发生以后，首先要取得或填制会计凭证，并加以审核确认，然后据以在有关账户中进行登记。但会计凭证对经济业务的反映是分散的，无法满足信息使用者的需要，因此有必要将会计凭证上记载的经济业务按其发生时间的先后顺序和会计科目的不同在会计账簿上加以归类、加工整理，提供系统的会计信息，所以应设置**会计账簿**。

知识拓展 5-1　　会计账簿的一些历史名称

在辛亥革命以前，账簿名称没有统一的设计和规定。各行各业的个体经营者根据各自的经营特点和愿望，创造了一些账簿名称，大都意境吉祥，别出心裁，耐人寻味。

（1）流水现金日记账。有岁序日月、像流水那样永不停息之意。

（2）万年青股东明细账。有万年长青之意。

（3）一本万利进货明细账。顾名思义，进货付出本钱，理应获利。

（4）延年益寿中药店进货明细账。

（5）五谷丰登粮食店进货明细账。

（6）银清营业收入明细账。有现银结算，当面交清，不拖不欠之意。

（7）梦笔生花营业收入明细账。李白少时，梦笔生花，后天才赡逸，名闻天下。“才”与“财”同音，原为盼望发财之意也。

（8）利市大吉门市销售明细账。利市即生意兴隆，大赚其钱。

（9）钱清银行往来明细账。

（10）勤笔免思。即备忘录，有的用本，有的用木板。孔乙己暂欠酒钱，掌柜的就“暂时记在粉板上”，这块粉板就是备忘录。

（11）上行应付款明细账。“上”字含有尊称味道。

（12）源远流长应付款明细账。有货源丰厚、往来不绝之意。

（13）万商云集应收款明细账。顾客云集，生意兴隆，很气派。

（14）利达三江应收款明细账。销路广大、大赢其利之意。

（15）谊结金兰各处联行往来明细账。金兰原指异姓结拜兄弟，这里象征联行友谊。

（16）堆金积玉利润账。

（17）净彩利润账。彩是盈利的美称。

（18）陶朱录利润分配账。相传范蠡助越王灭吴后，隐居太原经商发财，改名陶朱公，曾散千金三次。以此象征利润分配。

（19）万象回春积压商品账。期望能够周转。

（20）光前裕后年终盘点录。裕后是结转下年的吉祥字眼。

资料来源　王保民．会计账簿的一些历史名称［J］．会计之友，1984（6）：28.

会计账簿是以会计凭证为依据，序时、连续、系统、全面地记录和反映企业、机关和事业等单位经济活动过程的簿籍。这种簿籍是由若干具有专门格式、又相互联系的账页组成的。标明会计科目的账页就成为用来记录该科目所核算内容的账户。可见，账页是账户的载体，账簿则是由若干账页组成的。根据会计凭证在有关账户中进行登记，就是指会计凭证所反映的经济业务的内容登记在账簿相关的账户中，即通常所说的登记账簿，也称记账。

二、会计账簿的意义

设置和登记账簿，能够把分散的经济信息，运用科学的方法进行归类整理，为经济管理提供各种会计信息，能够充分发挥会计在经济管理中的作用。

（一）会计账簿是对凭证资料的系统总结

在会计核算中，通过会计凭证的填制和审核，可以反映和监督每项经济业务的完成情况。然而一张会计凭证只能反映一项或几项经济业务，所提供的信息是零星的、分散的、不连续的。而会计账簿以会计凭证为依据，能够分门别类地反映各项会计信息，使零星、分散的资料形成集中、系统、全面的会计核算资料，能够分类反映各项资金的增减变动及其结果情况，对凭证资料起到系统总结的作用。

（二）会计账簿是考核企业经营状况的重要依据

通过登记账簿，可以发现整个经济活动的运行情况，完整地反映企业的经营成果和财务状况，评价企业的总体经营情况。同时，可以监督和促进各企业、各单位遵纪守法、依法经营。

（三）会计账簿是会计报表资料的主要来源

企业定期编制的资产负债表、利润表、现金流量表等会计报表的各项数据均来源于账簿记录。企业在编制财务状况说明书时，对于生产经营状况、利润实现及分配情况、税金缴纳情况、各项财产物资变动情况的说明，都必须以账簿记录上的数据为依据。可见，会计报表上的指标是否真实准确，编报是否及时，与账簿记录有直接的关系。因此，企业应设置必要的账簿，切实做好记账工作，为编制会计报表提供可靠的资料。

三、会计账簿的基本内容

各种账簿所记录的经济内容不同，外表形式多种多样，但各种账簿的基本内容通常是一致的。

1. 封面

封面主要标明账簿名称，如总分类账、明细分类账、库存现金日记账等。

2. 扉页

扉页填明账簿的启用日期和截止日期、页数、册次、经管账簿人员一览表和签章、会计主管签章、账户目录等。

3. 账页

账页是账簿用来记录具体经济业务的载体，其基本内容包括以下几项。

（1）账户名称，包括一级科目、二级科目或明细科目的名称。

（2）账户的日期栏。

（3）凭证种类和号数栏。

（4）摘要栏。

（5）借、贷方金额及余额的方向、金额栏。

（6）总页次和分户页次。

四、会计账簿的分类

会计账簿的种类繁多，不同的账簿，其用途、形式、内容和登记方法都各不相同。为了更好地了解和正确使用各种账簿，有必要对账簿进行分类。

（一）按账簿的用途分类

1. 序时账簿

序时账簿也称日记账，是按照经济业务完成时间的先后顺序进行逐日逐笔登记的账簿。在古代会计中也把它称为“流水账”。日记账簿按其记录内容的不同，可分为普通日记账和特种日记账。普通日记账是用来记录全部经济业务发生情况的日记账，对于企业发生的经济业务，无论其性质如何，按其发生时间的先后顺序，编制记账凭证，根据记账凭证逐笔登记到账簿中。特种日记账是用来记录某一类经济业务发生情况的日记账，如记录现金业务及其结存情况的库存现金日记账、记录银行存款收付业务及其结存情况的银行存款账，以及专门记录转账业务的转账日记账。目前我国企业单位一般都只设置现库存金日记账和银行存款日记账，以便加强对货币资金的管理和控制，不设置转账日记账和普通日记账。

2. 分类账簿

分类账簿是对全部经济业务按总分类账和明细分类账进行分类登记的账簿。分类账簿按其提供的核算资料的详细程度不同，可分为总分类账簿和明细分类账簿两种。总分类账簿，简称总账，是根据总分类科目开设的账户，用来分类登记全部经济业务，提供总括核算资料的分类账簿。明细分类账簿，简称明细账，是根据总账科目所属的二级或明细科目设置的账户，用来分类登记某一类经济业务，提供明细核算资料的分类账簿。总账提供总括的会计信息，明细账提供详细的会计信息，两者相辅相成，互为补充。

3. 备查账

备查账也称辅助账簿，是对某些在日记账和分类账等主要账簿中未能记载的会计事项或记载不全的经济业务进行补充登记的账簿。所以，备查账簿也叫补充登记簿。它可以对某些经济业务的内容提供必要的参考资料，其设置应根据企业的实际需要，没有固定的格式。

会计人物 5-1　　中式簿记改良的倡导者——徐永祚

徐永祚（1893—1961），毕业于浙江高等学堂和上海神州大学经济科。曾任银行公会书记长、上海证券物品交易所会计科长和常务理事、上海市参议会参议员；曾担任神州大学、上海商学院、复旦大学、光华大学教授，上海物品交易所常务理事。他倡导中式簿记改良运动，在上海设立徐永祚会计师事务所，举办会计培训班，普及新式簿记知识。

徐永祚编著了《改良中式簿记》一书，颇受工商企业欢迎。他所创的收付记账法，在税算会计、商业会计领域沿用至 20 世纪 90 年代。他还创办了《会计》杂志，介绍国内外财会管理的知识和经验，开展会计学术研究和改良中式簿记的宣传，开辟了一条理论与实践互动共生的会计改良之路。

徐永祚的代表性著作包括：《改良中式簿记概况》、《英美会计师制度》、《决算表的分析》、《所得税与会计》等，对于开展中国会计审计学术研究、改良中式会计，发挥了普罗米修斯式的“播火者”的作用。

资料来源　文舟．一位会计师的民建会情结——追寻著名会计师徐永祚［EB/OL］．上海民建网［2011－05－11］，http：//gov. eastday. com/shmj2011/node632/node636/userobject1ai1738856. html.

（二）按账簿的外表形式分类

1. 订本式账簿

订本式账簿也称订本账，是把具有一定格式的账页加以编号并订成固定本册的账簿。订本账账页的数量及位置固定，不能增减账页，可以避免账页散失和被抽换，从而保证了账簿记录的安全性。一本订本账同一时间只能由一人记账，不便于会计人员分工协作记账，也不便于计算机打印记账。但总分类账、库存现金日记账和银行存款日记账必须采用订本账。

2. 活页式账簿

活页式账簿也称活页账，是把零散的账页装在账夹内，可以随时增添账页的账簿。活页账的账页并不固定地装订在一起，可以根据实际需要，随时增减账页。当账簿登记完毕之后（通常是一个会计年度结束之后），才将账页予以装订，加上封面，并给各账页连续编号。活页账事先账页不固定，便于分工记账，但可能会造成账页散失或故意抽换账页。各种明细分类账一般采用活页账形式。

3. 卡片式账簿

卡片式账簿也称卡片账，是将硬卡片作为账页存放在卡片箱内保管的账簿。它实际上是一种活页账。为了防止因经常抽取造成破坏而采用硬卡片形式，可以跨年度使用，主要用于登记财产物资明细账，如固定资产登记卡、低值易耗品登记卡等均为卡片式账薄。但卡片账容易散失、被抽换，所以启用时应分类编号、盖章，以明确责任。

（三）按账簿的账页格式分类

1. 三栏式账簿

三栏式账簿是指在其账页上设置“借方”、“贷方”“余额”三栏，只记录金额的账簿。它是使用最为广泛的账簿。它适用于登记各类总账和只需进行金额核算，不需进行数量核算的货币资产、往来业务的明细账等，如原材料总账（见表5-1）、库存现金日记账（见表5-2）、银行存款日记账、应付账款明细账（见表5-3）。

表5-1 **总分类账** 本户页数：

账户名称：原材料 单位：元

年		凭证		摘要	借方	贷方	借或贷	余额
月	日	字	号					

表5-2 **库存现金日记账** 单位：元

年		凭证		摘要	对方科目	收入	支出	结存
月	日	字	号					

表5-3 **应付账款明细账** 本户页数：

明细科目： 单位：元

年		凭证		摘要	借方	贷方	借或贷	余额
月	日	字	号					

2. 多栏式账簿

多栏式账簿是指在账页的“借方”栏和“贷方”栏按需要设置若干专栏，只记录金额的账簿。可以是一个贷方栏目多个借方栏目，也可以是一个借方栏目多个贷方栏目，还可以是多个借方栏目多个贷方栏目。集合分配账户、成本计算账户、收入账户、费用账户、财务成果账户、部分调整账户等一般采用多栏式格式，如“生产成本明细账”（见表5–4）、“营业外收入明细账”（见表5–5）、“管理费用明细账”、“应交税费——应交增值税明细账”（见表5–6）等。

表5–4 **生产成本明细账**

产品名称： 单位：元

年		凭证		摘要	借方				转出（贷方）
月	日	字	号		直接材料	直接人工	制造费用	合计	

表5–5 **营业外收入明细账** 单位：元

年		凭证		摘要	贷方							借方	余额
月	日	字	号		处置非流动资产利得	非货币性资产交换利得	债务重组利得	罚没利得	政府补助利得	…	合计		

表5–6 **应交税费——应交增值税明细账** 单位：元

年		凭证		摘要	借方				贷方					余额
月	日	字	号		合计	进项税额	已交税额	…	合计	销项税额	出口退税	进项税额转出	…	

3. 数量金额式账簿

数量金额式账簿是指在账页上设置“借方”“贷方”和“余额”三栏，既记录金额又记录数量的账簿。该账簿一般适用于登记不仅需要进行金额核算，而且需要进行数量核算的各项财产物资的明细账。如原材料、产成品等明细账（见表5-7）。

表5-7 **原材料明细账**

类别： 编号：

品名或规格： 存放地点：

储备定额： 计量单位：

年		凭证		摘要	收入			发出			结余		
月	日	字	号		数量	单价	金额	数量	单价	金额	数量	单价	金额

第二节 账簿的设置与登记

一、纸质账簿的设置与登记

（一）账簿的设置

每一个会计主体需要设置哪些账簿，应当根据经济业务的特点和管理上的需要来确定。设置账簿应符合以下要求。

1. 应当满足经营管理的需要

单位应根据经济业务的特点和经营管理的要求，科学、合理地设置账簿，使账簿既能系统、全面地反映和监督经济活动，又能满足经营管理的需要，为经济管理提供总括的核算资料和明细的核算资料。

2. 应当结构严谨、层次分明

账簿的设置要保证体系结构严谨，全面、正确地反映情况，避免重复和遗漏。账簿之间既要体现互相衔接、互相补充、互相制约的关系，也要体现统属关系，以便提供完整、系统的资料。

3. 应当力求简便实用

账簿的设置应力求简便实用、通俗易懂、使用方便，避免账簿重叠、繁琐复杂，便于会计人员登记、查找、更正错误和保管。

会计人物 5-2 **会计学家——徐政旦**

徐政旦（1922 生人），江苏无锡人。1946 年毕业于大夏大学，历任华东交通专科学校、上海社会科学院、复旦大学副教授；现任上海财经大学会计学院教授，博士研究生导师，兼任复旦大学、上海大学等多所大学的顾问（兼职）教授。学术机构的兼职有中国教育审计学会顾问、上海审计学会顾问、上海总会计师工作研究会常务副会长、上海会计学会常务理事等职务，还担任世界银行及亚洲开发银行的特约顾问。

研究领域：审计理论及成本管理理论

代表作品：主编《会计辞典》、《现代管理会计》、《成本会计学》、《内部控制论》、《会计制度设计》、《现代内部审计学》、《世界银行贷款会计》等著作。

资料来源 苍天．中国会计名人评选 潘序伦等 9 人入选［N］．中国会计报，2013-01-22.

（二）账簿的登记要求

登记账簿是指根据审核无误的原始凭证及记账凭证，按照国家统一会计制度规定的会计科目，运用复式记账法对经济业务序时地、分类地登记到账簿中去。登记账簿是会计核算工作的主要环节，它主要包括日记账的登记、分类账簿的登记、备查账簿的登记。

1. 日记账的登记

在实际工作中，单位一般都只设置库存现金日记账和银行存款日记账。为了加强货币资金的管理，库存现金、银行存款日记账必须每天由出纳人员负责逐笔登记，序时反映，会计人员再把出纳人员登记日记账的收、付款凭证汇总起来登记总分类账。

（1）库存现金日记账的登记。

库存现金日记账的登记方法为：库存现金日记账中的“年”、“月”、“日”、“凭证字号”、“摘要”和“对方科目”等栏，根据现金收款记账凭证、付款凭证逐日逐笔登记；“收入”栏根据现金收款凭证和引起现金增加的银行存款、付款凭证登记；“支出”栏根据现金付款凭证登记。每日终了，出纳人员应结出现金余额，并与库存现金进行核对，做到账实相符（见表 5-8）。每月期末，应结出当期“收入”栏和“支出”栏的发生额和期末余额，并与库存现金总账核对，做到日清月结，账实相符。

（2）银行存款日记账的登记。

银行存款日记账的登记方法为：银行存款日记账的结构在“摘要”栏“对方科目”栏之间增设“结算凭证”一栏，在表格左上方增设“存款种类”内容（见表 5-9）。

表5-8 **库存现金日记账**

20×3年		凭证字号		摘要	对方科目	收入	支出	结余
月	日	字	号					
5	1			期初余额				800
	1	现付	1	预借差旅费	其他应收款		500	300
	4	银收	1	提现备用	银行存款	600		900
	8	现付	2	购买办公用品	管理费用		400	500
5	31			本月合计		15 000	12 000	3 800

表5-9 **银行存款日记账**

存款种类：人民币存款

20×3年		凭证字号		摘要	结算凭证		对方科目	收入	支出	结余
年	日	字	号		种类	编号				
5	1			期初余额						105 000
	2	银付	1	偿还前欠货款	现金支票	0381	应付账款		45 000	60 000
	5	银收	2	收回货款	托收承付	0541	应收账款	30 000		90 000
	6	现付	3	现金存入银行			库存现金	8 000		98 000
5	31			本月合计				88 000	68 000	125 000

登记银行存款日记账时，除了“年”、“月”、“日”、“凭证号码”、“摘要”、“对方科目”栏根据记账凭证填写外，还需在“存款种类”填列“人民币存款”或“外币存款”等存款类别，每一种存款应单独设账；在“结算凭证”栏内注明原始凭证的种类和号码，如“现支××号”、“信汇××号”和“转支××号”，以满足与银行对账的要求。“收入”栏根据银行存款、收款凭证和引起银行存款增加的现金付款凭证登记；“支出”栏根据银行存款付款凭证登记。每日终了，应分别计算当日银行存款收入和支出的合计数以及账面的结余数；月末，应计算当月银行存款收入和支出的合计数以及账面的结余数，并与银行对账单进行核对。

2. 分类账簿的登记

（1）总分类账簿的登记

总分类账，是按总分类账户分类登记以提供总括核算资料的账簿。其常用的格式为三栏式，设置借方金额、贷方金额、余额三个栏目只进行金额的登记，而无数量记录（见表5-10）。总分类账的记账依据和登记方法取决于企业采用的账务处理程序（详见第七章），可以按记账凭证逐笔登记，也可以根据记账凭证汇总表和库存现金、银行存款日记账在月末汇总登记。

表 5-10 **总分类账**

账户名称：原材料 第 页

20×3 年		凭证字号		摘要	借方	贷方	借或贷	余额
年	日	字	号					
5	1			期初余额			借	80 000
	2	转	1	购入材料未付款	20 000		借	100 000
	5	转	6	生产领用		50 000	借	50 000
	8	转	9	生产领用		30 000	借	20 000
5	31			本月合计	150 000	180 000	借	50 000

（2）明细分类账的登记

明细分类账的账页格式因经济业务的特点和管理的要求不同而不同，一般采用三栏式、数量金额式、多栏式，对总分类账起着辅助补充的作用。

①三栏式明细分类账

三栏式明细账的账页格式除在左上角增设“明细科目”外，与三栏式总分类账的账页格式基本相同，即设置借方、贷方、余额三个金额栏（见表5-11）。三栏式明细分类账主要是用于只反映金额，不反映实物量的明细分类账，如应收账款、应收票据、其他应收款、应付账款、应付票据、应付职工薪酬等各种结算类账户。

表 5-11 **应付账款明细账** 本户页数：

明细科目：大华公司 单位：元

20×3 年		凭证字号		摘要	借方	贷方	借或贷	余额
月	日	字	号					
5	1			期初余额			贷	50 000
	1	转	1	购入材料未付款		20 000	贷	70 000
	2	银付	1	偿还前欠货款	45 000		贷	25 000
5	31			本月合计	150 000	200 000	贷	100 000

②多栏式明细账

多栏式明细账的登记方法为：根据有关原始凭证、记账凭证、费用分配表进行登记（见表5-12）。如生产成本明细账就可根据发料凭证汇总表、工资费用分配表和制造费用的转账记账凭证进行借方若干栏的登记，贷方则根据结转完工产品成本的转账记账凭证登记，然后结出借方的余额。

表 5-12

生产成本明细账

产品名称：甲产品

年		凭证		摘要	借方				贷方转出
月	日	字	号		直接材料	直接人工	制造费用	合计	
5	31	转	5	生产投料	60 000			60 000	
		转	12	生产工人工资及福利费		34 200		34 200	
		转	20	分配制造费用			5 000	5 000	
				结转完工产品生产成本					85 000
				本期发生额及期末余额	60 000	34 200	5 000	99 200	14 200

③数量金额式明细分类账

数量金额式明细账应根据财产物资收入、发出的原始凭证或原始凭证汇总表分别进行“收入”栏、“发出”栏的登记。例如，根据收料单登记材料明细账“收入”栏中的“数量”、“单价”及“金额”栏，而根据发料单登记“发出”栏，而后计算出“结余”栏的“数量”、“单价”及“金额”（见表 5-13）。

表 5-13

原材料明细账

类别：

编号：

品名或规格：甲材料

存放地点：

储备定额：

计量单位：

20×3 年		凭证		摘要	收入			发出			结余		
月	日	字	号		数量	单价	金额	数量	单价	金额	数量	单价	金额
5	1			期初余额							500	100	50 000
	2	转	1	购入材料	100	100	10 000				600	100	60 000
	5	转	6	生产领用				400	100	40 000	200	100	20 000
	8	转	9	生产领用				100	100	10 000	100	100	10 000
	15	…	…	…	…	…	…	…	…	…	…	…	…
5	31			本月合计	1 000	100	100 000	1 200	100	120 000	300	100	30 000

3. 备查账簿的登记

备查账簿是一种辅助账簿，可根据备查业务的内容与企业的实际需要自行设计格式，如实登记有关业务发生的时间、原因、经办人员、期限等内容。

(三) 总分类账与明细分类账的平行登记

1. 平行登记的含义

总分类账是根据总分类账户设置的账簿，能够提供总括的核算资料；明细分类账是根据总账所属明细分类账户设置的账簿，能够提供详细的核算资料。总分类账户是所属明细分类账户的统驭账户，对所属明细分类账起着控制作用，而明细分类账户则是某一总分类账户的从属账户，对其所隶属的总分类账户起着补充说明的作用。可见，总分类账户及其所属明细分类账户的核算对象是相同的，它们所提供的核算资料互相补充，只有把二者结合起来，才能既总括又详细地反映同一核算内容。因此，总分类账户和明细分类账户必须平行登记。

平行登记，是指对所发生的经济业务，都要以会计凭证为依据，一方面登记有关总分类账户，另一方面要同时登记该总分类账户所属的各有关明细分类账户的方法。总分类账与明细分类账之间只有进行平行登记，才能起到总账控制明细账、明细账补充说明总账的作用，既可以满足管理上对总括资料和详细资料的要求，又可以通过总账与明细账的核算，检验账户登记是否正确。

2. 平行登记的方法

总分类账与明细分类账进行平行登记时，要作依据相同、方向相同、期间相同、金额相等的记录，其方法如下。

(1) 依据相同。将发生的经济业务记入总分类账户及其所属明细分类账户时，所依据的会计凭证（特别是指原始凭证）相同。通常，根据审核无误的记账凭证登记总账，而明细分类账一般是根据记账凭证及其所附的原始凭证进行登记。尽管登记总分类账户及其所属明细分类账户的直接依据不一定相同，但原始依据是相同的。

(2) 方向相同。将发生的经济业务记入总分类账户及其所属的明细分类账户时，记账的借、贷方向应当一致。如果记入总分类账户的借方（或贷方），就应记入其所属的明细分类账户的借方（或贷方）。

(3) 期间相同。同期，是指同一个会计期间，而并非是必须同时。因为明细分类账一般总是根据记账凭证及所附的原始凭证在平时登记，而总分类账因会计核算组织程序不同，可能平时登记，也可能定期登记。可见，总分类账和明细分类账的登记有先有后，但必须在同一个会计期间（同一个月、同一个季度、同一年度）内全部登记入账。

(4) 金额相等。记入总分类账户的金额，应与记入其所属明细分类账户的金额合计相等。这里包含以下含义：总分类账户本期发生额等于其所属明细分类账户本期发生额合计；总分类账户期末余额等于其所属明细分类账户期末余额合计。金额相等只表明数量相等关系，而不是借方发生额相等和贷方发生额相等的关系。

下面举例说明总分类账户和明细分类账户平行登记的方法。

【例5-1】以“原材料”和“应付账款”两个账户为例，说明平行登记的方法。

20×3年5月1日，通用数码有限责任公司的“原材料”和“应付账款”总分类账户及其所属的明细分类账户的余额如下：

1. 原材料

材料名称	数量（吨）	单价（元/吨）	金额（元）
甲材料	1 000	50	50 000
乙材料	25	800	20 000
合计			70 000

2. 应付账款

供应单位名称	金额（元）
中华工厂	6 000
红星工厂	4 000
合计	10 000

20×3年5月份，公司发生的有关交易或事项及其会计处理如下（为了简化业务，购买材料过程中未考虑增值税）：

（1）5月9日，从中华工厂购入甲材料500吨，单价50元/吨，合计25 000元；从红星工厂购入乙材料100吨，单价800元/吨，合计80 000元。甲、乙材料已验收入库，货款均尚未支付。

对发生的该交易或事项，企业应编制会计分录如下。

借：原材料——甲材料　　25 000
　　　　——乙材料　　80 000
　贷：应付账款——中华工厂　　25 000
　　　　　　——红星工厂　　80 000

（2）5月12日，向中华工厂购入甲材料400吨，单价50元/吨，合计20 000元；向红星工厂购入乙材料50吨，单价800元/吨，合计40 000元，甲、乙材料已验收入库，货款均未支付。

对发生的该交易或事项，企业应编制会计分录如下。

借：原材料——甲材料　　20 000
　　　　——乙材料　　40 000
　贷：应付账款——中华工厂　　20 000
　　　　　　——红星工厂　　40 000

（3）5月20日，以银行存款偿付前欠中华工厂的货款45 000元，偿还前欠红星工厂的货款120 000元。

对发生的该交易或事项，企业应编制会计分录如下。

借：应付账款——中华工厂　　45 000
　　　　　——红星工厂　　120 000
　贷：银行存款　　165 000

（4）5 月 26 日，生产车间为生产产品从仓库领用甲材料 1 200 吨，金额为 60 000 元；领用乙材料 100 吨，金额为 80 000 元。

对发生的该交易或事项，企业应编制会计分录如下。

借：生产成本　　140 000
　贷：原材料——甲材料　　60 000
　　　　　——乙材料　　80 000

根据平行登记的要求，将上述交易或事项在“原材料”和“应付账款”总账账户及其所属的明细账户中进行登记，（见表 5-14、表 5-15、表 5-16、表 5-17、表 5-18 和表 5-19）。

表 5-14　　**原材料总分类账**

账户名称：原材料　　第　页

20×3 年		凭证	摘要	借方	贷方	借或贷	余额
月	日	号数					
5	1		期初余额			借	70 000
5	9	5	购入材料	105 000		借	175 000
5	12	8	购入材料	60 000		借	235 000
5	26	18	领用材料		140 000	借	95 000
	31		期末余额	165 000	140 000	借	95 000

表 5-15　　**应付账款总分类账**

账户名称：应付账款　　第　页

20×3 年		凭证	摘要	借方	贷方	借或贷	余额
月	日	号数					
5	1		期初余额			贷	10 000
5	9	5	购料欠款		105 000	贷	115 000
5	12	8	购料欠款		60 000	贷	175 000
5	20	12	偿还欠款	165 000		贷	100 000
	31		期末余额	165 000	165 000	贷	10 000

表 5-16

原材料明细分类账

明细账户：甲材料　　材料规格　　计量单位：吨　　金额单位：元

20×3 年		凭证	摘要	收入			发出			结存		
月	日	号数		数量	单价	金额	数量	单价	金额	数量	单价	金额
5	1		期初余额							1 000	50	50 000
5	9	5	购入材料	500	50	25 000				1 500	50	75 000
5	12	8	购入材料	400	50	20 000				1 900	50	95 000
5	26	18	生产领料				1 200	50	60 000	700	50	35 000
	31		期末余额			45 000			60 000			35 000

表 5-17

原材料明细分类账

明细账户：乙材料　　计量单位：吨　　金额单位：元

20×3 年		凭证	摘要	收入			发出			结存		
月	日	号数		数量	单价	金额	数量	单价	金额	数量	单价	金额
5	1		期初结存							25	800	20 000
5	9	5	购入材料	100	800	80 000				125	800	10 000
5	12	8	购入材料	50	800	40 000				175	800	140 000
5	26	18	生产领料				100	800	80 000	75	800	60 000
			期末余额			120 000			80 000			60 000

表 5-18

应付账款明细账

明细账户：中华工厂　　单位：元

20×3 年		凭证	摘要	借方	贷方	借或贷	余额
月	日	号数					
5	1		期初余额			贷	6 000
5	9	5	购料欠款		25 000	贷	31 000
5	12	8	购料欠款		20 000	贷	51 000
5	20	12	偿还欠款	45 000		贷	6 000
			期末余额	45 000	45 000	贷	6 000

表 5-19

应付账款明细账

明细账户：红星工厂

单位：元

20×3 年		凭证	摘要	借方	贷方	借或贷	余额
月	日	号数					
5	1		期初余额			贷	4 000
5	9	5	购料欠款		80 000	贷	84 000
5	12	8	购料欠款		40 000	贷	124 000
5	20	12	偿还欠款	120 000		贷	4 000
			本期发生额及期末余额	120 000	120 000	贷	4 000

总分类账户与其所属明细分类账户之间平行登记的结果是：总分类账户与其所属明细分类账户之间必然形成相互核对的关系，可用公式表示如下：

总分类账户期初借（或贷）方余额=所属明细分类账户期初借（或贷）方余额之和

总分类账户本期借（或贷）方发生额=所属明细分类账户本期借（或贷）方发生额之和

总分类账户期末借（或贷）方余额=所属明细分类账户期末借（或贷）方余额之和

二、电子账簿的记账与打印

（一）电子账簿的记账

在信息技术日新月异的今天，许多企业已经实现了会计电算化。会计电算化条件下的会计账簿即为电子账簿。电子账簿与手工账簿一样，都来源于记账凭证和业务数据，不同的是手工账簿来源于手工填制的凭证，而电子账簿来源于手工输入计算机中的凭证。

1. 电子账簿的设置

手工会计下，为了编制会计报表的需要，账簿不得不设置成借贷式。而在会计电算化条件下，电子账簿主要是为企业内部管理者所用，其格式完全可以根据管理者的需要设计成各种格式，不必完全拘泥于借贷式。因此，电子账簿没有统一的格式，它具有格式多样化、格式动态化、应用实时化、输出多样化的特点。根据《会计电算化工作规范》的规定，所有的账页均可按活页式打印成册。总账账页的格式有传统三栏借贷式总账和科目汇总式总账，后者可代替前者；明细账的格式可有三栏式、多栏式和数量金额式等。这样就为企业内部管理者更好地进行内部经济活动分析提供了一个更加完善的基础。

2. 电子账簿的记账

在会计电算化下，记账凭证经“出纳签字”（可选项）和“审核”（必选项）

后，即可用来登记总分类账、日记账、明细分类账、往来账和备查账等。

记账是由具有记账权限的操作员发出记账指令，系统采用向导方式，引导用户进行“记账”。具体的记账工作是计算机按照预先设计的记账程序，自动进行数据处理，无需人工操作。具体操作步骤为：在总账系统主页面上单击“记账”按钮，进入记账向导，系统列出各期间的未记账凭证范围清单、作废凭证、已审核凭证，以及记账范围等栏目。

（1）选择本次记账范围。操作员可以在“记账范围”栏直接输入本次要记账的范围，可以采用列示的方式，也可以输入数字、“—”和“，”。如在记账范围内输入“1—3”就表示所选记账范围为1至3号凭证（如图5-1所示）。若不选定记账范围，系统默认将所有审核凭证记账。然后，单击“下一步”按钮。

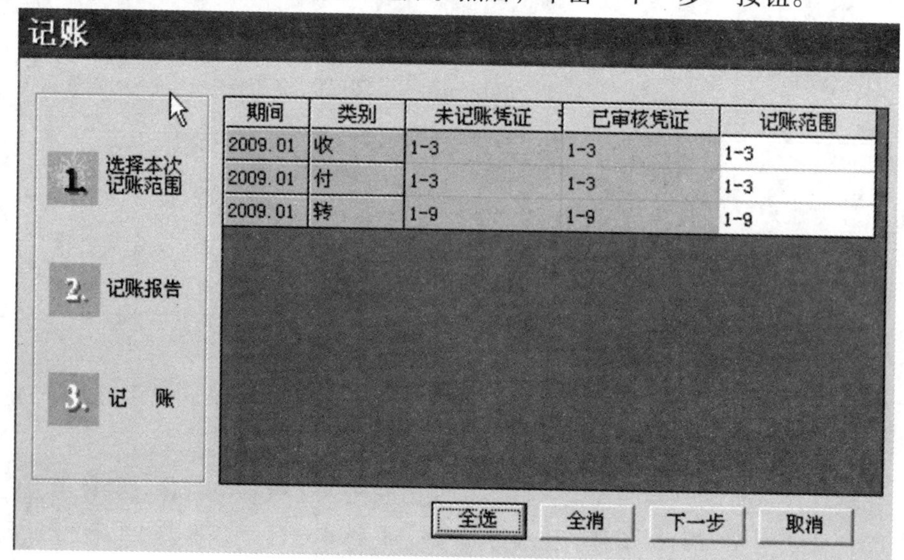

图5-1 选择记账范围

（2）凭证的合法性检查。系统首先要对凭证的合法性进行检查，若发现不合法凭证，系统将提示。不合法凭证是指系统要求凭证记账前应经过“出纳签字”（可选项）、“审核”（必选项），而系统检测到所选凭证中有未签字或未审核的凭证，将在“不能汇总记账凭证”窗口显示，操作员必须返回进行签字或审核后方能记账。若没有发现不合法凭证，系统将进行记账前的汇总，并在屏幕上显示所选凭证数、汇总的结果，供操作员核对。核对无误后，单击“下一步”按钮（如图5-2所示），进行记账。

（3）进入“记账”对话框。在“记账”对话框中，单击“记账”按钮。在第一次记账时，系统会自动进行期初余额试算平衡，弹出“期初试算平衡表”对话框，如果试算不平衡，系统将不允许记账。如果试算平衡，单击“确认”按钮。

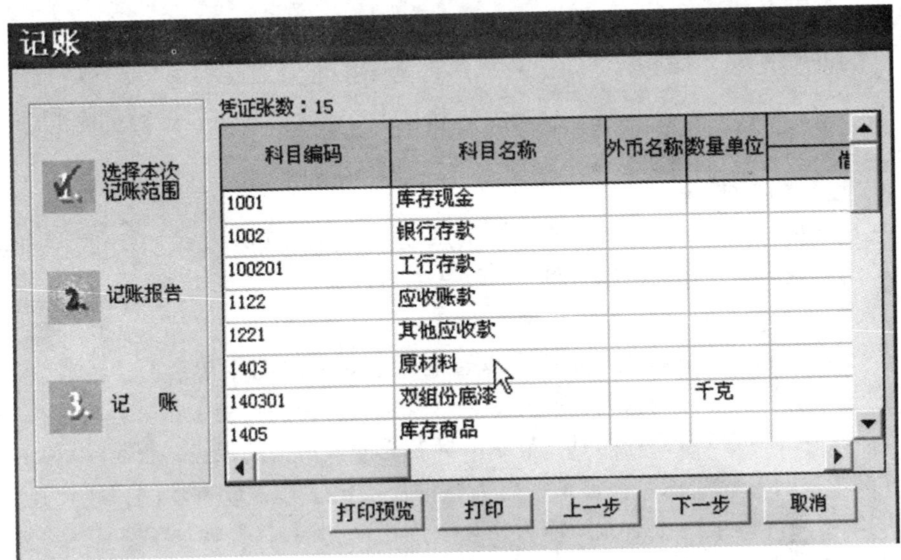

图 5-2 记账报告

（4）系统正式进入记账程序。系统将输入的凭证数据记入有关总分类账与明细分类账，包括总分类账、明细账、辅助账等。记账完成后，系统提示“记账完毕”（如图 5-3 所示）。记账凭证经过“记账”后，凭证就被输入相关账簿中，用户可以到各种账簿中查询。

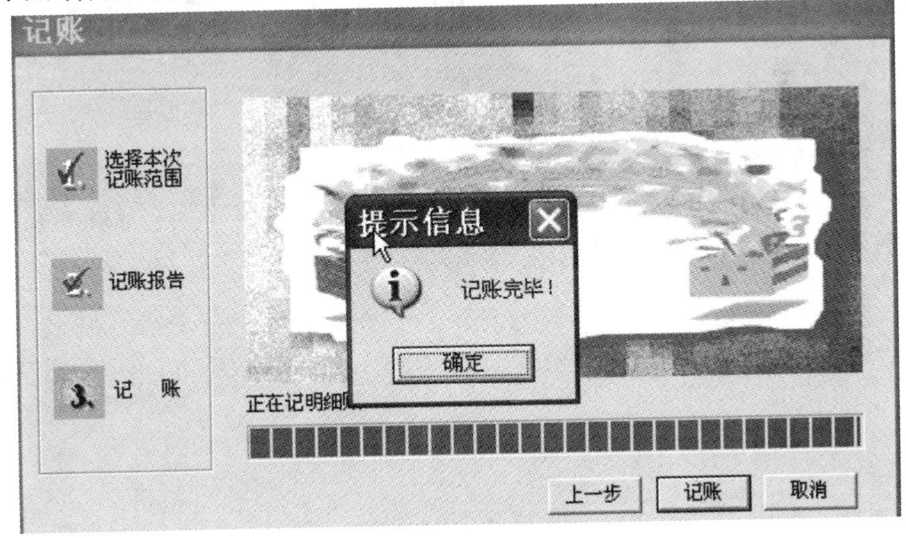

图 5-3 记账完毕报告

如果在记账过程中，出现电源中断或发现本月记账有错误等问题，需要恢复到记账前的状态，系统能够通过“反记账”功能恢复到记账前状态，恢复数据，再重新记账。

（二）电子账簿的查询与打印

电算化会计下，有了会计凭证数据库，为了能够及时掌握电子账簿的数据资料，便于用户对账簿数据进行统计、分析和打印，财务软件可以随时迅速汇总，具有强大的查询功能。

1. 电子账簿的查询

电算化会计下，电子账簿的查询包括总账查询、余额表查询、多栏账查询以及各类辅助账查询。下面以总账查询、余额表查询和多栏账查询为例，说明电子账簿的查询。

（1）总账查询。总账查询不但可以查询各总账科目的年初余额、各月发生额合计和月末余额，而且可以查询所有二至六级明细科目的年初余额、各月发生额合计和月末余额。进行总账查询时，显示的标题为所查科目的一级科目名称外加总账名称，如“应付账款总账”。通常，财务软件还提供了账证联查功能，联查总账对应的明细账时，明细账显示为“应付账款明细账”，其具体操作如下。

①进入总账查询窗口。选择系统主菜单上的“账簿”下的“总账”选项，使系统进入“总账查询条件”窗口。

②输入查询条件。A. 科目范围：输入需要查询的科目的起止范围，如果为空，系统将默认为查询所有科目。B. 科目级次：确定科目范围后，通过确定科目级次就可以查询该科目范围内的某级科目。若将级次设置为“1—1”，则表示只查一级科目；若为“1—4”，则表示查询一至四级科目（如图 5-4 所示）；若为“3—3”，则表示只查询三级科目。如果需要查询所有末级科目，则选中“末级科目”复选框即可。若要查询记账凭证的总账，选中“包含未记账凭证”复选框即可。

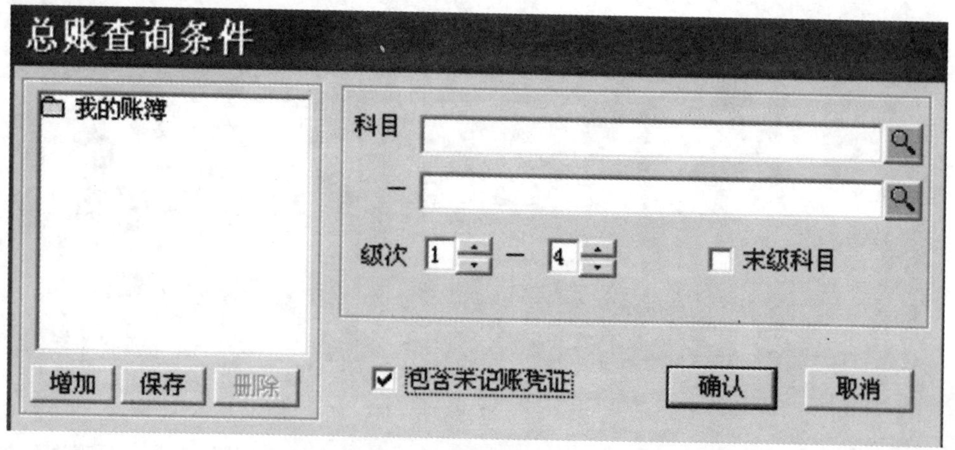

图 5-4 “总账查询条件”对话框

③查询。在“总账查询条件”对话框中，直接输入或单击“参照”按钮输入会计科目，选择起止科目范围，在“级次”中选择级次范围，单击“确认”按钮，

系统就会显示查询结果（如图 5-5 所示），可以选择“科目”下拉列表框中的选项，查询其他总账。

设置 打印 预览 输出 查询 还原 明细 帮助 退出　金额式

银行存款总账

科目 1002 银行存款

2009年 月	日	凭证号数	摘要	借方	贷方	方向	余额
			上年结转			借	125,000.00
01			本月合计	48,300.00	10,360.00	借	162,940.00
01			本年累计	48,300.00	10,360.00		

图 5-5　银行存款总账

（2）余额表查询。手工会计记账方式下，总分类账是根据总账科目分页设置的，用户不能同时浏览全部账户的相关发生额、余额。而电算化会计下，余额表可用于查询统计各级科目的本期发生额、累计发生额和余额等，因此《会计电算化工作规范》规定，可以用“总分类账户本期发生额及余额对照表”替代当期总分类账。

输入主菜单上的“账簿”下的“余额表”命令，使系统进入“发生额及余额查询条件”对话框，用户可根据需要输入查询条件，如在月份范围输入需要查询的起止月份，如果需要查询某个月的余额表，如查询 20×3 年 8 月的余额表，则月份范围应选择 20×3. 08 ~ 20×3. 08。在余额范围选项中，若输入 500 ~ 2 000，则表示查询余额大于等于 500 且小于等于 2 000 的所有科目（如图 5-6 所示）。对于科目类型的选择，为空时，系统将默认查询全部类型，也可以通过科目类型下拉列表框，选择要查询的科目类型。至于其他项目的填列，与总账查询基本相似，这里就不再赘述了。

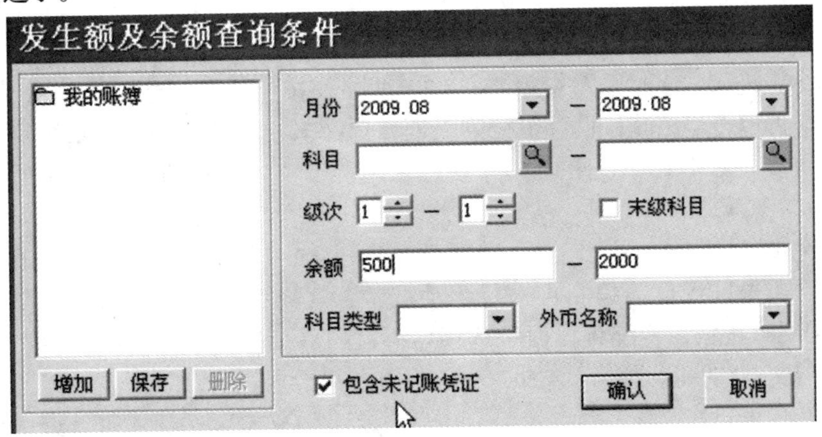

图 5-6　“发生额及余额查询条件”对话框

会计人物 5-3　　“会计学界的翘楚”——葛家澍

我国著名的经济学家和会计学家葛家澍教授（1921 年生人），1945 年毕业于厦门大学商学院会计系并留校任教，1978 年晋升为教授。

葛家澍 1956 年发表了题为“试论会计核算这门科学的对象和方法”的论文，他首次提出了会计“……反映社会主义资金再生产”的论点，他被学者们归为“资金运动学派”。此后，他将目光投向财务会计的各个领域，包括通货膨胀会计、国际会计、公认会计原则等，为我国会计界开展这些问题的研究做出了开拓性的贡献。

葛家澍教授在会计学研究与教学领域辛苦耕作了半个多世纪，除了著述等身、桃李满天下之外，还获得了多项荣誉。

●研究领域：中国会计准则的建立及会计国际化。

●基本观点：会计将从“地方语言”变成“国际语言”。

●代表作品：《市场经济下会计基本理论与方法研究》、《通货膨胀会计》、《物价变动会计》、《现代西方财务会计理论》、《会计的基本概念》、《关于会计基本理论与方法问题》等。

资料来源　刘峰．本刊特约顾问　厦门大学教授　会计学博士生导师葛家澍先生［J］．财会通讯，1991（05）．

（3）多栏账查询。多栏账是总分类账系统中一个很重要的部分，用于查询多栏明细账。操作员可以使用其设计自己企业需要的多栏明细账，按明细科目将其保存为不同的多栏账名称，在以后的查询中只需要选择多栏明细账直接查询即可，在查询多栏明细账之前，必须先定义多栏账的查询方式，其具体操作如下。

①进入“多栏账”窗口。进入总账系统后，输入“账表”、“科目账”、“多栏账”命令，进入“多栏账”窗口。单击“增加”按钮，屏幕显示“多栏账定义”对话框。再单击“核算科目”下拉列表框，选择多栏账核算科目，系统根据科目自动显示多栏账名称，也可以在“多栏账名称”文本框中直接修改（如图 5-7 所示）。

②定义多栏账分析栏目。系统有两种定义方式：自动编制栏目和手动编制栏目。通常，先进行自动编制再进行手动调整，这样有利于提高输入效率。单击“自动编制”按钮，系统将根据所选核算科目的下级科目自动编制多栏账分析栏目。若需要调整，就单击“增加栏目”按钮自行增加栏目，双击表中栏目（或按空格键）可编辑修改该栏目。定义完毕后，单击“确定”按钮，可继续增加其他多栏账（如图 5-8 所示）。

③多栏账查询。进入“多栏账”窗口后，单击“查询”按钮或双击要查询的多栏账，进入“多栏账查询”对话框，从中选择所要查询的多栏账及查询月份，

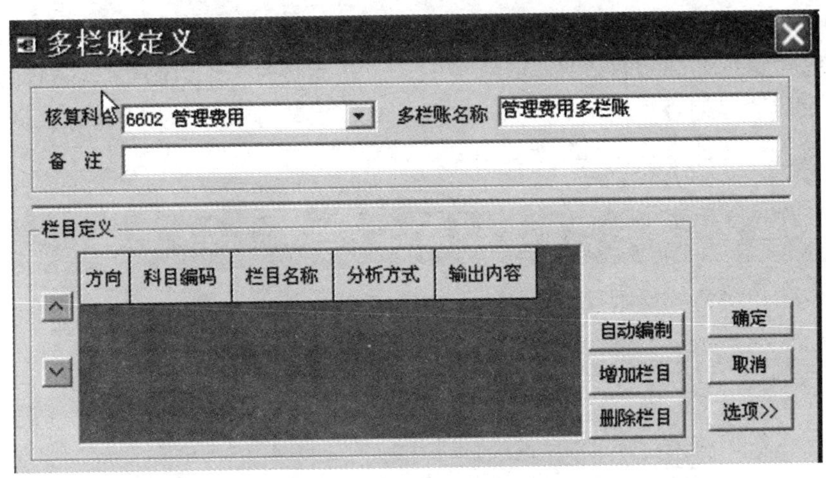

图 5-7 “多栏账定义”对话框 1

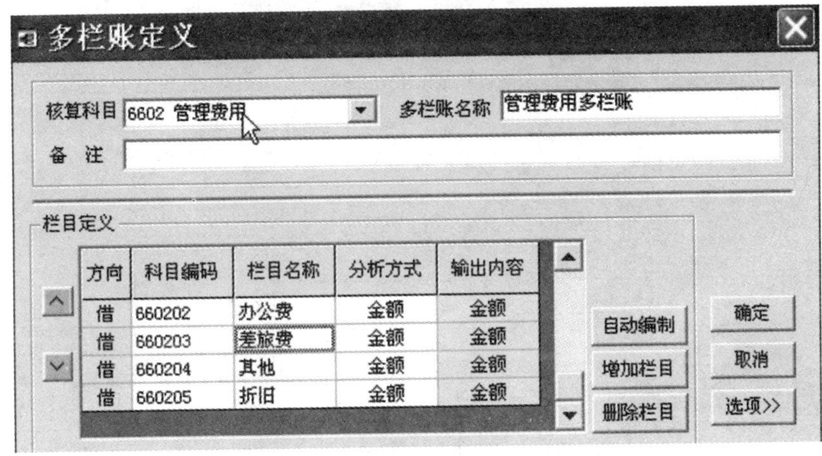

图 5-8 “多栏账定义”对话框 2

单击“确认”按钮，则会显示多栏账查询结果（如图 5-9 所示）。

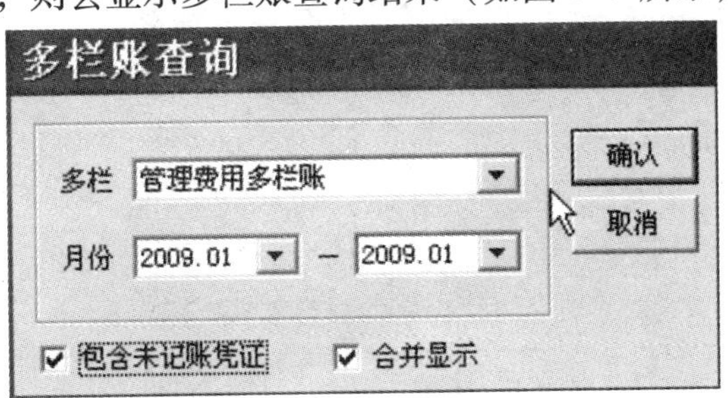

图 5-9 “多栏账查询”对话框

2. 电子账簿的打印

实行会计电算化后，发生收款或付款业务时，在输入收款凭证和付款凭证的当天，必须打印库存现金日记账、银行存款日记账，并与库存现金核对无误。而明细账和总账可根据需要按月、按季或按年打印，不满页时，可以满页后再打印。打印出的账页应连续编号，经审核无误后作为正式账页装订成册，并由记账人员、会计机构负责人和会计主管人员签名或盖章。

第三节　登记账簿的规则（手工、财务软件）

一、启用账簿的规则

为了保证账簿记录的合法性，明确记账责任，保证资料完整，启用会计账簿时，应在账簿扉页填制账簿启用登记表（格式见表5-20）。“账簿启用登记表”的内容主要包括：启用日期、账簿页数、记账人员和会计机构负责人及其签章、交接人员及其签章等。账簿启用的规则主要包括以下几方面。

表5-20　　　　**账簿启用登记表**

<table>
<tr><td>使用单位</td><td colspan="9"></td><td colspan="3">单位盖章</td></tr>
<tr><td>账簿名称</td><td colspan="9"></td><td colspan="3" rowspan="6"></td></tr>
<tr><td>账簿编号</td><td colspan="9">总　册　第　册</td></tr>
<tr><td>启用日期</td><td colspan="9">年　月　日至　年　月　日</td></tr>
<tr><td>经办人员</td><td colspan="4">主管</td><td colspan="5">记账</td></tr>
<tr><td rowspan="2"></td><td colspan="2">姓名</td><td colspan="2">盖章</td><td colspan="2">姓名</td><td colspan="3">盖章</td></tr>
<tr><td colspan="2"></td><td colspan="2"></td><td colspan="2"></td><td colspan="3"></td></tr>
<tr><td rowspan="3">交接记录</td><td colspan="3">日期</td><td colspan="3">监交</td><td colspan="3">移交</td><td colspan="3">接受</td></tr>
<tr><td>年</td><td>月</td><td>日</td><td>职务</td><td>姓名</td><td>签章</td><td>职务</td><td>姓名</td><td>签章</td><td>职务</td><td>姓名</td><td>签章</td></tr>
<tr><td></td><td></td><td></td><td></td><td></td><td></td><td></td><td></td><td></td><td></td><td></td><td></td></tr>
</table>

（1）启用时，在账簿封面上写明单位名称和账簿名称。

（2）在扉页上填制“账簿启用登记表”，逐一填写启用表中的各个项目，并在单位盖章处盖章，以明确责任。

（3）在账簿第一页设置账户目录，包括账户名称、各账户所在的页次，见表5-21。

表5-21　　　　**账户目录（科目索引）**

编号	科目	起讫页码	编号	科目	起讫页码

(4) 编制启用账簿的起止页码。启用订本式账簿，应当从第一页到最后一页顺序编制页码，不得跳页、缺号；使用活页式账簿，应当按账户顺序编号，并需定期装订成册，装订后再按实际使用的账页顺序编订页码。

(5) 记账人员或者会计机构负责人、会计主管人员调动工作时，应在办好账簿移交手续后，在账簿启用及交接表上注明交接日期、接办人员和监交人员姓名，并由交接双方人员签名或者盖章，以明确有关人员的责任。

(6) 粘贴印花税票。

二、会计账簿的登记规则

为了保证会计信息的质量，会计人员在记账时，应严格按照以下规则进行。

1. 以审核无误的记账凭证为依据

登记账簿时，要对准一级科目及明细科目，将会计凭证的日期、种类和编号、摘要、借贷金额和其他有关资料逐项记入账内，做到数字准确，摘要清楚，谨防串户、反向或看错、写错数字。账簿登记完毕，要在记账凭证的“过账”栏注明账簿页数，或注明已经登记的符号“√”，避免重记、漏记，便于查阅、核对，并且要在记账凭证上签名或盖章，以示负责。

2. 文字和数字不要写满格

登记账簿时，账簿中书写的文字和数字上面要留有适当的空格，不要写满格，摘要的文字要紧靠左边和底线书写，阿拉伯数字要在相应栏次并紧靠底线书写，数字的高度约占格宽的1/2或2/3，除“6”可以略高，“7”和“9”可以略微下延以外，其余数字不得越格，且向右倾斜45度至60度中间。这样，在发生登记错误时，能比较容易地进行更正，同时也方便查账工作。

3. 使用蓝、黑墨水笔书写

为了防止涂改，保证账簿记录的清晰、完整，便于长期保管，登记账簿时要用蓝黑墨水或者碳素墨水笔书写，不要使用圆珠笔（银行的复写账簿除外）或者铅笔。而红色墨水笔只能在下列情况下使用。

(1) 按照红字冲账的记账凭证，冲销错误记录。

(2) 不设借贷等栏的多栏式账页中，登记减少数。

(3) 在三栏式账户的余额栏前，如未印明余额的方向（借或贷），在余额栏内登记负数余额。

(4) 结账划线或根据国家统一会计制度规定用红字登记的其他记录。

4. 连续登记，不得跳行、隔页

各种账簿必须按照事先编制的页码逐行、逐页连续登记，不得隔页、跳行。若不慎出现跳行、隔页时，则应将空行、空页处用红墨水划“×”符号注销或用“此行空白”、“此页空白”字样注销，并由记账人员签名或盖章，不得任意撕毁或抽换账页。

5. 账页记满时，应转次页登记

每一账页登记完毕结转下页时，对于需要结出本页的借、贷方发生额合计数和余额的账户，应写在本页最后一行和下页第一行有关栏内，并在“摘要”栏内分别注明“过次页”和“承前页”字样，而对于不需加计发生额的账户，可只把每页末的余额转入次页第一行“余额”栏内，并在“摘要”栏内注明“承前页”即可。具体办法如下。

（1）对于需要结计本月发生额的账户，结计“过次页”的本页合计数应为本月初至本页末止的发生额合计数。这样，可以根据“过次页”的合计数，随时了解本月初至登记本页末止的本月累计发生额，也便于月末结账时，加计“本月合计”数。

（2）对于需要结计全年累计数的账户，结计“过次页”的本页合计数应为自年初至登记本页末止这一时期的累计数。这样，可以根据“过次页”的合计数，随时了解本年初至登记本页末止的本年累计发生额，也便于年终结账时，加计“本年累计”数。

（3）对既不需要结计当月发生额也不需要结计全年累计发生额的账户，可以将每页末余额直接结转到次页，但为了验证月末余额的计算是否正确，可以用铅笔结出每页的发生额，这个合计数不占正式空格，写在底线下边。

6. 定期结出账户余额

凡需要结出余额的账户，结出余额后，应当在“借或贷”栏内写明“借”或者“贷”字样，并在“余额”栏内填明数额。没有余额的账户，应当在“借或贷”栏内写“平”字，并在“余额”栏内用“0”表示。库存现金日记账和银行存款日记账则必须逐日结出余额。

7. 账簿记录错误，按规定的方法更正

账簿记录发生错误时，不准涂改、挖补、刮擦或用褪色药水更改字迹，不得重新抄写，必须按规定的方法更正。

三、电子账簿的登记规则

1. 电子账簿的形成

在会计电算化条件下，根据原始凭证编制的记账凭证一次输入计算机后，就形成了一个会计凭证数据库，账簿的形成就是按用户的要求把凭证进行汇总。而且，财务软件为用户提供了多种查询条件，如日期、凭证号、科目代码、单位名称、借方金额、贷方金额、收入数量等，查询方法有：确定查询、自由查询、组合查询和模糊查询等多种，根据不同的查询条件就可以形成不同的电子账簿。因此，只要有会计凭证数据库，账簿就可以随时生成。从会计凭证到电子账簿的形成，整个过程全部由计算机完成，实现了会计数据处理的一体化。

2. 电子账簿的登记规则

《会计法》规定，使用计算机进行会计核算时，其会计账簿的登记、更正，应当符合国家统一的会计制度的规定。这就是使用计算机登记会计账簿所应遵守的基本规则。按照财政部发布的《会计核算软件基本功能规范》的规定，使用计算机进行会计账簿登记的，应当遵守以下规则：

（1）在计算机中，应当根据审核通过的机内记账凭证、计算机自动生成的记账凭证或者记账凭证汇总表登记总分类账。

（2）根据审核通过的机内记账凭证和相应机内原始凭证登记明细分类账；总分类账和明细分类账可以同时登记或者分别登记，可以在同一个功能模块中登记或者在不同功能模块中登记；会计核算的软件可以提供机内会计凭证审核通过后直接登账或成批登账的功能；机内总分类账和明细分类账登记时，应当计算出各会计科目的发生额和余额。

（3）总账和明细账必须定期打印。发生收款和付款业务的，在输入收款凭证和付款凭证的当天必须打印出库存现金日记账和银行存款日记账，并与库存现金核对无误。

（4）用计算机打印的会计账簿必须连续编号，经审核无误后装订成册，并由记账人员和会计机构负责人（会计主管人员）签名、盖章。

第四节 结账、对账和错账的更正

一、结账

（一）结账的含义

结账就是把一定时期内所发生的经济业务，在全部登记入账的基础上，结算出每个账户的本期发生额和期末余额，并将期末余额结转入下期或下年新账（期末余额结转到下期即为下期期初余额）。通过结账，可以定期了解企业的财务状况和经营成果，对不同会计期间的数据资料进行比较分析，以便发现问题，采取措施及时纠正。通过结账，有利于及时编制会计报表，为会计信息使用者的决策提供依据。但是，企业必须在会计期末进行结账，不能为了赶制会计报表而提前结账，更不能先编制会计报表后结账。在手工会计条件下与会计电算化条件下，结账工作也有所不同。

（二）手工会计条件下的结账

1. 结账前的准备工作

为保证结账工作的顺利进行，结账前必须做好相应的准备工作。具体包括下面几个方面。

（1）检查凭证和账簿的正确性。检查本期内日常发生的经济业务是否已全部登记入账，不能有错误的记账分录，若发现漏账、错账，应及时补记、更正。凭证

和账簿的正确性是保证结账正确无误的关键。

（2）进行有关账项调整。对于收入、费用类账户，应当按照权责发生制的要求进行有关账项调整，以确定本期的收入和费用。在经济业务都已经登记入账的基础上，将各种收入、成本和费用类账户的余额进行结转，编制各种结转分录，结转到“本年利润”账户，再编制利润分配的分录，以确定本期的经营成果。

（3）计算发生额和余额。计算出资产、负债和所有者权益类账户的本期发生额和余额，并结转下期。

2. 结账的方法

结账可以分为月结、季结和年结三种。结账时，应当根据不同的账户记录，采用不同的结账方法。

（1）月结。就是在账簿中进行月终结算。月结是在计算出账户“本月发生额”和“月末余额”后，记在账簿最后一笔经济业务记录的下一行，并在“摘要”栏内注明“×月份月结”字样，并在月结上、下行线上各画一条红线，表示账簿记录已经结束。对于本期没有金额变化的账户，不进行月结。而对于不需要按月结计本期发生额的账户，如各项应收款明细账和各项财产物资明细账等，每次记账以后，都要随时结出余额，每月最后一笔余额即为月末余额。

（2）季结。就是在账簿中进行季末结算。季结是在计算出本季度三个月发生额合计数和季末余额，记在最后一个月的月结数的下一行内，在“摘要”栏内注明“×季度季结”字样，并在“×季度季结”下行线上画一条红线。

（3）年结。就是在账簿中进行年末结算。年结是将本年四个季度的发生额合计数汇总，记入第四季度季结数的下一行内，在“摘要”栏内注明“年结”字样，并在数字下行线上画双红线，表示本年度账簿记录已经结束。

年度结账后，各账户的年末余额，应转入下年度的新账簿。将有余额的账户的余额直接记入新账余额栏内，不需要编制记账凭证，也不需要将余额再记入本年账户的借方或贷方，使本年有余额的账户的余额变为0。

（三）会计电算化条件下的结账

在电算化会计下，结账是一种成批数据处理，主要是对当月日常处理设置限制（当月已经结账，不能再输入新的凭证）和对下月账簿的初始化，是由计算机自动完成的。

1. 结账前的准备工作

结账前，要检查本月记账凭证制是否已全部记账，以及其他结账条件是否具备，如果不具备结账条件，则不能进行结账；如果具备结账条件，则可以执行“结账”命令。

2. 结账过程

在总账系统中选择“期末”—“结账”命令，系统自动提供结账向导，操作员可依据结账向导完成操作。

（1）选择结账期间。系统在相应的对话框中，列示本年度的所有会计期间，并用“√”表示已结账，单击要结账的月份。

（2）核对账簿。系统要求结账前进行账簿核对的操作。单击“对账”按钮，系统自动对账。如果没有错误，单击“下一步”按钮。

（3）月度工作报告。系统显示月度工作报告，内容包括本月账面试算平衡结果、账账核对的结果、本月凭证工作量、其他子系统的结账状态等。如果有错误，系统对话框显示“××年×月工作未通过工作检查，不可以结账”等信息；如果没有错误，单击“下一步”按钮。

（4）完成结账。单击“结账”按钮，系统自动进行结账工作。

二、对账

（一）对账的含义

对账就是核对账目。一般是在会计期间（月份、季度、年度）终了时，以各种账簿的记录进行核对，做到账证、账账、账实、账表相符，以保证账簿记录数字真实可靠，是会计核算的一项重要内容。在会计核算中，由于种种原因，有时难免出现各种差错和账实不符的情况，为了保证各种账簿记录的完整和正确，如实反映企业的财务状况和经营活动，就需要对各种账簿记录进行核对，并且，手工会计条件下与会计电算化条件下的对账工作也有所不同。

（二）手工会计条件下的对账

在手工会计条件下，账簿记录的正确与真实可靠不仅取决于账簿本身，还涉及相应的凭证是否真实可靠，以及账簿记录与实际情况是否相符等问题。因此，手工会计条件下的对账包括账证核对、账账核对、账实核对和账表核对。

1. 账证核对

账证核对是根据各种账簿记录与记账凭证及其所附的原始凭证进行核对。核对会计账簿记录与原始凭证、记账凭证的时间、凭证字号、内容、金额是否一致，记账方向是否相符。若发现差错，应重新对账簿记录和会计凭证进行复核，直到查出错误的原因为止，以保证账证相符。这种核对工作是在日常编制凭证和记账过程中进行的。

2. 账账核对

账账核对是指各种账簿之间有关数字的核对，主要包括以下内容。

（1）总分类账户之间的核对。可以通过总分类账户本期发生额及余额试算平衡表来检查，如果试算平衡，则说明记账一般没有错误；如果借、贷双方金额不平衡，则说明记账有差错，要做进一步检查。

（2）总分类账户与明细分类账户之间的核对。通过编制明细分类账户本期发生额或余额合计数，直接与其所属的总分类账户的相应数字进行核对，如果不符，就需要进一步查找差错及原因。

（3）日记账与总分类账户之间的核对。日记账的期末余额应与相应总分类账户的期末余额核对相符。

（4）财产物资的明细分类账户与保管账之间的核对。将财产物资明细分类账户的余额直接与保管使用部门的相应明细账进行核对。

3. 账实核对

账实核对就是将账面数字与实际的物资、款项进行核对。财产物资的实有数一般要通过财产清查取得。账实核对主要包括以下几项。

（1）库存现金日记账账面余额与库存现金相互核对。

（2）银行存款日记账账面余额应定期与银行送来的对账单进行核对。

（3）各种材料物资明细账账面余额与材料物资实在数额相互核对。

（4）各种应收、应付等往来款项应定期或不定期与相关的债务、债权单位进行核对。

4. 账表核对

账表核对就是将企业的上一年度、上一年月度、上一年季度报表中的数字与相应账簿中的有关数字进行核对，以保证账表相符。

（三）会计电算化条件下的对账

在会计电算化条件下，记账是由计算机系统自动完成的，只要记账凭证输入正确，则账簿中的数据应当是正确和平衡的。但考虑到计算机操作时无法避免存在非法操作、计算机病毒等问题，会造成某些数据被破坏，从而引起账账不符。为了保证账簿记录正确，一般都要求在每月月末结账前进行对账，具体操作方法为：在总账系统窗口中，单击菜单“期末”—“对账”命令，系统进入“对账”窗口中。在此窗口中，将光标定位在要进行对账的月份（如“2009.02”），单击“选择”按钮或双击“是否对账”，再单击“对账”按钮，系统开始自动对账，并在“对账结果”栏内显示“正确”，否则，显示“错误”，单击“错误”按钮可查看原因。

通常在对账前，应先进行试算平衡校验。单击“试算”按钮，系统自动进行选定月份的试算，并自动弹出提示试算是否平衡的对话框。试算平衡后，单击“对账”按钮，系统开始自动对账。

三、错账的更正

账簿登记要求正确、及时、完整，便于为会计信息使用者的决策服务。因此，会计人员必须认真、细致地做好记账工作。但是，在记账过程中，也可能是由于主观或客观因素出现账簿记录错误，这就需要通过正确的方法进行更正，即进行**错账更正**。

（一）错账的类型

1. 凭证错误引起的错账

记账凭证是登记账簿的直接依据，如果凭证错误，那么账簿也会出现错误。记账凭证错误可能是凭证中使用的会计科目错误或所记金额错误，也可能是在汇总记账凭证时由于漏计、重复计或错计而出现的错误。

2. 记账的错误

这种错误是记账凭证没有错误，但在记账过程中由于疏忽发生重记、错记或漏记的情况。通常记账的错误有三种情况：一是借、贷方向记反，即将应记入贷方的误记入借方，或者相反；二是数字记大或记小，记账时把数字多记一个 0 或少记一个 0，导致记账错误；三是数字颠倒，即把相邻两位数字写颠倒了。

（二）错账的查找方法

如果掌握了一定的错账查找方法，就能迅速查明错账原因，提高查账效率。错账的查找方法主要有个别查找法和全面查找法两种。

1. 个别查找法

个别查找法是指针对错账的数字来进行检查的方法。这种方法适用于借贷方向记反、数字记大记小和数字颠倒等错误的查找。个别查找法又可以分为差数法、尾数法、倍数法和除 9 法。

（1）差数法。这是指按照错账的差数查找错账的方法。例如，在记账过程中只登记了一方，漏记了另一方，导致试算平衡中借方合计数与贷方合计数不等。如在试算平衡表中借方金额合计数为 15 800 元，而贷方金额合计数为 14 800 元，差额为 1 000 元，可利用“1 000”去检查记账过程中是否有借方重记 1 000 元或贷方漏记 1 000 元的情况。

（2）尾数法。对于发生角、分的差错可以只查找小数部分，以提高查账的效率。

（3）倍数法。也称除 2 法，是指以差数除以 2 查找错账的方法。这种方法适用于查找因数字记反方向发生的错误记录。例如，一笔经济业务应记入某账户借方 800 元，记账时误记入贷方，结果使贷方合计数比借方合计数多了 1 600 元，其差额正好是记错方向的数字的 2 倍，以 1 600 除以 2 得 800，利用 800 这个差额去检查记账时有无将 800 元的借方金额误记入贷方的情况。

（4）除 9 法。这是指先算出借方与贷方的差额，再除以 9 来查找错账的方法。这种方法适用于数字错位和数字颠倒的情况。

数字错位主要是将数字写小或写大，如将 1 000 写成 100 或写成 10 000。对于将数字写小的，查找的方法为：以差数除以 9 后得出的商数即为写错的数字，商乘以 10 倍即为正确的数，上例中差数为 900 除以 9，商 100 即为错数，扩大 10 倍后即为正确的数字 1 000。对于将数字写大的，查找的方法为：以差数除以 9 后得出的商数为正确的数字，商乘以 10 倍以后所得到的数为错误的数字。上例差数为 9 000除以 9 后，所得的商 1 000 为正确的数字，1 000 乘 10 为错误数字。

数字颠倒是指两位以上的数字中有两个位数上的数因前后顺序颠倒造成的记账错误。如将 32 写成 23，将 45 写成 54 等。其差数最小为 1，最大为 8。查找的方法：将差数除以9，得出的商数连续加11，直到找出颠倒的数字为止。例如，34与43的差数为9，除9得1，连加11为12，23，34，45，56，67，78，89，如有34数字的业务，就有可能是颠倒的数字。

2. 全面查找法

全面查找法是指以一定时期的账目进行全面核对的检查方法。这种查错方法工作量大，通常在检查前应检查错账的范围。全面查找法又可以分为顺查法和逆查法。顺查法是指按照记账的顺序，从头到尾依次检查原始凭证、记账凭证、总账、明细账以及会计科目余额表等。逆查法是指按照与记账顺序的反向，从账簿余额的计算开始一步一步地向前查找，直到查出错误为止。

（三）错账的更正方法

在记账过程中，如果账簿记录发生错误，不得任意用刮擦、挖补、涂改或用褪色药水等方法去更正字迹，必须根据错误的具体情况，采用正确的方法予以更正。更正错账的方法一般有以下几种。

1. 划线更正法

在结账之前，如果发现账簿记录有错误，而记账凭证无错误，即登账时文字或数字出现错误，应采用划线更正法更正。具体做法是：先将错误数字全部画一条红线予以注销，但不得只画线更正其中个别数字；对已划销的数字，应当保持原有字迹仍可辨认，以备查核。然后，将正确的数字用蓝字写在错误记录的上方，并由记账员在更正处盖章，以明确责任。

2. 红字更正法

红字更正法，又称红字冲销法，一般用于记账凭证错误，并已据以登账从而造成账簿记录错误的更正。红字更正法适用于下列两种情况。

（1）记账以后，发现记账凭证中存在记账符号、会计科目或金额的错误，可采用红字更正法更正。更正时应用红字填写一份与原用科目、记账方向和金额相同的记账凭证，并登记入账。然后，再用蓝字填制一张正确的记账凭证，重新登记入账。

【例5-2】通用数码有限责任公司购进材料20 000元，通过现金支票支付。编制记账凭证时误编制会计分录，并已登记入账。

借：原材料　　20 000

　贷：库存现金　　20 000

发现错账时，先按照原分录用红字填制一张记账凭证：

借：原材料　　[20 000]

　贷：库存现金　　[20 000]

同时，用蓝字填制一张正确的记账凭证：

借：原材料　　20 000

　贷：银行存款　　20 000

（2）记账后，发现记账凭证中所记金额大于应记金额，可采用红字更正法，将多记的金额（即正确数与错误数之间的差数）用红字填写一张记账凭证，用以冲销多记金额，并登记入账。

【例 5-3】通用数码公司第一生产车间生产产品领用某种原材料 50 000 元。编制分录如下，并已登记入账。

借：生产成本　　500 000

　贷：原材料　　500 000

发现记账错误后，应将多记的金额用红字冲销，编制如下会计分录。

借：生产成本　　450 000

　贷：原材料　　450 000

3. 补充登记法

记账后，如果发现记账凭证上会计科目没有错误，但所填金额小于应填金额，可采用补充登记法更正，即再填一张补充少记金额的记账凭证，并登记入账。

【例 5-4】通用数码公司购买办公用品一批，费用合计 20 000 元，以银行存款支付。原编制的会计分录如下。

借：管理费用　　2 000

　贷：银行存款　　2 000

当发现上述错误时，应当按少记的金额再编制一张记账凭证如下。

借：管理费用　　18 000

　贷：银行存款　　18 000

由上可见，错账应根据不同情况采用不同的方法予以更正。

在会计电算化条件下，财务软件中有严格的逻辑校验功能，不会允许借贷不平的数据进入系统，因此，没有特定的错账更正方法。但由于电子账簿隐含在计算机中，因此，不能采用划线更正法更正错账，发生错账后只能采用编制更正凭证的方法更正错账。

■ 思考题

1. 什么叫会计账簿？在会计核算中有什么意义？
2. 会计账簿按用途的不同可以分为哪些类别？各有什么特点与用途？
3. 会计账簿按账页格式的不同可以分为哪些类别？各有什么特点与用途？
4. 会计账簿按外表形式的不同可以分为哪些类别？各有什么特点与用途？
5. 总分类账户与明细分类账户平行登记的要点是什么？
6. 登记账簿有哪些规则？
7. 错账更正的方法有哪些？如何选择运用这些方法？

■ 案例讨论

刘燕在服装公司实习了一个星期，通过实务操作，她对课堂上学到的专业知识有了更深的体会，深感受益匪浅。这天，公司的开户银行寄来了8月份的银行存款对账单。刘燕自告奋勇，要求财务部经理将清查银行存款的工作交给她。得到经理的同意后，刘燕立即从出纳处拿来银行存款日记账，认真地开始逐笔核对银行存款日记账和银行对账单。

刘燕看到：当天的银行存款日记账余额是32 000元，而银行对账单则显示公司当天余额48 000元。通过检查，刘燕发现了以下情况：

1. 8月9日，公司的银行存款日记账记录了一笔支付前欠购买布料的贷款，金额65 000元，以银行汇票结算，而银行对账单上的数字是56 000元，查阅原始凭证，发现确系56 000元。

2. 8月28日，银行对账单上记录有银行代公司支付本月电费3 000元，公司尚未收到委托收款结算凭证的付款通知。

3. 8月29日，公司签发转账支票一张，预付布料款，面值10 000元，但未见银行对账单中记录该项业务。

4. 8月29日，银行对账单上有一笔公司委托银行托收的货款50 000元，但公司尚未收到托收承付结算凭证的收款通知。

5. 8月30日，公司银行存款日记账记录公司向洋都百货销售一批秋装，收到一张转账支票，面值50 000元，但银行对账单中没有登记。

刘燕认为，根据清查结果，公司有一笔错账必须更正，然后再编制银行存款余额调节表调整未达账项。于是，刘燕进行了以下处理：

1. 更正错账

采用红字更正法，冲销8月9日多记的购买布料款9 000元。

借：应付账款　　9 000

　贷：银行存款　　9 000

从而计算得到公司的银行存款日记账余额为41 000元。

2. 编制银行存款余额调节表

银行存款余额调节表

20×3年8月31日

项目	金额	项目	余额
银行存款日记账余额	41 000	银行对账单余额	48 000
加：银行已收，企业未收 减：银行已付，企业未付	50 000 3 000	加：企业已收，银行未收 减：企业已付，银行未付	50 000 10 000
调节后企业银行存款的余额	88 000	调节后银行对账单的余额	88 000

3. 当即根据上述未达账项，将银行已经入账、公司的银行存款日记账尚未登记的业务补充编制记账凭证并记录到银行存款日记账中。

问题：

(1) 企业编制银行存款余额调节表的目的是什么？编制银行存款余额调节表的方法有几种？银行存款余额调节表上调节后的余额有什么含义？

(2) 刘燕所做的处理是否完全正确？为什么？

第六章

财产清查

■ 主要知识点

* 了解财产清查的意义和作用
* 了解财产清查的原因
* 掌握财产清查的方法
* 熟练掌握财产清查结果的账务处理

■ 关键概念

财产清查　未达账项　全面清查　定期清查　不定期清查

■ 引言

会计通过填制记账凭证、登记账簿等核算方法，形成初步的会计资料。会计账簿上登记的企业财产物资的数据资料是不是正确？账簿上登记的数据资料与企业实际的财产物资数会不会存在差异？这就需要相关人员定期或不定期地进行核对，即进行财产清查工作。本章将从财产清查的意义和种类、财产清查的方法以及财产清查结果的会计处理三大部分对财产清查做详细讲述。

第一节　财产清查的意义和种类

一、财产清查的意义

财产清查是指通过对实物、库存现金的实地盘点和对银行存款、债权债务的核对，查明各项财产物资、货币资金、债权债务的实存数和账面结存数是否相符的一种会计核算的专门方法。

在企业的会计工作中，会计人员要通过会计凭证的填制和审核，及时地在账簿中进行连续登记。这一过程能够保证账簿记录的正确性，也能真实反映企业各项财产物资的实有数，各项财产的账实也应该是一致的。但是，在实际工作中，由于种种原因，各项财产物资的实际结存数与账面结存数有时会产生一些差异，造成这种差异的原因是多方面的，归纳起来一般有以下几种情况。

（1）财产物资在收发过程中，由于计量、检验不准确而造成品种、数量或质量上的差异。

（2）财产物资在运输、保管过程中，数量上发生的自然增减变化。

（3）由于管理不善或管理人员失职，造成财产损失、变质、短缺或现金、债权债务的短缺等。

（4）在财产增减变动中，由于手续不齐或计算、登记上发生错误。

（5）因贪污盗窃、营私舞弊造成的损失。

（6）由于自然灾害造成的非常损失。

（7）结算过程中，由于未达账项引起的账账、账实不符等。

上述种种原因都会影响账实的一致性。因此，为了查明这些人为的或自然的差异原因，运用财产清查的手段，对各种财产物资进行定期或不定期的核对和盘点，对于加强企业管理、充分发挥会计的监督作用都具有十分重要的意义。

1. 保护财产物资的安全和完整

通过财产清查，可以查明企业单位财产、商品、物资是否完整，有无因管理不善，造成缺损、霉变现象，以便采取有效措施，改进和健全各种责任制，切实保证财产物资的安全和完整。

2. 保证账实相符，使会计核算资料真实和可靠

通过财产清查，可以查明各项财产物资的实际结存数，确定账面结存数和实际结存数之间的差异，查明原因和责任，以便消除差异，揭示各项财产物资的溢缺情况，改进工作，及时地调整账面结存数，保证账实相符，账簿记录真实、可靠。

3. 挖掘财产潜力，提高使用效率，加速资金周转

通过财产清查，可以及时查明各种财产物资的库存情况和利用情况。若发现企业有闲置不用的财产物资应及时加以处理，以充分发挥它们的效能；如发现企业有呆滞积压的财产物资，也应及时加以处理，并分析原因，采取措施，改善经营管理。这样，可以使财产物资得到充分合理的利用，加速资金周转，提高企业的经济效益。

4. 保证财经纪律和结算纪律的执行，提高企业的管理水平

通过对财产、物资、货币资金及债权债务的清查，可以查明单位有关业务人员是否遵守财经纪律和结算纪律，有无贪污盗窃、非法挪用公款的情况；查明各单位资金使用是否合理，是否符合党和国家的方针政策和法规，从而使工作人员更加自觉地遵纪守法，自觉维护和遵守财经纪律。

二、财产清查的种类

1. 按照清查的对象和范围，分为全面清查与局部清查

全面清查是指对企业所有的财产和物资进行全面盘点与核对。其清查对象主

要包括：原材料、在产品、自制半成品、库存商品、现金、短期存（借）款、有价证券及外币、在途物资、委托加工物资、往来款项、固定资产等。全面清查包括的范围广、内容多、工作量大。一般来说，在以下几种情况下，需要进行全面清查。

（1）在年终决算之前，为确保年度会计报表的真实可靠，组织一次全面清查。

（2）企业破产、撤销、合并、联营、改变隶属关系或实行股份制改造时，为了明确经济责任和确定资产、负债的实际数，要进行一次全面清查。

（3）开展资产评估、清产核资时。

（4）单位主要负责人调离时。

局部清查也称为重点清查，是指根据需要只对财产物资中某些重点部分进行的盘点与核对。如流动资金中变化较频繁的原材料、库存商品等，除年度全面清查外，还应根据需要随时轮流盘点或重点抽查。各种贵重物资要每月至少清查一次，库存现金要天天核对，银行存（借）款要按银行对账单逐笔核对。

局部清查一般范围较小、内容较少、时间较短。一般来说，确定局部清查时间的原则如下：

（1）对于流动性较大或易于损耗短缺的财产物资，除年终进行全面清查外，每月、每季还要进行轮流盘点或重点抽查。

（2）对各种贵重物资，每月至少盘点一次。

（3）对于库存现金，出纳员应每日自行盘点实存数与日记账结存额是否相符。

（4）对于银行存款，每月应同银行核对一次。

（5）对于各种债权债务，一般每年至少要核对一到两次。

（6）当实物保管人员因调动工作需要移交时，或财产物资遭受意外损失时，也要及时对有关财产物资或存货进行局部清查和盘点。

2. 按照清查的时间，分为定期清查和不定期清查

定期清查是指按照预先规定的时间，对财产物资、货币资金和债权债务结算款项等进行的清查。这种清查的目的在于保证会计资料的真实准确，其清查对象和范围，根据实际需要决定，可以是全面清查，也可以是局部清查。通常是在年末，季末或月末时进行。一般情况下，年终决算前进行全面清查，季末和月末进行局部清查。

不定期清查是指事先不规定清查时间，而是根据经营管理的实际需要，临时安排对某些财产物资、货币资金和债权债务款项所进行的清查。它属于临时性的清查，其范围是根据需要而决定的。

一般不定期清查在以下几种情况常见：

（1）财产物资和库存现金保管人员办理移交时，要对其所保管财产物资或库存现金进行清查，以便分清保管人员的经济责任。

（2）财产物资和现金发生非常灾害或意外损失时，要对与受损失的财产物资

进行清查，以查明遭受损失的情况。

(3) 上级主管部门、财税机关、审计部门对本单位进行会计检查时，应根据检查的要求和范围进行检查。

(4) 企业破产、撤销、合并、联营、改变隶属关系或实行股份制改造时，为了明确经济责任和确定资产、负债的实际数，要对财产物资进行清查。

定期清查和不定期清查的范围应视具体情况而定，两者都可以是全面清查或局部清查。

第二节 财产清查的方法

一、财产清查的准备工作

1. 组织准备

(1) 财产清查前，要做好组织工作，成立由总会计师、单位主要负责人牵头的，由财会、业务、仓储等有关部门人员参与的财产清查领导小组，具体负责财产清查事宜。

(2) 组织相关人员学习有关财产清查方面的方针、政策和制度，以提高认识，掌握政策，明确财产清查的目的、任务，熟悉财产清查的内容和方法。

(3) 财产清查领导小组要制订清查工作计划，明确财产清查范围，规定清查工作时间，确定具体工作人员的分工和职责。

(4) 广泛宣传财产清查工作的意义，取得企业各部门和职工的密切配合和支持，保证财产清查工作的顺利进行。

会计人物 6-1　“古代理财家”——王安石

王安石（1021—1086），改革家、思想家和文学家。字介甫，号半山。江西临川（今江西抚州）人，世称临川先生。

宋嘉佑三年，王安石登台执政开始大力推行倡导改革，进行变法。

王安石明确提出理财是宰相要抓的头等大事，阐释了政事和理财的关系，并认为，只有在发展生产的基础上，才能解决好国家财政问题。执政以后，王安石继续发挥了他的这一见解。在改革中，他把发展生产作为当务之急，摆在头等重要的位置上。王安石虽然强调了国家政权在改革中的领导作用，但他并不赞成国家过多地干预社会生产和经济生活，反对搞过多的专利征榷，提出和坚持“榷法不宜太多”的主张和做法。在王安石上述思想的指导下，变法派制订和实施了一系列新法，从农业到手工业、商业，从乡村到城市，展开了广泛的社会改革。强化了对广大农村的控制。为培养更多的社会需要的人才，王安石还继承和发扬了老子传统的朴素的辩证法思想。

资料来源　梁启超．王安石传［M］．北京：东方出版社，2009.

2. 业务准备

（1）会计人员和有关人员在清查前，应把账目登记齐全，核对清楚，结出余额，作为核对清查结果的依据。

（2）物资保管部门和负责人，应将所保管的实物堆码整齐，挂上标签，标明实物的规格和数量，与保管明细账核对清楚，把账目登记齐全，结出账面余额，以便盘点查对。

（3）要准备好必要的度量器具，并进行仔细检查调试，保证器具计量准确。

（4）对银行存款、借款和结算款项的清查，需要取得对账单，以便查对。

二、财产清查的方法

（一）存货的盘存制度

存货的盘存制度是指在日常会计核算中采取什么方式来确定各项存货的账面结存额的一种制度。常用的盘存方法包括永续盘存制和实地盘存制两种。在不同的盘存制度下，财产物资的记录方法和清查盘点的目的有所不同。

1. 永续盘存制

永续盘存制，又称账面盘存制，是按照财产物资增加和减少的发生顺序，根据会计凭证，在账簿中及时、连续地逐笔登记，并随时在账上结出各项财产物资的结存余额。其计算公式为：

期末账面结存数=期初账面结存数+本期增加数−本期减少数

（1）库存成本和销售成本的确定

采用永续存盘制时，财产物资明细分类账可以随时提供发出和库存的数量，至于其成本的确定，通常有两种方法，一是先确定其发出或销售的成本，然后利用上述公式，计算出财产物资的库存成本；二是利用平均单价和账面提供的发出、销售、库存的数量，计算发出或销售成本以及库存成本。财产物资发出或销售成本、库存成本的确定方法，主要有以下几种。

①先进先出法。先进先出法是假设先入库的存货先发出，首先确定本期发出或销售财产物资的成本，然后计算出库存成本的一种方法。采用先进先出法，期末库存材料的实际成本接近市价，而本期确定的发出或销售成本则按早期的成本确定。在物价上涨的情况下，会导致期末资产和利润的虚增。

②加权平均法。加权平均法是指按期（一般按月）计算财产物资的加权平均单价，根据加权平均单价即可计算本期发出或销售财产物资的成本及库存成本。其计算公式为：

本期发出成本（或销售成本）= 本期发出（或销售）数量×加权平均单价

加权平均法可以大大简化计价工作量，但往往计价工作集中在月末进行，使材料核算工作一月之间极不均衡，而且在平时看不出各项财产物资的增减变动情况。

（2）永续盘存制的优、缺点和适用范围

永续盘存制的优点主要体现在以下几个方面：

①通过财产物资明细账，可以随时了解和掌握各种财产物资的收入、发出、结存情况，并能从数量和金额两方面进行控制。

②通过账实核对，有利于查明溢余或短缺原因，明确责任。

③通过对账存数量与最高库存、最低库存限额比较，以判断是否库存积压或不足，并及时进行处理。

永续盘存制的缺点主要是财产物资按品种设置明细分类账，其核算工作量过大，特别是财产物资种类繁多的企业尤为明显。

由于永续盘存制的优点比较突出，在实际工作中企业一般都在采用永续盘存制核算财产物资。

2. 实地盘存制度

实地盘存制就是对各项财产物资的账面记录，平时只登记增加数，不登记减少数，到月底结账时，根据实地盘点的数量，倒挤出本期减少的数额，并将本期减少数量登记入账。其计算公式为：

本期减少数=期初账面结存数+本期增加数-期末实际结存数

（1）实地盘存制下库存成本和销售成本的确定

实地盘存制下，通过实物盘点，就可以确定实际库存数量。根据实际库存数量，乘以进货单价，就可以计算出期末库存成本。有时同种财产物资可能各批购进的单价不同，到底应用什么单价计算？在实际工作中，确定库存成本所采取的进货单价，可以采用最后进价法或加权平均法。加权平均法在前面已经述及，不再赘述。所谓最后进价法，是指采用最后一次进货单价，作为全部库存财产物资的单价。其计算公式如下：

期末库存成本=期末实地盘点库存数量×进货单价

本期发出或销售成本=期初库存成本+本期购入成本-期末库存成本

（2）实地盘存制的优、缺点和使用范围

实地盘存制的主要优点是可以大大简化库存财产物资的明细核算工作。具体表现在：

①平时对财产物资的发出和销售数量不记明细账；

②期末库存财产物资成本，可以直接根据进货凭证查得；

③可以简化财产物资发出或销售的计价工作量。

实地盘存制的缺点主要体现在以下几个方面：

①不能随时反映库存财产物资的账面结存数量和金额，不利于企业对财产物资库存的管理和控制；

②由于倒挤销售成本或耗用成本，使得企业将一些库存财产物资损耗、差错、损失和短缺等挤入了销售成本和耗用成本，影响了成本的正确性，同时也掩盖了有关工作存在的种种弊端；

③实地盘存制只能通过实地盘点，才能计算销售或耗用成本，不能适应账务处理上随时结转的需要；

④实地盘存制不利于保护财产物资的安全和完整，因其短缺或损失都被计入“本期减少数”之内，不利于查找原因，明确责任。

实地盘存制适用范围较小，一般只用于：生产企业的大堆材料或商业企业品种多，价值低、交易频繁的商品，以及数量不稳定、损耗大且难以控制的鲜货商品等。

3. 永续盘存制与实地盘存制的比较

相同点：①两者均要求对财产物设置数量金额式明细账。②对于财产物资增加都要求根据有关凭证随时入账。

不同点：①对于财产物资销售、耗用等业务，永续盘存制要求及时登记明细账，实地盘存制则在明细账上不作记录。②永续盘存制下能够随时结计财产物资的账面结存资料，而实地盘存制下平时没有财产物资的账面结存记录。③永续盘存制下可以将账存情况与盘点实际结存进行核对，有利于加强对财产物资的核算和管理；实地盘存制期末先盘点实际结存，然后通过以存计耗的方式计算销售或耗用成本，是一种不完善的财产物资核算和管理制度。

（二）实物资产的清查

对于各种实物（如材料、半成品、在产品、产成品、低值易耗品、包装物、固定资产等），都要从数量和质量上进行清查。由于实物的形态、体积、重量和存放条件及方式等不尽相同，因而所采用的清查方法也不尽相同。实物数量的清查方法，比较常用的有以下几种。

1. 实物盘点法

实物盘点法，指在财产物资存放现场通过逐一清点或用计量器具来确定实物的实存数量。其适用的范围较广，在多数财产物资清查中都可以采用这种方法。

2. 技术推算法

采用这种方法，对于财产物资不是逐一清点计数，而是通过量方、计尺等技术推算财产物资的结存数量。这种方法只适用于成堆量大、价值不高又难以逐一清点的财产物资的清查。例如，露天堆放的煤炭、沙石等。

3. 抽样盘存法

这种方法，采用抽取一定数量样品的方式对实物资产的实有数进行估算。一般适用于数量多、重量和体积比较均衡的实物财产的清查。

对于实物的质量，应根据不同的实物采用不同的检查方法，例如有的采用物理方法，有的采用化学方法来检查实物的质量。

在实物清查过程中，实物保管人员和盘点人员必须同时在场参加实物盘点。对于盘点结果，应如实登记“盘存单”，并由盘点人和实物保管人签字或盖章，以明确经济责任。盘存单既是记录盘点结果的书面证明，也是反映财产物资实存数的原始凭证。其一般格式见表6-1。

表 6-1 **盘存单**

单位名称： 盘点时间： 编号：

财产类别： 存放地点： 金额单位：

编号	名称	规格	计量单位	数量	单价	金额	备注

制单： 盘点： 保管：

为了查明实存数与账存数是否一致，确定盘盈或盘亏情况，应根据盘存单和有关账簿的记录，编制“盘盈盘亏报告单”。盘盈盘亏报告单是用以调整账簿记录的重要原始凭证，也是分析产生差异的原因，明确经济责任的依据。盘盈盘亏报告单的一般格式见表 6-2。

表 6-2 **盘盈盘亏报告单**

编号	类别及名称	计量单位	单价	实存		账存		对比结果				备注
								盘盈		盘亏		
				数量	金额	数量	金额	数量	金额	数量	金额	

制单： 稽查： 主管：

对于委托外单位加工和保管的材料或商品、物资以及在途的材料、商品、物资等，可以用询证的方法与对方单位进行核对，以查明账实是否相符。

（三）库存现金的清查

库存现金的清查，包括人民币和各种外币的清查，都是采用实地盘点（即通过点票数）来确定库存现金的实存数，然后以实存数与库存现金日记账的账面余额进行核对，以查明账实是否相符及盘盈、盘亏情况。

会计人物 6-2 “新会计学科体系主要创始人”——娄尔行

娄尔行（1915—2000），浙江绍兴人，会计学家、会计理论家、会计教育家，新会计学科体系的主要创始人。

1937 年国立上海商学院毕业，美国密歇根大学企业管理研究生院深造，获企业管理硕士学位。归国后，分别在国立上海商学院、私立光华大学、国立临时大学、上海社会科学院、复旦大学、上海财经大学任教。曾任中国会计学会副会长、中国审计学会副会长、财政部会计准则中方专家咨询组成员。

20 世纪 80 年代初，娄尔行参与了与美国学者开展的中美比较会计研究，并合作出版了《中华人民共和国会计与审计》，该书为第一部系统介绍中国会计和审计的历史、现状与制度的英文学术著作。

娄尔行长期坚守在教学和研究岗位，发表论文 110 余篇，出版专著、教材近 30 部，为推动中国会计理论的发展做出了重要贡献。

资料来源 苍天．中国会计名人评选 潘序伦等 9 人入选［N］．中国会计报，2013-01-22.

库存现金的清查大致可分为以下两个方面。

1. 出纳人员每日清点现金

出纳人员每日终了时需要对库存现金进行清点，确定其实有数额，并与库存现金日记账余额相核对。这是一种经常性的现金清查工作，也是有效地控制现金、确保现金安全和完整的方法。但只采用这一方法，也会由于各种原因出现种种漏洞。因此，对于库存现金，还应同其他财产物资一样，由财产清查专门人员进行定期或不定期的清查。

2. 财产清查人员对现金的清查

清查现金时，出纳人员必须在场，并首先由出纳人员经手盘点，然后清查人员再盘点。同时，清查人员还要认真审核现金收付凭证和有关账簿，检查现金收付业务的合理性、合法性，账簿记录是否正确，有无漏记、多记、重记，计算是否正确等情况。此外，还要检查有无坐支现象，库存现金限额的遵守情况，有无“白条”抵库，挪用现金等等情况。

清查盘点时，出纳人员必须在场，现钞应逐张查点，还应注意有无违反现金管理制度的现象，编制现金盘点报告表，并由盘点人员和出纳人员签章。现金盘点报告表是反映现金实有数和调整账簿记录的重要原始凭证。其一般格式见表6-3。

表6-3 **库存现金盘点报告表**

单位名称： 年 月 日

实存金额	账存金额	对比结果		备注
		盘盈	盘亏	

盘点： 出纳：

国库券、其他金融债券、公司债券、股票等有价证券的清查方法与现金相同。

（四）银行存款的清查

银行存款的清查，与实物和现金的清查方法不同，它是采用与银行核对账目的方法来进行的，即将企业单位的银行存款日记账与从银行取得的对账单逐笔进行核对，以查明银行存款的收入、付出和结余的记录是否正确。

开户银行送来的银行对账单是银行记录企业在银行存、取款的明细账复写联，由银行定期送企业核对账目。它完整地记录了企业单位存放在银行的款项的增减变动情况及结存余额，是进行银行存款清查的重要依据。

在实际工作中，企业银行存款日记账余额与银行对账单余额往往不一致，其主要原因，一是双方账目发生错账、漏账，所以在与银行核对账目之前，应先仔细检查企业单位银行存款日记账的正确性和完整性，然后再将其与银行送来的对账单逐笔进行核对；二是正常的**未达账项**。所谓未达账项，是指由于双方记账时间不一致而发生的一方已经入账，而另一方尚未入账的款项。企业单位与银行之间的未达账项，有以下两类、四种情况。

1. 企业已入账，但银行尚未入账

（1）企业送存银行的款项，企业已做存款增加入账，但银行尚未入账。

（2）企业开出支票或其他付款凭证，企业已作为存款减少入账，但银行尚未付款、未入账。

2. 银行已入账，但企业尚未入账

（1）银行代企业收进的款项，银行已作为企业存款的增加入账，但企业尚未收到通知，因此未入账。

（2）银行代企业支付的款项，银行已作为企业存款的减少入账，但企业尚未收到通知，因此未入账。

上述任何一种情况的发生，都会使双方的账面存款余额不一致。因此，为了查明企业单位和银行双方账目的记录有无差错，同时也是为了发现未达账项，在进行银行存款清查时，必须将企业单位的银行存款日记账与银行对账单逐笔核对。核对的内容包括收付金额、结算凭证的种类和号数、收入来源、支出的用途、发生的时间、截至某日的金额等。通过核对，如果发现企业单位有错账或漏账，应立即更正；如果发现银行有错账或漏账，应及时通知银行查明更正；如果发现有未达账项，则应据以编制银行存款余额调节表进行调节，并验证调节后的余额是否相等。

【例 6-1】20×3 年 6 月 30 日，通用数码有限责任公司银行存款日记账的账面余额为 30 000 元，银行对账单的余额为 35 000 元，经逐笔核对，发现双方有下列未达账项。

（1）28 日，公司销售产品收到转账支票一张金额为 2 000 元，将支票存入银行，银行尚未办理入账手续。

（2）29 日，公司采购原材料开出转账支票一张金额为 1 000 元，公司已做银行存款付出，银行因尚未收到支票而未入账。

（3）30 日，公司开出现金支票一张金额为 200 元，银行尚未入账。

（4）30 日，银行代公司收回货款 8 000 元，收款通知尚未到达公司，公司尚未入账。

（5）30 日，银行代付本月电费 1 700 元，付款通知尚未到达公司，公司尚未入账。

（6）30 日，银行代付本月水费 500 元，付款通知尚未到达公司，公司尚未入账。

根据以上资料编制银行存款余额调节表，见表 6-4。

表 6-4

银行存款余额调节表

20×3 年 6 月 30 日

单位：元

项目	金额	项目	金额
公司银行存款账面余额	30 000	银行对账单账面余额	35 000
加：银行已记增加，公司未记增加的账项		加：公司已记增加，银行未记增加的账项	
银行代收货款	8 000	存入的转账支票	2 000
减：银行已记减少，公司未记减少的账项		减：公司已记减少，银行未记减少的账项	
银行代付电费	1 700	开出转账支票	1 000
银行代付水费	500	开出现金支票	200
调节后存款余额	35 800	调节后存款余额	35 800

如果调节后双方余额相等，则一般说明双方记账没有差错；如果不相等，则表明企业方或银行方或双方记账有差错，应进一步核对，查明原因，予以更正。

需要注意的是，对于银行已经入账而企业尚未入账的未达账项，不能根据银行存款余额调节表来编制会计分录，作为记账依据，必须在收到银行的有关凭证后方可入账。另外，对于长期悬置的未达账项，应及时查明原因，予以解决。

上述银行存款的清查方法，也适用于各种银行借款的清查。但在清查银行借款时，还应检查借款是否按规定的用途使用，是否按期归还。

（五）债权债务的清查

债权债务的清查，指对各种应收款、应付款、预收款、预付款等的清查。企业应将截止清查日的有关结算款项全部登记入账，并保证账簿记录完整、正确。

（1）对于企业内部各部门的应收、应付款项，可以确定一个时间，由各部门财产清查人员、会计人员直接根据账簿记录进行核对；对于本单位职工的各种代垫、代付款项、预借款项等，通常可以采取抄列清单与本人核对或定期公布的方法加以核查。

（2）对于外单位的往来款项，采用与对方单位核对账目的方法。在检查各单位结算往来款项账目正确性和完整性的基础上，根据有关明细分类账的记录，按用户编制对账单，送交对方单位进行核对。对账单一般一式两联，其中一联作为回单。如果对方单位核对相符，应在回单上盖章后退回；如果数字不符，则应将不符的情况在回单上注明，或另抄对账单退回，以便进一步清查。在核对过程中，如果发现未达账项，双方都应采用调节账面余额的方法，来核对往来款项是否相符。尤其应注意查明有无双方发生争议的款项、没有希望收回的款项以及无法支付的款项，以便及时采取措施进行处理，避免或减少坏账损失。

第三节　财产清查结果的处理

一、财产清查结果处理的要求

通过财产清查所发现的财产管理和核算方面存在的问题，应当认真分析研究，必须按照国家的有关财务制度的规定进行处理。为此，应切实做好以下几个方面的工作。

（一）查明差异，分析原因

通过财产清查所确定的清查资料和账簿记录之间的差异，如财产的盘盈、盘亏和多余积压，以及逾期债权、债务等，都要认真核定相差数额，查明产生差异的原因和性质，明确经济责任，提出处理意见，按照规定程序经有关部门批准后，予以认真、严肃的处理。财产清查人员应以高度的责任心，深入调查研究，实事求是，问题定性要准确，处理方法要得当。

（二）认真总结，加强管理

财产清查以后，针对所发现的问题和缺点，应当认真总结经验教训，表彰先进，巩固成绩，发扬优点，克服缺点，做好工作。同时，要建立和健全以岗位责任制为中心的财产管理制度，切实提出改进工作的措施，进一步加强财产管理，保护财产的安全和完整。

会计人物 6-3　　阿纳尼亚斯·查尔斯·利特尔顿

阿纳尼亚斯·查尔斯·利特尔顿（1886—1970），美国著名的会计学家，世界上最杰出的、影响最大的当代会计学家之一。他一生著述甚丰，其思想对现代会计思想的发展、会计历史研究的深化、会计实务的完善、现代会计准则理论的创立，以及会计理论结构体系的建立等方面均具有重要影响。1956 年，阿纳尼亚斯·查尔斯·利特尔顿被遴选进入美国会计名人堂。

他的主要会计思想包括：

1. 坚持用归纳法进行会计理论研究；
2. 坚持与归纳法思想相一致的思想观念；
3. 坚持历史成本原则；
4. 确立了会计实务必须接受会计原则和准则指导的观念；
5. 认为会计的主要职能是记录与报告；
6. 通过“方位”的概念，将会计纳入到一定的社会经济环境中，与其他各门学科相互联系起来说明会计的发展；
7. 积极倡导发展收入与费用相配比，成本分配程序相一致的观念；
8. 认为准则是理论的表象，两者之间既互相关联又互相独立，协调准则是理论体系的重要功能，但也只有通过对反映企业行为和经验的准则进行归纳才能使会计理论得到发展。

资料来源　訾磊．阿纳尼亚斯·查尔斯·利特尔顿［J］．会计之友，2009（3）．

（三）调整账目，账实相符

财产清查的重要任务之一就是为了保证账实相符，财会部门对于财产清查中所发现的差异必须及时进行账簿记录的调整。由于财产清查结果的处理要报请审批，所以在账务处理上通常分两步进行。第一步，将财产清查中发现的盘盈、盘亏或毁损数，通过“待处理财产损溢”账户，登记有关账簿，以调整有关账面记录，使账存数和实存数相一致。第二步，在审批后，应根据批准的处理意见，再从“待处理财产损溢”账户转入有关账户。

“待处理财产损溢”账户是一个暂记账户，它是专门用来核算企业在财产清查过程中查明的各种财产物资的盘盈、盘亏和毁损等情况的账户。该账户的借方登记各种财产物资的盘亏、毁损数及按照规定程序批准的盘盈转销数，贷方登记各种财产物资的盘盈数及按照规定程序批准的盘亏、毁损转销数。借方余额表示尚未处理的各种物资的净损失数，贷方余额表示尚未处理的各种财产物资的净溢余数。

对于财产清查中各种材料、在产品和产成品的盘盈和盘亏，属于以下正常原因的，一般增加或冲减费用：在收发物资中，由于计量、检验不准确；财产物资在运输、保管、收发过程中，在数量上发生自然增减变化；由于手续不齐或计算、登记上发生错误。属于管理不善或工作人员失职，造成财产损失、变质或短缺，应由过失人负责赔偿的，应增加其他应收款。属于贪污盗窃、营私舞弊造成的损失或自然灾害造成的非常损失，应增加营业外支出。另外，对于财产清查中固定资产的盘亏，在按规定报请审批后，其盘亏额计入营业外支出；而固定资产出现盘盈大都是由于企业增加固定资产时未及时入账造成的，所以应该按照前期差错处理。

二、财产清查结果的一般会计处理

（一）账务处理程序

第一步　调整账簿记录。

在财产清查过程中，发现账实不符时，应先调整账簿记录。对于盘亏和毁损的财产物资要从有关财产物资的账户上予以冲减；对于盘盈的财产物资要从有关财产物资的账户上予以增加。通过调整账簿记录，就可以做到物资的账面数与实际盘存相符。

第二步　根据领导批准进行账务处理。

在财产清查过程中所发现的账实不符情况应报请有关领导审批，审批后即按规定办法加以处理。一般来说，由于财产物资管理制度不善所造成的财产物资的盘亏的损失，应由责任人赔偿；对于营私、贪污、盗窃等不法行为，应追究其经济责任甚至法律责任；对于各种自然灾害造成的非常损失，应向保险公司收取保险赔偿款；其净损失应计入当期损溢。对于财产物资盘盈的处理一般作为本期收益。

（二）财产清查的会计处理

1. 设置的账户

为了核算和监督各企业在财产清查过程中查明的各种财产物资的盘盈、盘亏、毁损及其处理情况，应设置“待处理财产损溢”账户。本账户属于双重性质账户，借方登记各项待处理财产物资的盘亏、毁损和结转已批准处理的财产物资的盘盈数；贷方登记各项财产的盘盈数和结转已批准处理的财产盘亏、毁损数。期末余额可能在借方，也可能在贷方。若期末是借方余额，表示尚待批准处理财产物资的盘亏及毁损数；期末余额若在贷方，表示尚待批准处理财产物资的盘盈数。年末，本账户一般无余额。为了进行明细核算，可在“待处理财产损溢”账户下设置“待处理流动资产损溢”和“待处理固定资产损溢”两个明细账户。

2. 存货清查的会计处理

（1）存货盘盈的核算

在财产清查时，如发现原材料、半成品、产成品等存货盘盈时，应根据账存实存对比表将盘盈流动资产的价值借记有关账户，同时贷记“待处理财产损溢——待处理流动财产损溢”账户；报经有关部门批准后，冲减管理费用，借记“待处理财产损溢——待处理流动财产损溢”账户，贷记“管理费用”账户。

【例 6-2】通用数码有限责任公司在财产清查中，盘盈原材料 5 吨，价值 15 000元。

报经批准前，根据账存实存对比表的记录，编制会计分录。

借：原材料 15 000

贷：待处理财产损溢 15 000

经查明，这项盘盈材料因计量仪器不准造成生产领用少付多算，所以，经批准冲减本月管理费用，编制会计分录如下。

借：待处理财产损溢 15 000

贷：管理费用 15 000

（2）存货盘亏及毁损的核算

在财产清查中，企业发生的存货毁损，应当将处置收入扣除账面价值和相关税费后的金额计入当期损溢，企业存货盘亏造成的损失，应当计入当期损溢。具体来讲，将其损失记入“待处理财产损溢——待处理流动资产损溢”账户的借方，同时记入“原材料”、“产成品”等账户的贷方。待领导批准后，应根据不同的盘亏和毁损原因做出不同的处理：收入的残料应记入“原材料”、“银行存款”账户的借方；由于个人原因造成的损失，由个人赔偿，记入“其他应收款”账户的借方；收取的保险公司赔偿应当记入“其他应收款”账户的借方；盘亏和毁损总额扣除以上几部分后的损失，若属于非常损失，应当记入“营业外支出”账户的借方，若属于一般经营损失，则应记入“管理费用”账户的借方；同时，按盘亏和毁损总额记入“待处理财产损溢——待处理流动资产损溢”账户的贷方。

【例 6-3】通用数码有限责任公司在财产清查中，发现甲材料短缺 1 000 元、毁损 700 元；乙材料短缺 100 元，毁损 200 元。经调查，查明乙材料短缺系由保管员失职，应负责赔偿；甲材料毁损系发生水灾所致，保险公司同意赔偿 500 元，收回甲材料残值 50 元，其余损失属于经营性损失。

报经批准前，应作如下会计分录。

借：待处理财产损溢——待处理流动资产损溢 2 000

贷：原材料　2 000

报经批准后，根据批复意见，作如下会计分录。

借：原材料　50
　　其他应收款——保管员　100
　　　　　　　——保险公司　500
　　营业外支出（700-50-55）　150
　　管理费用　1 200
　贷：待处理财产损溢——待处理流动资产损溢　2 000

3. 固定资产清查的会计处理

（1）固定资产盘盈的核算

在财产清查中，如果发现固定资产盘盈时，应作为前期差错处理。在按管理权限报经批准处理前先通过“以前年度损益”账户核算。盘盈的固定资产应按以下规定确定其入账价值：同类或类似固定资产存在活跃市场的，按同类或类似固定资产的市场价格，减去按该项资产的新旧程度估计的价值损耗后的余额，作为入账价值；同类或类似固定资产不存在活跃市场的，按该项固定资产的预计未来现金流量的现值，作为入账价值。企业按上述规定的入账价值，借记“固定资产”账户，贷记“以前年度损益调整”账户。

【例 6-4】通用数码有限责任公司在财产清查时，发现账外设备一台，与该设备同类或类似市场价格为 50 000 元，估计价值损耗 21 000 元，该盘盈固定资产作为前期差错进行处理。假定企业适用的所得税税率为 25%，按净利润的 10% 提取法定盈余公积。作如下会计分录：

①盘盈固定资产时：

借：固定资产　29 000
　贷：以前年度损益调整　29 000

②确定应交纳的所得税时：

借：以前年度损益调整　7 250
　贷：应交税费——应交所得税　7 250

③转作为留存收益时：

借：以前年度损益调整　21 750
　贷：盈余公积——法定盈余公积　2 175
　　　利润分配——未分配利润　19 575

（2）固定资产盘亏及毁损的核算

在财产清查中，企业发生的固定资产毁损，应当将处置收入扣除账面价值和相关税费后的金额计入当期损溢。企业固定资产盘亏造成的损失，应当计入当期损溢。按固定资产的账面原始价值贷记“固定资产”账户，按账面已计提折旧借记“累计折旧”账户，按二者的差额借记“待处理财产损溢——待处理固定资产损溢”账户。报经批准后，其损失数额借记“营业外支出——固定资产盘亏”账户，贷记“待处理财产损溢——待处理固定资产损溢”账户。如果发生自然灾害造成固定资产的盘亏和毁损，应向保险公司要求赔偿，其收入应记入“其他应收款——保险公司”账户的借方，所收取的残值，应记入“原材料”、“银行存款”等账户的借方，按其净值损失记入“营业外支出”账户。

【例 6-5】通用数码有限责任公司财产清查时，发现短缺机器一台，原值6 000元，已提折旧2 000元。

报经批准，根据账存实存对比表，作如下会计分录。

借：待处理财产损溢——待处理固定资产损溢 4 000

　　累计折旧 2 000

　贷：固定资产 6 000

报经批准后，根据批复意见，作如下会计分录。

借：营业外支出——固定资产盘亏 4 000

　贷：待处理财产损溢——待处理固定资产损溢 4 000

4. 货币资金清查的会计处理

（1）库存现金清查的核算

在财产清查中，企业发生的现金盘盈、盘亏，应分别处理：如属于违反现金管理的有关规定，应及时纠正。例如，发现有挪用现金、白条顶库、超限额留存现金等情况，应及时纠正。如遇账实不符，应及时查明原因，并将短款或长款先记入“待处理财产损溢”账户。待查明原因后，应分不同情况进行处理：属于记账差错的应及时更正；对于现金短缺，应由责任人赔偿的，记入“其他应收款”账户，无法查明原因的，记入“管理费用”账户。对于现金溢余，应支付给有关人员或单位的，记入“其他应付款”账户；无法查明原因的长款，记入“营业外收入”账户。

【例 6-6】通用数码有限责任公司在现金清查中，发现库存现金比账面余额少20元。在批准前，根据“库存现金盘点报告表”所确定的现金短缺额，作如下分录：

借：待处理财产损溢 20

　贷：库存现金 20

【例 6-7】沿用【例 6-6】相关资料，经查，上述现金短缺属于出纳李某的责任，应由该出纳员赔偿，款项尚未收到，应作如下分录：

借：其他应收款——李某 20

　贷：待处理财产损溢 20

【例 6-8】沿用【例 6-7】相关资料，收到上述出纳员赔偿的现金20元。根据收款收据，应作如下分录：

借：库存现金 20

贷：其他应收款——李某 20

【例 6-9】通用数码有限责任公司在现金清查中，发现存现金比账面余额多出 65 元。在批准前，根据“库存现金盘点报告表”所确定的现金溢余额，应作如下分录：

借：库存现金 65

贷：待处理财产损溢 65

【例 6-10】沿用【例 6-9】相关资料，经反复核查，上述现金长款原因不明，经批准转作营业外收入。应作如下分录：

借：待处理财产损溢 65

贷：营业外收入 65

（2）银行存款清查的核算

企业应加强对银行存款的管理，并定期对企业所有开户行的银行存款账户进行检查。对于“未达账项”，应将银行对账单与企业银行日记账逐笔查对、调节相符。并关注“未达账项”日后“达账”情况，杜绝“未达账项”的长期挂账。对于侵占、挪用银行存款等违纪违规情况，应严肃查处并依法追究相关责任人的法律责任。如果有确凿证据表明存在银行或其他金融机构的款项已经部分不能收回，或者全部不能收回的，应当作为当期损失，冲减银行存款，借记“营业外支出”账户，贷记“银行存款”账户。

5. 债权债务清查会计处理

企业应当在资产负债表日对应收账款等债权的账面价值进行检查，如有客观证据表明该应收款项发生减值的，应当将该项应收账款的账面价值减记至预计未来现金流量现值，确认资产减值损失，计提坏账准备。对于确实无法收回的应收款项按管理权限报经批准后作为坏账转销的，借记“坏账准备”账户，贷记“应收账款”、“其他应收款”等账户。

企业对于因债权人撤销等原因无法支付的应付账款，应按其账面余额计入营业外收入，借记“应付账款”账户，贷记“营业外收入”账户。

■ 思考题

1. 什么是财产清查？为什么要进行财产清查？财产清查前应做好哪些准备工作？

2. 财产清查是一种会计核算方法，还是一项管理制度？

3. 什么是未达账项？未达账项有哪几种？

4. 如何对库存现金、银行存款进行清查？清查过程中可能会出现什么问题？应如何解决？

5. 全面清查的情况有哪些？试举例说明哪些财产物资需要按日定期清查？哪

些财产物资需要按月定期清查?

■ 案例讨论

公司出纳员小王由于刚参加工作不久，对于货币资金业务管理和核算的相关规定不甚了解，出现了一些不应有的错误，其中的三项错误如下：

第一件事是在20×3年3月7日和8日两天的现金业务结束后例行的现金清查中，分别发现现金短缺50元和现金溢余20元的情况，对此他经过反复思考也弄不明白原因。考虑到两次账实不符的金额很小，为了保全自己的面子并息事宁人，他决定采取下列办法进行处理：现金短缺50元，自掏腰包补齐；现金溢余20元，暂时收起。

第二件事是公司李某利用到外地出差的机会，擅自将住宿旅馆的原发票的单价50元/人，天数10天，金额500元。改为单价150元/人，天数10天，金额1 500元。并在大写金额五百元整前补上壹仟，报销后，贪污金额1 000元。

第三件事是公司经常对其银行存款的实有额心中无数，甚至有时会影响到公司日常业务的结算，公司经理因此指派有关人员检查一下小王的工作，结果发现，他每次编制银行存款余额调节表时，只根据公司银行存款日记账中的余额加或减对账单中企业的未入账款项来确定公司银行存款的实有数，而且每次做完此项工作以后，小王就立即将这些未入账的款项登记入账。

问题：

(1) 小王对上述第一项事件的处理是否正确?为什么?

(2) 针对事件二，出纳员小王应如何审核此类虚假业务，如果清查后发现此问题，应如何处理?

(3) 关于事件三，小王编制银行存款余额调节表的做法是否有误?如有误，请说出正确的做法应是怎样的。

第七章

账务处理程序

■ 主要知识点

* 理解账务处理程序的特点、含义和适用范围
* 理解记账凭证账务处理程序的基本原理
* 理解并掌握科目汇总表的编制原理
* 理解账务处理子系统的基本原理

■ 关键概念

账务处理程序　特点　适用范围　账务处理子系统　账户

■ 引言

为了提高记账工作的效率并保证质量，每一个单位都应根据自身业务量的大小和核算需要选择恰当的账务处理程序，以协调会计凭证和会计账簿的关系。

本章从账务处理程序的含义入手，分别介绍了手工会计的记账凭证账务处理程序、科目汇总表账务处理程序、汇总记账凭证账务处理程序、日记总账账务处理程序和会计电算化业务处理流程等内容，对比分析了各种账务处理程序的特点、核算步骤、优缺点和使用范围。通过本章的学习，可以帮助学员了解和掌握组织会计核算工作的一般要求和规律。

第一节　账务处理程序概述

一、账务处理程序的含义

账务处理程序，也称为会计核算形式或会计核算组织程序，是指在会计循环中，特定的凭证和账簿组织与记账程序和方法有机结合处理会计账务的方式和步骤，是一个系统的会计工作组织程序。凭证和账簿组织，是指会计凭证和会计账簿的种类、格式和登记方法，以及各账簿之间的相互关系。记账程序和方法，是指从

会计凭证的填制、审核、传递到会计账簿的登记，再到会计报表编制的程序和方法。

在我国会计实践中，将按照会计凭证登记账簿的步骤和方法称为账务处理程序。不同的凭证和账簿组织与记账程序和方法的结合，就形成了不同的账务处理程序。选择适当的账务处理程序，对于科学组织本单位的会计核算工作具有重要意义。它可以保证会计数据的处理工作井然有序，保证会计记录的真实、及时和完整，从而提高会计核算信息的质量；它可以减少不必要的核算环节和手续，从而提高会计核算工作的效率。各单位应根据自身的经营规模、会计机构内部分工、会计信息的质量要求以及经济业务的复杂程度等因素，选择相适应的账务处理程序，科学合理地组织会计核算工作，做到既能保证会计核算信息的真实、及时和完整，又能提高会计工作的效率。

二、账务处理程序的种类

在我国会计核算工作中使用的账务处理程序的种类较多，比较常见的账务处理程序主要有以下四种：

(1) 记账凭证账务处理程序；

(2) 科目汇总表账务处理程序；

(3) 汇总记账凭证账务处理程序；

(4) 日记总账账务处理程序。

各种账务处理程序的主要区别在于登记总分类账的依据和方法不同，它们的特点、处理步骤及适用范围在以后各节中将分别进行介绍。

第二节　记账凭证账务处理程序

一、记账凭证账务处理程序的特点

记账凭证账务处理程序是根据原始凭证或者原始凭证汇总表编制记账凭证，并直接根据各种记账凭证逐笔登记总分类账的一种账务处理程序。它是最基本的账务处理程序，其他各种账务处理程序都是在此基础上演变而成的。

在记账凭证账务处理程序下，记账凭证一般采用收款凭证、付款凭证和转账凭证三种格式，也可以采用通用格式。账簿的设置一般包括库存现金日记账、银行存款日记账、总分类账和明细分类账。日记账和总分类账一般采用三栏式账簿，明细分类账则根据企业经营管理的需要采用三栏式、数量金额式或多栏式账簿。

在记账凭证账务处理程序下，各类账簿的关系和登记方法是：总分类账和明细分类账按照平行登记的原则，各自根据记账凭证独立登记，期末将总分类账与所属明细分类账进行核对。日记账根据记账凭证逐日、逐笔连续登记，期末与总分类账进行核对。日记账与分类账之间只能核对，不能相互转录。

二、记账凭证账务处理程序的核算步骤

（1）根据部分原始凭证编制原始凭证汇总表；

（2）根据原始凭证或原始凭证汇总表编制记账凭证；

（3）根据收款凭证、付款凭证逐笔、序时登记库存现金日记账和银行存款日记账；

（4）根据记账凭证及其所附的原始凭证或原始凭证汇总表逐笔登记各种明细分类账；

（5）根据记账凭证逐笔登记总分类账；

（6）库存现金日记账、银行存款日记账和各种明细分类账定期与总分类账进行核对；

（7）期末，根据总分类账和有关明细分类账的余额或发生额编制会计报表。

记账凭证账务处理程序的核算步骤如图 7-1 所示。

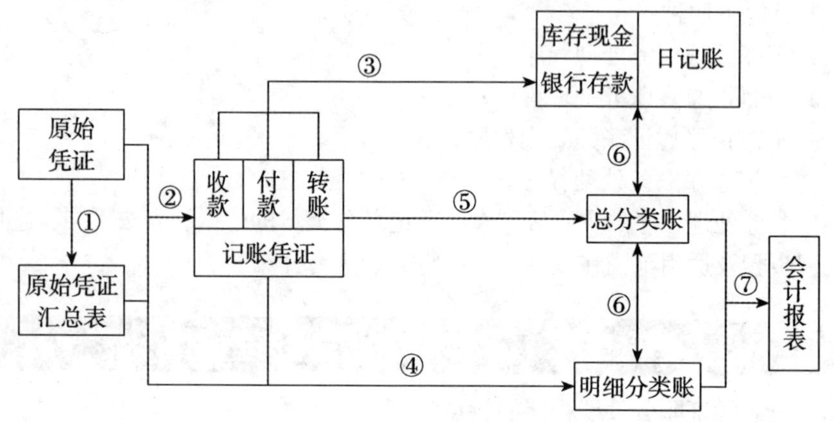

图 7-1 记账凭证账务处理程序

三、记账凭证账务处理程序的优缺点及适用范围

记账凭证账务处理程序的优点：总分类账能够详细地反映经济业务的来龙去脉，便于查账；记账程序简洁明了，易于理解，便于操作。

记账凭证账务处理程序的缺点：直接根据记账凭证登记总分类账，对于凭证数量多的企业来说，登记总分类账的工作量大，记账的工作效率和质量受到影响。

记账凭证账务处理程序的**适用范围**：主要适用于企业经营规模不大，业务量较少，记账凭证数量不多的企事业单位。

第三节 科目汇总表账务处理程序

一、科目汇总表账务处理程序的特点

科目汇总表账务处理程序，又称为记账凭证汇总表账务处理程序，它是定期（如5天、10天、15天或1个月）将记账凭证编制成科目汇总表，然后再根据科目汇总表登记总分类账的一种账务处理程序。它的特点主要是先定期把全部记账凭证按科目汇总，编制科目汇总表，然后根据科目汇总表登记总分类账。

在科目汇总表账务处理程序下，记账凭证可以采用收款凭证、付款凭证和转账凭证三种格式，也可以采用通用格式。其记账凭证、账簿的设置与记账凭证账务处理程序基本相同，总分类账虽也采用三栏式账簿，但由于科目汇总表中不能反映账户之间的对应关系，故而不设“对方科目”专栏。

会计人物 7-1　　“会计管理理论奠基人”——阎达五

阎达五（1929—2003），教授，生于山西祁县，从1950年10月中国人民大学建校至今一直在该校工作，中国人民大学会计系教授、博士生导师、博士后联系人。

20世纪50年代，因力主苏联经验与中国实际相结合，率先编写第一本中国化会计教材而闻名于中国会计界；20世纪80年代作为“管理活动论”会计学派创始人之一，对发展中国的会计理论与实务作出了重要贡献。

研究的领域与方向：

1. 中国制定和实施会计准则的研究；
2. 高新技术产业和金融业会计问题的研究；
3. 政府及非营利组织会计的研究；
4. 财务管理理论框架的研究。

资料来源　苍天. 中国会计名人评选　潘序伦等9人入选［N］. 中国会计报，2013-01-22.

二、科目汇总表账务处理程序的核算步骤

（1）根据原始凭证编制原始凭证汇总表；

（2）根据原始凭证或原始凭证汇总表编制记账凭证；

（3）根据收款凭证、付款凭证逐笔序时登记库存现金日记账和银行存款日记账；

（4）根据记账凭证及其所附的原始凭证或原始凭证汇总表逐笔登记各种明细分类账；

（5）根据记账凭证定期编制科目汇总表；

(6) 根据科目汇总表定期（或月末）登记总分类账；

(7) 库存现金日记账、银行存款日记账和各种明细分类账与总分类账定期核对；

(8) 期末，根据总分类账和有关明细分类账的余额或发生额编制会计报表。

科目汇总表账务处理程序的核算步骤如图 7-2 所示。

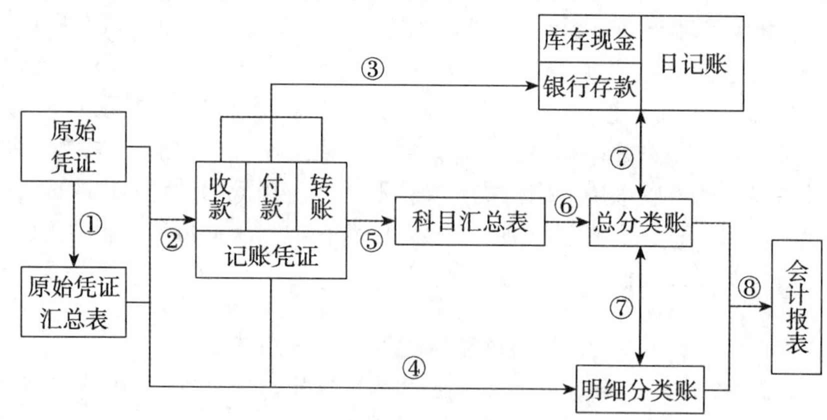

图 7-2　科目汇总表账务处理程序

三、科目汇总表账务处理程序的优缺点及适用范围

科目汇总表账务处理程序的优点：减轻了登记总分类账的工作量；可以起到试算平衡的作用，可以减少登账错误，保证账簿记录的正确性；汇总方法简单易懂，便于理解和学习。

科目汇总表账务处理程序的缺点：科目汇总表和总账都不能反映账户之间的对应关系，不便于了解经济业务的来龙去脉，也不便于开展会计检查与会计分析工作。

科目汇总表账务处理程序的适用范围：一般适用于经营规模较大、经济业务频繁、记账凭证数量较多、会计机构分工较细的企事业单位。

第四节　汇总记账凭证账务处理程序

一、汇总记账凭账务处理程序的特点

汇总记账凭证账务处理程序是将一定期间内所有的记账凭证先定期汇总，编制成汇总记账凭证（根据记账凭证分类编制汇总收款凭证、汇总付款凭证和汇总转账凭证），然后再根据汇总记账凭证登记总分类账的一种账务处理程序。

它的特点是先定期将记账凭证汇总编制成各种汇总记账凭证，然后根据各种汇总记账凭证登记总分类账。

汇总记账凭证账务处理程序是在记账凭证账务处理程序的基础上发展而来的，

它与记账凭证账务处理程序的主要区别是在记账凭证和总分类账之间增加了汇总记账凭证。在汇总记账凭证账务处理程序下，除了必须设置收款凭证、付款凭证和转账凭证外，还必须设置汇总收款凭证、汇总付款凭证和汇总转账凭证。汇总记账凭证账务处理程序采用的账簿种类和格式与记账凭证账务处理程序基本相同。在汇总记账凭证账务处理程序下，总分类账要求设置“对方科目”专栏，以便清楚地反映会计科目之间的对应关系。

二、汇总记账凭账务处理程序的核算步骤

（1）根据原始凭证编制原始凭证汇总表；

（2）根据原始凭证或原始凭证汇总表，编制记账凭证；

（3）根据收款凭证和付款凭证逐笔序时登记库存现金日记账和银行存款日记账；

（4）根据记账凭证及其所附的原始凭证或原始凭证汇总表逐笔登记各种明细分类账；

（5）根据收款凭证、付款凭证和转账凭证，定期分别编制汇总收款凭证、汇总付款凭证和汇总转账凭证；

（6）根据汇总收款凭证、汇总付款凭证和汇总转账凭证登记总分类账；

（7）库存现金日记账、银行存款日记账和各种明细分类账的余额同有关总分类账定期核对；

（8）期末，根据总分类账和明细分类账的余额或发生额编制会计报表。

汇总记账凭证账务处理程序的核算步骤如图 7–3 所示。

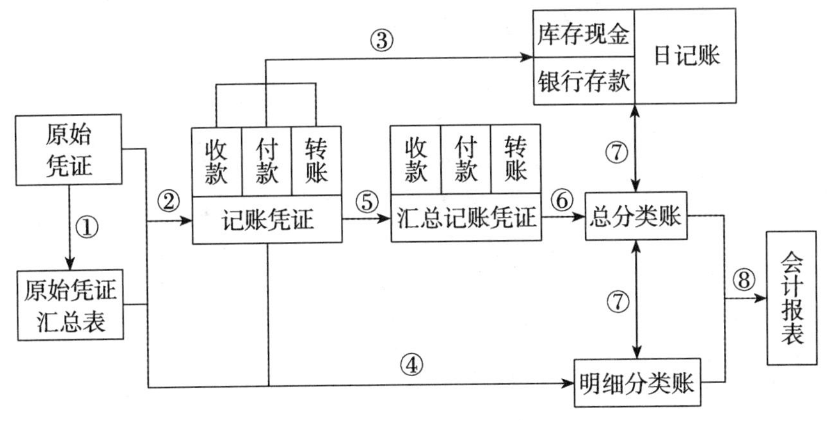

图 7–3　汇总记账凭证账务处理程序

三、汇总记账凭证账务处理程序的优缺点及适用范围

汇总记账凭证账务处理程序的优点是：①根据汇总记账凭证登记总分类账，大

大减少了登记总分类账的工作量；②由于汇总记账凭证是按照会计科目的对应关系进行归类、汇总编制的，在总分类账中也注明了对方科目，因此在汇总记账凭证和总分类账中，可以清晰地反映会计科目之间的对应关系，便于查对和分析账目。

汇总记账凭证账务处理程序的缺点是：汇总手续复杂，编制汇总记账凭证的工作量大；总分类账中的记录比较简略，难以具体反映单位的经营活动。

汇总记账凭证账务处理程序一般适用于规模较大、经济业务较多、转账业务少而收、付款业务较多的企事业单位。

第五节 日记总账账务处理程序

一、日记总账账务处理程序的特点

日记总账账务处理程序是指根据记账凭证逐笔登记日记总账的一种账务处理程序。其主要特点是：预先设置日记总账，然后直接根据记账凭证逐笔登记日记总账。

在日记总账账务处理程序下，要求把所有账目都在日记总账中进行登记。采用日记总账账务处理程序，其账簿设置、各种明细账簿的格式以及记账凭证的种类和格式与记账凭证账务处理程序基本相同，但应开设日记总账，以代替总分类账。

二、日记总账的填制方法

日记总账是将全部会计科目集中在一张账页上，根据记账凭证，将发生的经济业务逐笔进行登记，最后按各科目进行汇总，分别计算出借、贷方发生额和期末余额。它既是日记账，又是总分类账，其格式见表 7–1。

表 7–1

日记总账（简表）

20×3 年×月

第××页

年		凭证号数	摘要	库存现金		银行存款		应收账款		库存商品		固定资产		生产成本		制造费用		短期借款	
月	日			借	贷	借	贷	借	贷	借	贷	借	贷	借	贷	借	贷	借	贷
			本月发生额																
			本月余额																

日记总账的填制方法是：根据收款凭证、付款凭证和转账凭证逐日、逐笔登记日记总账，对每一笔经济业务的借贷方发生额，都应分别登记到同一行对应科目的

借方栏或贷方栏内。月终，结算出各科目本期借贷方发生额和余额，并核对相符。

三、日记总账账务处理程序的核算步骤

（1）根据部分原始凭证编制原始凭证汇总表；

（2）根据原始凭证或原始凭证汇总表编制记账凭证；

（3）根据收款凭证和付款凭证逐笔登记库存现金日记账和银行存款日记账；

（4）根据记账凭证及其所附的原始凭证或原始凭证汇总表逐笔登记各种明细分类账；

（5）根据记账凭证逐日逐笔登记日记总账；

（6）库存现金日记账、银行存款日记账和各种明细分类账与日记总账定期核对；

（7）月末，根据核对无误的日记总账和明细分类账的相关资料，编制会计报表。

日记总账账务处理程序的核算步骤，如图 7-4 所示。

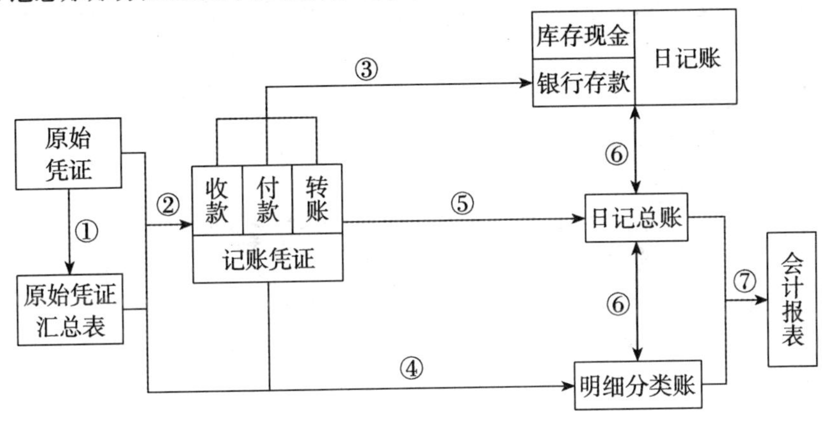

图 7-4 日记总账账务处理程序

四、日记总账账务处理程序的优缺点及适用范围

日记总账账务处理程序的优点是：账务处理程序较简单，日记总账按全部总账科目分借贷方设置，且直接根据记账凭证逐日、逐笔进行登记，便于了解各项经济业务的来龙去脉，有利于会计资料的分析和运用。

日记总账账务处理程序的缺点是：由于所有会计科目都集中在一张账页上，总分类账的账页过长，不便于记账的分工与查阅。

日记总账账务处理程序的适用范围：其主要适用于规模小、经济业务简单、使用会计科目不多的企业。

第六节　会计电算化账务处理程序

一、会计电算化账务处理程序的特点

会计电算化，是将以电子计算机和通信技术为主的现代信息技术应用到会计中的简称，是电子计算机代替人工记账、算账和报账，以及部分代替人脑完成对会计信息的分析、预测、决策的过程。会计电算化是现代社会化大生产和新技术革命的必然产物，也是会计工作不断进步与发展的需要。会计电算化的应用，提高了会计数据处理的及时性和准确性，拓展了会计数据的领域，有利于更加充分地发挥会计在管理中的职能作用。会计电算化一般借助于专门的软件来实现，会计软件必须符合会计法规制度的要求并具有安全性保障。

会计人物 7-2　　“现代会计控制学创始人”——杨时展

杨时展教授（1913—1997），是我国著名的会计学家，提出的受托责任理论、会计控制系统的观点、差异分析不连锁的观点，以及审计建制民主化的思想，为国际会计界所公认，在学术界享有很高的声誉。其主要学术贡献可大体上归纳为如下八个方面：

1. 依据中外政府和企业经济与会计控制的历史运行规律，创立了“受托责任学说”；
2. 通过揭示现代会计本质，创立了“现代会计控制学说”；
3. 审计民主学说；
4. 经济效益学说；
5. 能动“节用学说”；
6. 成本控制学说；
7. 关于管理会计理论与企业管理实践相结合的观点；
8. 唯物主义的会计历史观。

资料来源　苍天．中国会计名人评选　潘序伦等9人入选［N］．中国会计报，2013-01-22.

手工会计核算尽管采用记账凭证账务处理程序、科目汇总表账务处理程序、汇总记账凭证账务处理程序或日记总账账务处理程序，但普遍存在数据大量重复、信息提供不及时、准确性差和工作强度大等缺陷。与手工会计相比，会计电算化账务处理程序具有以下特点：

1. 账簿体系虚拟化

手工会计离不开账簿，账簿作为存放分类汇总后的会计数据的载体，是一个承前启后、不可缺少的桥梁与纽带。账簿的内容包括账页格式和账户记录。账户就是对会计数据进行分类、归集而设置的记录单元。在电算化会计信息系统中，会计信息的生成仍然离不开账户这样最基本的存储单元，但账户的存储并不一定要借助于账簿来完成。信息技术的运用，使账户记录与纸介质呈现出分离的趋势，纸介质不再作为账户分类和汇总数据的唯一载体。实践证明，在磁、电、光等介质保存会计数据可靠性得以保证的前提下，人们需要的各种核算资料尽可通过调用这些介质上的数据库文件并加以显示，完全不必使用纸张作为账户记录的载体。会计电算化条件下会计信息系统（或称“电算化会计信息系统”）中的账簿概念是“虚”的，数据库中存储的是凭证库文件及相关数据，即磁盘上并不存在账，更不存在一个与手工账对应的磁盘文件。账簿上反映的数据有两类，一类是发生额，另一类是余额。作为记账对象的发生额数据，来源于记账凭证，而作为记账结果的期末（或期初）余额数据，则是在凭证被登记之后形成的。账簿记录只不过是记账凭证上账户记录的分类、汇总罢了。由于计算机具有强大、快速的数据处理功能，它对记账凭证库文件的分类、汇总不过是举手之劳。而对于账户余额，只要保证系统初始化时输入的初始余额数据正确无误，以后各个会计期的期末余额也就唾手可得了。因此，电算化会计信息系统中的账是凭证库文件及相关数据（主要是各会计账户的期初余额数据）自动地、准确无误地派生出来的。理论上说，企业保留了凭证库文件及相关数据，也就保证了账簿的存在。

2. 记账过程自动化

电算化会计信息系统中的记账过程也是一个虚的过程，因为并没有生成实际的账。“记账”就是将前凭证库文件中审核通过的记账凭证做上过账标识或者另外形成一个账后凭证库文件，表明该记账凭证已入账，不允许再对其进行修改。如果凭证记账后发现有错误，只能采用类似于手工会计下的红字冲销法，通过输入“更正凭证”予以纠正。所以，在电算化会计信息系统中，记账环节完全可以取消，即平时不登记日记账、明细账及总账，只将记账凭证保存在一起，在需要时再采用瞬间成账的做法：根据科目余额库文件的期初余额数据和记账凭证库文件的科目发生额数据，当即形成所需的“账簿”并予以输出。同时，这种瞬间成账的方式也使会计报表瞬间形成成为可能。至于很多会计软件所提供的记账模块功能，主要是为了满足会计人员的习惯，即只有先记账才能查询和打印。

3. 账务处理流程一体化

手工会计的账务处理流程，简单地说就是：凭证—账簿—报表，会计人员的工作重点是在填制凭证以后的阶段，要形成会计报表，必须经过填制凭证、过账、结账、试算平衡、对账等诸多程序。在电算化会计信息系统中，整个账务处理流程分为输入、处理、输出三个环节，首先将分散于手工会计各个核算岗位的会计数据统一收集后集中输入计算机，此后的各种数据处理工作都由计算机按照会计软件的要求自动完成。从输入会计凭证到输出会计报表，一气呵成，一切中间环节都在计算机内自动处理，而需要的任何中间资料都可以通过系统提供的查询功能得到，真正实现了数出一门（都从凭证上来）和数据共享（同时产生所需账表）。整个账务处理流程具有高度的连续性、严密性，呈现出一体化趋势，极大地提高了财务报告的时效性。这样，在手工会计中非常费时、费力和繁琐的工作，变成了电算化会计信息系统中一个简单的指令或动作。过去需要众多人员从事的填制凭证、记账、编表等工作，现在只需要少量的人员进行操作就可以了。因此，手工会计中不同账务处理程序的划分已没有必要，可以采用一种统一的账务处理程序，这就为实现电算化会计信息系统中账务处理程序的通用化提供了前提。

4. 证、账、表数据一致化

在手工会计中，分类账分为总分类账（总账）和明细分类账（明细账）。其登记的原则是平行登记，即把来源于记账凭证的信息一方面记入有关总账账户，同时还要记入该总账所属的有关明细账账户，并通过定期对账来检查和纠正总账或明细账中可能出现的记录错误。这种通过低效率的多重反映和相互稽核来换取数据处理的正确性与可靠性是手工账务处理程序的一个重要特征。然而，对账是设置账簿的产物，如果没有设置账簿，也就无所谓账证、账账、账表之间的核对了。计算机本身是不会发生遗漏、重复及计算错误的。只要会计软件的程序编写正确且运行正常，账证、账账一定是相符的；只要报表公式定义正确，账表也一定相符。这样，就使手工会计下的对账环节没有了存在的必要。事实上计算机对来源于记账凭证中的信息不再重复处理，而分类账也没有必要明确地区分为总账和明细账。当然，这并不排除会计软件中设置类似于总账和明细账的数据存储结构，但这样的总账和明细账之间并不存在统驭与被统驭的关系，其目的只是为了加快信息检索的速度。

二、账务处理子系统简介

一个完整的电算化会计信息系统，通常包括账务处理子系统、会计报表子系统、工资管理子系统、固定资产管理子系统、存货核算子系统、成本核算子系统、应收应付款核算子系统、销售核算子系统和财务分析子系统等。账务处理工作主要在账务处理子系统中完成。**账务处理子系统**又称总账子系统，是会计信息系统的核心子系统，是整个会计信息系统中最基本和最重要的部分。其他财务和业务子系统在进行业务处理的同时要生成记账凭证传递到账务处理子系统来统一进行账务处理，以便生成完整的会计信息。报表子系统编制报表和进行财务分析，其数据主要也是取自账务处理子系统。许多单位的会计电算化工作往往是从账务处理子系统开始的。

（一）账务处理子系统的内容

一般来说，账务处理子系统的内容应包括系统设置（初始化）、凭证处理、期末处理、出纳管理、辅助核算、账表管理、系统维护等。按照使用顺序，通常将其划分为系统初始化、日常处理、期末处理三个方面。

1. 系统初始化

系统初始化是由用户根据本单位的需要建立账务应用环境，将会计软件的通用功能通过定义和设置转变为本单位实际需要的专用功能，主要包括：设置账簿选项、定义外币及汇率、建立会计账户、设置凭证类别、定义结算方式、设置各种辅助核算项目以及录入期初余额等。系统初始化的好坏，直接影响到会计电算化应用的效果。

2. 日常处理

当系统初始化工作完成后，就可以进行日常业务处理了。日常业务处理的内容包括：填制凭证、审核凭证、记账、查询和输出各种凭证、日记账、明细账、总账和辅助账等。

3. 期末处理

期末处理是指会计人员在将本月发生的日常经济业务全部登记入账后，在每个会计期末都需要完成的一些特定的会计工作，主要包括：银行对账、自动转账、试算平衡、对账、结账、生成月末工作报告等。由于各会计期间的许多业务均具有较强的规律性，由计算机来处理会计期末业务，不但可以规范会计业务的处理，还可以大大提高期末会计业务处理的工作效率。

会计人物 7-3　“我国社会主义会计制度的奠基人”——杨纪琬

杨纪琬教授（1917—1999），我国社会主义会计制度的奠基人，著名会计理论家、教育家，注册会计师制度的重建和恢复者。

1984 年杨纪琬教授在总结几十年会计制度建设经验教训的基础之上，提出会计制度的建设应妥善处理十个方面的关系。

1980 杨纪琬参与起草新中国成立以来的第一部《会计法》。

1999 年 2 月 6 日逝世时，中国官方发表的《杨纪琬同志生平》中称他为“新中国会计界公认的一代名师”，为中国会计制度和会计准则的建设、会计理论、会计教育和注册会计师事业的发展，贡献了毕生精力，做出了巨大而杰出的贡献。

杨纪琬教授创建的会计理论，他的治学精神，他为中国会计事业所做出的不朽业绩将永留史册。

● 研究领域：会计管理理论与成本管理模式

● 基本观点：会计直接参与企业的整体决策、协调，对管理的指挥职能起重要的参谋作用。

● 代表作品：《社会主义会计理论建设》

资料来源　苍天．中国会计名人评选　潘序伦等 9 人入选［N］．中国会计报，2013-01-22.

（二）账务处理子系统的工作流程

账务处理子系统的工作流程如图 7-5 所示。

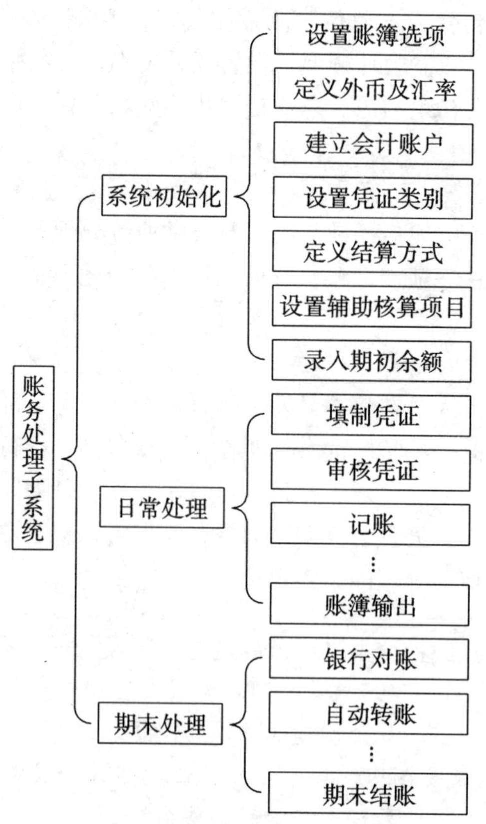

图 7-5　账务处理子系统的工作流程

（三）账务处理子系统的日常应用

1. 填制凭证

凭证是账务处理子系统日常应用的起点，凭证的正确与否直接影响着后续会计数据处理的正确性。因此，准确完整地填制记账凭证是账务处理子系统中一项重要的基础工作。使用计算机处理会计业务后，记账、账簿查询、会计数据分析等工作都已实现高度自动化，只要用户操作得当，瞬间就会得出结果。工作量相对较大、较频繁的是填制凭证，因为所有的会计数据都要通过填制凭证这个途径进入系统。如个人往来、客户往来、供应商往来、外币业务、部门核算、项目核算等辅助账，在记账时是自动完成的，但系统完成自动记账时需要的基本信息和辅助信息却都是在填制凭证时录入的。会计信息的准确性和完整性完全依赖于记账凭证，因而会计人员要确保记账凭证输入的准确完整。

在账务处理子系统中，填制凭证可以采用以下几种方式：

（1）手工编制完成记账凭证后录入计算机；

（2）根据原始凭证直接在计算机上填制记账凭证；

（3）由账务处理子系统之外的其他子系统生成记账凭证。

2. 审核凭证

审核凭证是指由具有审核权限的操作员按照会计制度规定，对账务处理子系统中的记账凭证进行合法性检查，以防止错误和舞弊的发生。审核后的凭证，凭证审核人员的姓名将出现在“审核人”的位置上，此时的凭证称为“已审核凭证”。只有经过审核的凭证，才能执行记账程序，未审核的凭证不能记账。

3. 记账

记账凭证经审核签字后，即可执行记账程序。在电算化会计信息系统中，记账是由具有记账权限的操作员发出记账指令，由计算机按照预先设计好的记账程序自动进行的，人工不能干预，而且记账过程很快，瞬间完成。电算化会计信息系统中的记账具有以下特点：

（1）记账是一个功能按键，指令发出后由计算机自动完成记账过程；

（2）用户执行了记账功能后，系统将已审核的凭证做记账标识或将其从临时凭证库转移到正式凭证库中，同时产生本月最新的科目发生额、余额数据。在输出日记账、明细账和总账时，系统从凭证库和科目发生额库中取出数据，然后按照账页格式输出；

（3）记账过程一旦出现断电或因其他原因造成中断后，系统将自动调用“恢复记账前状态”恢复数据，然后用户再重新执行记账程序。

4. 期末处理

期末业务处理的主要工作是：期末的摊、提、结转业务的处理和对账、结账等工作。期末业务是会计部门在每个会计期末都需要完成的特定业务。这些业务数量不是太大但处理较复杂。由于期末业务处理的主要数据来源于账簿记录，各会计期间的多数期末业务处理具有很强的规律性，比较适合计算机自动进行处理。因此，在账务处理子系统中，期末业务的处理主要是由计算机根据用户的设置自动进行的。手工会计中，结账工作环节，工作量大且复杂。电算化会计信息系统中，通过预先定义账户之间的结转关系，结账可以作为一个步骤由计算机在较短时间内同时自动完成。

在会计期末，对指定月份进行结账。如果该月有尚未记账的凭证，则不允许结账。上一个月未结账，下一个月不能记账。结账后，不能再输入当月的记账凭证。

三、会计电算化对会计工作的影响

以电子计算机和通讯技术为主的现代信息技术充分应用于会计工作后，对传统会计实务产生了深远的影响：会计信息的处理工具由算盘发展到键盘，会计信息的载体从纸张发展到磁盘文件，会计信息的处理与传输呈现出高度自动化、电子化、无纸化和实时化的特点，并促使以簿记为主的传统会计组织发生根本性改变。会计电算化不仅大大减轻了财务人员的劳动强度，大大提高了会计信息的处理和传递速度，更重要的是使会计工作发生了质的变化，主要表现在以下几个方面：

（1）使企业财务真正做到统一规范。实现会计电算化后，企业可以轻松实现对财务数据处理和业务流程的规范，避免了手工会计中因人为因素造成的在数据处理方面的不统一和不对应，减少了实际工作中标准的模糊性以及主观人为的不确定性，增强了会计工作的客观性和会计信息的可比性，更加有利于企事业单位对其财务和业务流程进行控制。

（2）有利于信息资源共享。由于基于网络化处理，不仅可以做到在各财务岗位间的资源共享，保证财务数据一体化，而且对生成的财务信息，在设置权限的情况下可以在同一时间内任意查询。在手工会计中，由于分工传递和手工操作，不仅财务以外无法获得所需信息，即使在各财务各岗位间也无法实现资源共享。

（3）便于加强企业内部控制。实现会计电算化后，一方面最大可能地细化和明确了会计工作全过程中每个环节的参照依据和考核标准，可以对会计人员和工作进行严格控制。另一方面实现了有效实时监控，所有数据及操作情况均记入系统日志，使得各分支机构弄虚作假的可能性减少。

（4）强化了财务管理。在实现会计电算化后，会计信息的处理能力大幅度提高，使会计对经济活动的反映能力更及时和准确，反映的信息更加细致、全面和深入、信息查询对领导掌握财务运行提供了方便，保证了财务在管理中的核心地位。

第七节　账户分类

账户是根据会计科目设置的，具有一定格式和结构，用于分类反映会计要素的增减变动情况及其结果的载体。本节分别介绍账户按照其经济内容分类和按照其用途、结构分类。账户按用途和结构分类是按内容分类的细化，反过来说按经济内容分类是按用途和结构分类的基础。两种分类方法是相互补充的关系，账户按其经济内容分类是为满足管理和会计信息使用者的需要，账户按其用途和结构分类的实质是账户在会计核算中所起的作用和账户在使用中能够反映的什么样的经济指标进行的分类，即对具有相同核算特点的会计科目的分类。

一、账户按经济内容分类

账户按经济内容分类的实质是按照会计对象的具体内容进行的分类。如前所述，经济组织的会计对象就其具体内容而言，可以归结为资产、负债、所有者权益、收入、费用和利润六个会计要素。由于利润一般隐含在收入与费用的配比中，因此，从满足管理和会计信息使用者需要的角度考虑，账户按其经济内容可以分为资产类账户、负债类账户、所有者权益类账户、成本类账户和损益类账户等五类。

（一）资产类账户

资产类账户按照反映流动性快慢的不同可以再分为流动资产类账户和非流动资产类账户。流动资产类账户主要有：库存现金、银行存款、应收账款、原材料、库存商品、待摊费用等；非流动资产类账户主要有：固定资产、累计折旧、无形资产、长期待摊费用等。

（二）负债类账户

负债类账户按照反映流动性强弱的不同可以再分为流动性负债类账户和长期负债类账户。流动负债类账户主要有：短期借款、应付账款、应付工资、应交税费等；长期负债类账户主要有：长期借款、应付债券、长期应付款等。

（三）所有者权益类账户

所有者权益类账户按照来源和构成的不同可以再分为投入资本类所有者权益账户和资本积累类所有者权益账户。投入资本类所有者权益账户主要有：实收资本、资本公积等；资本积累类账户主要有：盈余公积、本年利润、利润分配等。

（四）成本类账户

成本类账户按照是否需要分配可以再分为直接计入类成本账户和分配计入类成本账户。直接计入类成本账户主要有：生产成本（包括：基本生产成本、辅助生产成本）等；分配计入类成本账户主要有：制造费用等。

（五）损益类账户

损益类账户按照性质和内容的不同可以再分为营业损益类账户和非营业损益类账户。营业损益类账户主要有：主营业务收入、主营业务成本、主营业务税金及附加、其他业务收入、其他业务支出、投资收益等；非营业损益类账户主要有：营业外收入、营业外支出、销售费用、管理费用、财务费用、所得税等。

二、账户按用途和结构分类

账户按用途和结构分类的实质是账户在会计核算中所起的作用和账户在使用中能够反映的什么样的经济指标进行的分类。账户按照用途和结构可以分为盘存类账户、结算类账户、跨期摊配类账户、所有者投资账户、调整类账户、集合分配类账户、成本计算类账户、计价对比类账户、集合配比类账户和财务成果类账户等十类。

（一）账户按用途和结构分类的意义

将账户按用途和结构进行分类对于正确区分账户的经济性质、合理地设置和运用账户，提供企业经营管理和对外报告所需要的各种核算指标，具有重要意义。

账户的用途是指设置和运用账户的目的，即通过账户记录提供什么核算指标。

账户的结构是指在账户中如何登记经济业务，以取得所需要的各种核算指标。

账户的经济内容决定账户的本质，它是账户分类的基础和出发点，账户的用途和结构直接或间接地依存于账户的经济内容，其一般规律是反映同类经济内容的账户，账户的结构和用途应当相似。

（二）账户按用途和结构的具体情况分类

账户按用途和结构的具体情况分类，可以分为以下十大类。

1. 盘存账户

盘存账户是用来反映和监督各项财产物资和货币资金的增减变动及其结存情况的账户。

盘存账户反映的财产物资和货币资金，都可以通过财产清查的方法（实地盘点或对账）确定其实有数，核对其实际结存数与账面结存数是否相符，检查实存的财产物资和货币资金在管理上和使用上是否存在问题。除“库存现金”和“银行存款”账户外，其他盘存账户，如“原材料”、“库存商品”、“固定资产”等账户，通过设置明细账可以提供实物数量和金额两种指标。盘存账户的基本结构如图7-6所示。

盘存账户

借方	贷方
期初余额：货币资金和财产物资的期初结存额	
发 生 额：货币资金和财产物资的本期增加数	发 生 额：货币资金和财产物资的本期减少数
期末余额：货币资金和财产物资的期末结存额	

图7-6 盘存账户的基本结构

2. 结算账户

结算账户是反映和监督企业同其他单位或个人之间债权、债务结算情况的账户。根据反映的内容可以分为三类：债权结算账户、债务结算账户、债权债务结算账户，其各自的基本结构分别如图7-7、图7-8和图7-9所示。

债权结算账户

借方	贷方
期初余额：尚未收回的债权期初结存额	
发 生 额：本期发生的未收回债权的本期增加数	发 生 额：本期发生的未收回债权的本期减少数
期末余额：期末尚未收回的债权的结存额	

图7-7 债权结算账户的基本结构

债权结算账户包括“应收账款”、“应收票据”、“其他应收款”等账户。

债务结算账户

借方	贷方
	期初余额：尚未偿还的债务期初结存额
发 生 额：本期已经偿还的债务累计数额	发 生 额：本期尚未偿还的债务增加额
	期末余额：期末尚未偿还的债务结存额

图 7-8 债务结算账户的基本结构

债务结算账户包括“应付账款”、“应付票据”、“其他应付款”、“短期借款”、“长期借款”等账户。

债权债务结算账户

借方	贷方
期初余额：债权大于债务的差额	期初余额：债务大于债权的差额
发 生 额：本期债权的增加数本期债务的减少数	发 生 额：本期债务的增加数本期债权的减少数
期末余额：债权大于债务的差额	期末余额：债务大于债权的差额

图 7-9 债权债务结算账户的基本结构

债权债务结算账户包括“内部往来”等账户。

3. 所有者投资账户

所有者投资账户也称为资本账户，是用来反映和监督企业所有者投资的增减变动及其结存情况的账户。主要包括“实收资本”、“资本公积”、“未分配利润”、“盈余公积”等账户。所有者权益账户的基本结构如图 7-10 所示。

所有者权益账户

借方	贷方
	期初余额：所有者投资结存额
发 生 额：所有者投资本期减少数	发 生 额：所有者投资本期增加数
	期末余额：所有者投资期末结存额

图 7-10 所有者权益账户的基本结构

4. 集合分配账户

集合分配账户是用来归集和分配企业生产经营过程中所发生的各种费用，反映和监督有关费用计划执行和分配情况的账户，如“制造费用”账户。这类账户期末通常没有余额，具有明显的过渡性质。集合分配账户的基本结构如图 7-11 所示。

集合分配账户

借方	贷方
发 生 额：本期汇集各种费用发生额	发 生 额：本期费用的分配转出额

图 7-11 集合分配账户的基本结构

5. 成本计算账户

成本计算账户是用来反映和监督企业生产经营过程中某一阶段所发生的、应记入成本的全部费用，并确定各个成本计算对象的实际成本的账户。如“生产成本”、“材料采购”等账户。该类账户的特点是借方登记应记入成本的全部费用，贷方登记转出的成本计算对象的实际成本。成本计算账户的基本结构如图 7-12 所示。

成本计算账户

借方	贷方
期初余额：上期尚未完工的某成本计算对象的实际成本	
发 生 额：生产过程中发生的应当计入成本的金额	发 生 额：结转已经完工的某成本计算对象的实际成本
期末余额：期末尚未完工的某成本计算对象的实际成本	

图 7-12　成本计算账户的基本结构

6. 收入账户

收入账户是用来反映和监督企业在一定会计期间内所取得的各种收入的账户，包括“主营业务收入”、“其他业务收入”、“营业外收入”等账户。收入账户的基本结构如图 7-13 所示。

收入账户

借方	贷方
发 生 额：本期冲减的收入或收益额及期末结转的收入或收益额	发 生 额：本期确认的收入或收益额

图 7-13　收入账户的基本结构

7. 费用账户

费用账户是用来反映和监督企业在一定会计期间内所发生的，应当记入当期损益的各种费用的账户，包括“主营业务成本”、“其他业务成本”、“营业税金及附加”、“销售费用”、“管理费用”、“财务费用”、“营业外支出”、“所得税费用”等账户。费用账户的基本结构如图 7-14 所示。

费用账户

借方	贷方
发 生 额：本期费用增加额及本期冲减的费用额（红字）	发 生 额：期末结转的费用额

图 7-14　费用账户的基本结构

8. 财务成果账户

财务成果账户是用来反映和监督企业在一定期间内全部生产经营活动最终成果的账户。包括“本年利润”、“未分配利润”等账户。财务成果账户的结构如图7-15所示。

财务成果账户

借方	贷方
发 生 额：期末从各费用账户转入的费用发生额	发 生 额：期末从各收益账户转入的收益发生额
期末余额：本期累计发生的亏损额	期末余额：本期累计实现的净利润

图 7-15 财务成果账户的基本结构

9. 调整账户

调整账户是用来调整被调整账户（资产或权益）的余额，以求得被调整账户的实际余额而设置的账户。了解该类账户的设置和应用，需要明确以下两个问题：一是调整账户调整的对象仅限于某些资产或权益类账户，需要调整的账户被称为被调整账户，只有调整账户与被调整账户相结合，才能确定某些资产或权益账户的实有数；二是某些资产或权益账户之所以需要调整，主要是由于管理上对某些会计要素项目需要用两种数字从不同的方面进行反映，这就需要通过两个账户分别反映其原始数额和调整数额，将原始数额和调整数额相加或相减后，即可求得实际数额。例如，固定资产因使用而发生磨损，按照一般账户登记规则，其价值减损应记入账户的贷方，由此引发的结果是“固定资产”账户只能提供固定资产的净值。而管理上则需要提供固定资产的原始价值和净值，以便分析固定资产的新旧程度，考察企业的生产规模。这就要求“固定资产”账户必须始终保持其原始价值，而通过“累计折旧”账户来反映其价值的损耗情况，对比两个账户的余额，可以了解固定资产的净值。

此外，某些资产账户在采用计划成本或售价核算时，账户的期末余额也成了计划成本或售价，为了取得实际成本，必须设置调整账户对计划成本或售价进行调整。例如，工业企业按计划成本核算原材料和库存商品时，需要设置“材料成本差异”账户和“产品成本差异”账户；流通企业采用售价核算库存商品时，需要设置“商品进销差价”账户，等等。调整账户的特点如下：

（1）调整账户与被调整账户反映的经济内容相同，但用途与结构不同。

（2）被调整账户反映会计要素的原始数据，而调整账户反映的是同一会计要素的调整数据，调整账户不能脱离被调整账户而独立存在。

（3）调整方式是指原始数据与调整数据是相加还是相减，以求得有特定含义的调整数据。

调整账户根据调整方式的不同可以分为三类：备抵账户、附加账户和备抵附加账户。

①备抵账户是用来抵减被调整账户余额，以求得被调整账户实际余额的账户。被调整账户的余额与备抵账户的余额一定是在相反的方向，其调整公式如下：

被调整账户的实际余额=被调整账户的账面余额-备抵账户的账面余额

资产备抵账户有"固定资产"与"累计折旧"；"应收账款"与"坏账准备"等账户。负债备抵账户有"应付债券——债券折价"与"应付债券——债券面值"账户等。所有者权益备抵账户有"本年利润"与"利润分配"账户等。

②附加账户是用来增加被调整账户余额，以求得被调整账户实际余额的账户。被调整账户的余额与附加账户的余额一定在相同方向，其调整公式如下：

被调整账户的实际余额=被调整账户的账面余额+备抵账户的账面余额

被调整账户与附加账户的账户结构相同，如"应付债券——债券溢价"与"应付债券——债券面值"账户等。

③备抵附加账户是指既可用来抵减，又可用来增加被调整账户余额，以求得被调整账户实际余额的账户。这类账户属于双重性质的账户，如"材料成本差异"账户。

10. 计价对比账户

计价对比账户是用来对某一项经济业务，在借贷两方按照两种不同的计价标准进行对比，以确定其业务成果的账户，如"材料采购"账户，该类账户的特点如下：

（1）账户的借、贷两方分别反映同一实物数量的不同计价标准。

（2）计价对比账户在进行对比确定了业务成果以后，要将差额结转到相关账户中，结转后一般应无余额。该类账户的基本结构如图 7-16 所示。

计价对比账户

借方	贷方
发生额：核算业务的第一种计价及计价贷差（转入差异账户的贷方）	发生额：核算业务的第一种计价及计价借差（转入差异账户的借方）

图 7-16 计价对比账户的基本结构

■ 思考题

1. 在手工会计条件下，应如何选择账务处理程序？

2. 与在手工会计条件下相比，在会计电算化条件下的账务处理程序具有哪些特点？

3. 账户分类的意义有哪些？

第八章

会计报表

■ 主要知识点

* 了解财务报告的基本内容及编写要求
* 掌握资产负债表的格式及编写方法
* 掌握利润表的格式及编写方法
* 掌握现金流量表的格式
* 熟悉财务软件中报表处理系统的基本内容

■ 关键概念

会计报表　资产负债表　利润表　利润分配表　现金流量表　会计报表分析

■ 引言

会计通过设置会计科目与账户、填制与审核凭证、复式记账、登记账簿、成本计算、财产清查等一系列的会计核算方法后，已经形成了初步的会计资料，进而需要编制会计报表。会计报表包括基本报表、报表附注和财务状况说明书等内容。会计报表可以满足所有者、经营者、投资者和债权人等各方面的信息需求。本章拟从介绍会计报表的概念、种类及编制要求入手，重点介绍资产负债表、利润表和现金流量表的概念及作用、格式及内容、编制方法及举例。最后简单介绍了会计报表的分析。

第一节　会计报表概述

一、会计报表的概念及种类

会计报表是通过整理、汇总日常会计核算资料而定期编制的，用来集中、总括地反映企业单位在某一特定日期的财务状况以及某一特定时期的经营成果和现金流量等会计信息的书面报告。不同性质的会计主体，由于会计核算的内容和经营管理的要求不同，所以编制的会计报表也不尽相同。就企业而言，所编制的会计报表可以按照以下不同的标志进行分类。

（一）按照会计报表反映的内容不同分类

按照会计报表反映的内容不同，可以分为以下四大类。

（1）反映一定日期企业资产、负债及所有者权益等财务状况的报表，如资产负债表。

（2）反映一定时期企业经营成果的会计报表，如利润表。

（3）反映一定时期企业所有者权益构成及增减变动情况的报表，如所有者权益变动表。

（4）反映一定时期企业财务状况变动情况的会计报表，如现金流量表。

以上四类会计报表又可以划分为静态报表和动态报表两类。前者为资产负债表，后者为利润表、所有者权益变动表和现金流量表。

（二）按照会计报表报送的对象不同分类

按照会计报表报送的对象不同，可以分为以下两大类。

1. 对外报送的会计报表

主要包括资产负债表、利润表、所有者权益状况变动表和现金流量表等。这类报表可用于企业内部管理，但更偏向于为现在和潜在投资者、供应商、债权人、顾客、政府机构、社会公众等外部使用者提供会计信息。这类报表一般都有统一的格式和编制要求。

2. 对内报送的会计报表

主要包括商品产品成本表、主要产品单位成本表等。这类报表是根据企业内部管理需要而编制的，主要用于企业内部成本控制、定价决策、投资或筹资方案的选择等。这类报表一般无规定的格式和种类。

（三）按照会计报表编制的时间不同分类

按照会计报表编制的时间不同，可以分为以下两大类。

1. 定期会计报表

在固定时间编制的会计报表，称为定期会计报表。定期会计报表又可分为年度会计报表、季度会计报表和月份会计报表（简称年报、季报和月报）三类。年报是年终编制的报表，它是全面反映企业财务状况、经营成果和现金流量等信息的报表。季报是每一季度末编制的报表，编制种类比年报少一些。月报是月终编制的会计报表，只包括一些主要的报表，如资产负债表、利润表等。企业在编制会计报表时，哪些为年报，哪些为季报或月报，应根据《企业会计准则》的规定办理。月度会计报表和季度会计报表又可称为中期会计报告。

2. 不定期会计报表

在非固定时间编制的会计报表，称为不定期会计报表。企业在持续经营的条件下，一般是按年、季、月编制会计报表，但在某种特殊情况下则需编制不定期会计报表，例如，在企业宣布破产时应编制和报送破产清算会计报表。

会计人物 8-1　　著名会计学家——易庭源

易庭源（1919—2011），教授，湖南汨罗人。1944 年毕业于湖南国立商学院会计统计系并留校任教。先后任教于湖北大学、湖北财经专科学校、湖北财经学院和中南财经政法大学。并先后担任教研室主任、会计学专业硕士研究生导师组组长、中国成本研究会理事、常务理事，武汉市会计学会顾问和湖北省成本研究会副会长等职。

从 1947 年在《中央日报》上发表第一篇论文——《折旧原理之我见》起，几十年来易庭源教授出版专著、主编教材多部，并发表学术论文百余篇。其中，专著《资金运动会计理论》获 1989 年湖北省社会科学联合会二等奖，1990 年湖北省成本研究会科研成果一等奖，1996 年财政部第三届财政系统大中专优秀教材二等奖。《成本分块与利润分块理论与方法》等 10 篇论文获国家教委 1992 年科技进步（甲类）三等奖。

资料来源　汤湘希，王昌锐. 追忆一代宗师、著名会计学家易庭源教授［EB/OL］. 中南财经政法大学会计学院网站［2011-8-30］，http：//cache. baiducontent. com.

（四）按照会计报表编制的单位不同分类

按照会计报表编制的单位不同，可以分为以下两大类。

1. 单位会计报表

是指由独立核算的会计主体编制的，用以反映某一会计主体的财务状况、经营活动成果和费用支出及成本完成情况的报表。

2. 汇总会计报表

是指由上级主管部门将其所属各基层经济单位的会计报表，与其本身的会计报表汇总编制的，用以反映一个部门或一个地区经济情况的会计报表。

二、会计报表的构成内容

会计报表主要由会计报表主表、会计报表附注和财务情况说明书三部分内容构成。

（一）会计报表主表

现行会计制度规定，企业会计报表的主表包括：资产负债表、利润表、现金流量表、所有者权益状况变动表和成本报表等。

（二）会计报表附注

会计报表附注是为了便于会计报表使用者理解会计报表的内容而对会计报表的编制基础、编制依据、编制原则和方法及主要项目等所做的解释。一般来讲，会计报表附注的主要内容如下：

（1）不符合会计假设的说明。

（2）重要会计政策和会计估计及其变更情况、变更原因及对财务状况和经营成果的影响。

（3）或有事项和资产负债表日后事项的说明。

（4）关联方关系及其交易的说明。

（5）重要资产转让及出售说明。

（6）有关企业合并、分立的说明。

（7）重大投资、融资活动。

（8）会计报表中重要项目的说明，以及有助于理解和分析会计报表需要说明的其他事项。

（三）财务情况说明书

为了帮助会计报表使用者更加全面、准确地了解和掌握企业的经济活动情况，充分发挥会计报表在经济管理中的巨大作用，企业在编制、报送年度会计报表的同时，应撰写并报送财务状况说明书。财务状况说明书的主要内容如下：

（1）企业在报告期内的生产情况。

（2）企业在报告期内的盈亏情况及利润的分配情况。

（3）企业在报告期内的资金周转及其增减变动情况。

（4）企业在报告期内的资本结构及其情况。

（5）企业在报告期内的主要税、费的计算及缴纳情况。

（6）企业在报告期内的财产盈亏及报损情况。

（7）企业在报告期内会计核算方法的变更情况。

（8）其他有必要说明的情况。

三、会计报表的编制要求

会计报表的种类、格式、内容和编制方法，都应由财政部统一规定，企业只有严格按照统一的规定填制和上报，才能保证会计报表口径一致，才便于各有关部门利用会计报表，了解、考核和管理企业的经济活动。

为了确保会计报表质量，充分发挥会计报表的作用，企业编制的会计报表必须符合以下几项要求。

（一）内容必须完整

会计报表中各项指标和数据是相互联系、相互补充的，企业必须按规定填列齐全、完整。不论主表、附表或补充资料，都不能漏填、漏报。各会计报表之间、各项目之间凡有对应关系的项目的数据，应该相互一致，做到表表相符。

（二）数字必须真实

根据客观性原则，企业会计报表所填列的数字必须真实、可靠，能准确地反映企业的财务状况和经营成果。不得以估计数字填列会计报表，更不得弄虚作假，篡改伪造数字。为了确保会计报表的数字真实准确，应做到如下几点：

（1）编制会计报表之前，报告期内所有的经济业务必须全部登记入账。应根据核对无误的账簿记录编制会计报表，不得用估计数字编制会计报表，不得弄虚作假，不得篡改数字。

（2）编制会计报表之前，应认真核对账簿记录，做到账证相符、账账相符。若发现不符之处，应先查明原因，加以更正，再据以编制会计报表。

（3）编制会计报表之前，应定期进行财产清查。对各项财产物资、货币资金和往来款项进行盘点、核实，在账实相符的基础上编制会计报表。

（4）编制会计报表时，应认真核对会计报表上的数字。本期会计报表与上期会计报表的数字应衔接一致，本年度会计报表与上年度会计报表相关指标数字应衔接一致。

（三）计算必须准确

企业会计报表上的各项指标，都必须按《企业会计准则》和《企业会计制度》规定的口径填列，不得任意删减或增加，凡需经计算填列的指标，应按以上两个制度所规定的公式计算填列。

（四）编报必须及时

企业应按规定的时间编报会计报表，及时逐级汇总，以便报表的使用者及时、有效地利用会计报表资料。为此，企业应科学地组织好会计的日常核算工作，选择适合本企业具体情况的会计核算程序，认真做好记账、算账、对账和按期结账工作。

第二节 资产负债表

一、资产负债表的概念及作用

资产负债表是总括地反映企业在某一特定日期（月末、季末或年末）全部资产、负债和所有者权益情况的会计报表。资产负债表可提供的信息主要有以下几种：

（1）流动资产实有情况的信息。包括货币资金、应收及预付账款、交易性金融资产和存货等流动资产实有情况的信息。

（2）非流动资产实有情况的信息。包括可供出售金融资产、持有至到期投资、长期股权投资、固定资产、无形资产等非流动资产实有情况的信息。

（3）负债实有情况的信息。包括短期借款、交易性金融负债、应付及预收账款、长期借款、应付债券、长期应付款等负债实有情况的信息。

（4）所有者权益实有情况的信息。包括实收资本、盈余公积和未分配利润等所有者权益实有情况的信息。

资产负债表总括地提供了企业的经营者、投资者和债权人等各方所需要的信息，其具体作用如下。

（1）经营者利用资产负债表，可以了解企业所掌握的经济资源及企业的分布情况，分析企业资产的分布是否合理，以改进经营管理，提高管理水平。

（2）投资者和债权人利用资产负债表，可以了解企业资金的来源渠道、构成情况及企业的财务实力，分析企业所面临的财务风险，监督企业合理使用资金，并相应地做出投资和贷款等方面的正确决策。

（3）经营者、投资者和债权人通过对前后期资产负债表的对比分析，可了解企业资金结构的变化情况，掌握企业财务状况的发展变化趋势。

二、资产负债表的结构及内容

资产负债表是依据“资产=负债+所有者权益”这一会计等式的基本原理设置的，分为左、右两方，左方反映企业所拥有的全部资产，右方反映企业的负债和所有者权益。根据会计等式的基本原理，左方的资产总额等于右方的负债和所有者权益相加后的总额。资产负债表左、右两方各项目前后顺序是按其流动性排列的。一般企业的资产负债表的基本格式见表 8–1。

表 8–1 **资产负债表**

编制单位： 年 月 日 单位：元

资产	期末余额	期初余额	负债和所有者权益	期末余额	期初余额
流动资产：			流动负债：		
货币资金			短期借款		
交易性金融资产			交易性金融负债		
应收票据			应付票据		
应收账款			应付账款		
预付款项			预收款项		
应收利息			应付职工薪酬		
应收股利			应交税费		
其他应收款			应付利息		
存货			应付股利		
一年内到期的非流动资产			其他应付款		
其他流动资产			一年内到期的非流动负债		
流动资产合计			其他流动负债		
非流动资产：			流动负债合计		
可供出售金融资产			非流动负债：		
持有至到期投资			长期借款		
长期应收款			应付债券		
长期股权投资			长期应付款		
投资性房地产			专项应付款		

续表

资产	期末余额	期初余额	负债和所有者权益	期末余额	期初余额
固定资产			预计负债		
工程物资			递延所得税负债		
在建工程			其他非流动负债		
固定资产清理			非流动负债合计		
生产性生物资产			负债合计		
油气资产			所有者权益：		
无形资产			实收资本		
开发支出			资本公积		
商誉			减：库存股		
长期待摊费用			盈余公积		
递延所得税资产			未分配利润		
其他非流动资产			所有者权益合计		
非流动资产合计					
资产总计			负债和所有者权益总计		

（一）资产的排列顺序

1. 流动资产

流动资产包括在一年或超过一年的一个经营周期以内可以变现或耗用、售出的全部资产。在资产负债表上依次为：货币资金、交易性金融资产、应收票据、应收款项、预付款项、应收利息、应收股利、其他应收款、存货、一年内到期的非流动资产等。

2. 非流动资产

非流动资产包括在一年或超过一年的一个经营周期以上才能变现的资产。在资产负债表上依次为：可供出售金融资产、持有至到期投资、长期应收款、长期股权投资、投资性房地产、固定资产、工程物资、在建工程、固定资产清理、生产性生物资产、油气资产、无形资产、开发支出、商誉、长期待摊费用、递延所得税资产等。

（二）负债的排列顺序

1. 流动负债

流动负债包括偿还期在一年以内的全部负债。在资产负债表上依次为：短期借款、交易性金融负债、应付票据、应付款项、预收款项、应付职工薪酬、应交税费、应付利息、应付股利、其他应付款、一年内到期的非流动负债等。

2. 非流动负债

非流动负债包括偿还期在一年或超过一年的一个经营周期以上的债务。在资产负债表上依次为：长期借款、应付债券、长期应付款、专项应付款、预计负债、递延所得税负债等。

（三）所有者权益的排列顺序

所有者权益包括所有者投资、企业在生产经营过程中形成的盈余公积和未分配利润。在资产负债表上排列为：实收资本、资本公积、盈余公积和未分配利润等。

三、资产负债表的编制方法及举例

（一）资产负债表各项目的填列方法

资产负债表中“年初余额”栏各项的数字，应按上年年末资产负债表中“期末余额”栏中的数字填列。“期末余额”栏内各项数字根据会计期末各总账账户及所属明细账户余额填列。若本年度资产负债表中规定的各项目的名称和内容与上年度不一致，应对上年年末资产负债表各项的名称和数字按照本年度的规定进行调整后，填入表中的“年初余额”栏。“期末余额”栏内各项数字具体填列方法如下：

(1)“货币资金”项目，反映企业库存现金、银行结算户存款、外埠存款、银行汇票存款、银行本票存款、信用卡存款、信用证保证金存款等的合计数。本项目应根据“库存现金”、“银行存款”、“其他货币资金”等账户的期末余额合计数填列。

(2)“交易性金融资产”项目，反映企业为交易目的所持有的债券投资、股票投资、基金投资等交易性金融资产的公允价值。本项目应根据“交易性金融资产”账户的期末余额填列。

(3)“应收票据”项目，反映企业持有的尚未到期收款也未向银行贴现的应收票据，包括商业承兑汇票和银行承兑汇票。本项目应根据“应收票据”账户的期末余额填列。已向银行贴现和已背书转让的应收票据不包括在本项目内，其中已贴现的商业承兑汇票应在会计报表附注中单独披露。

(4)“应收账款”项目，反映企业因销售商品、产品和提供劳务等而应向购买单位收取的各种款项，减去已计提的坏账准备后的净额。本项目应根据“应收账款”账户所属各明细账户的期末借方余额合计数，减去“坏账准备”账户中有关应收账款计提的坏账准备的期末余额后的金额填列。例如，“应收账款”账户所属明细账户期末有贷方余额，应在本表“预收账款”项目内填列。

(5)“应收股利”项目，反映企业因股权投资而应收取的现金股利。企业应收其他单位的利润也包括在本项目内。本项目应根据“应收股利”账户的期末余额填列。

(6)“应收利息”项目，反映企业因债权投资而应收取的利息。企业购入到期还本付息债券应收的利息，不包括在本项目内。本项目应根据“应收利息”账户的期末余额填列。

(7)“其他应收款”项目，反映企业对其他单位和个人的应收和暂付的款项，减去已计提的坏账准备后的净额。本项目应根据“其他应收款”账户的期末余额，减去“坏账准备”账户中有关其他应收款计提的坏账准备期末余额后的金额填列。

(8)“预付款项”项目，反映企业预付给供应单位的款项。本项目应根据“预付账款"账户所属各明细账户的期末借方余额合计填列。例如“预付账款”账户所属有关明细账户期末有贷方余额的，应在本表“应付账款”项目内填列，又如“应付账款" 账户所属明细账户有借方余额的，也应包括在本项目内。

(9)“存货”项目，反映企业期末在库、在途和在加工中的各项存货的可变现净值，包括各种材料、商品、在产品、半成品、包装物、低值易耗品、分期收款发出商品、委托代销商品、受托代销商品等。本项目应根据“物资采购”、“原材料”、“低值易耗品”、“半成品”、“库存商品”、“包装物”、“分期收款发出商品”、“委托加工物资”、“委托代销商品”、“受托代销商品”、“生产成本”等账户的期末余额合计减去“代销商品款”、“存货跌价准备”账户期末余额后的金额填列。材料采用计划成本核算，以及库存商品采用计划成本或售价核算的企业，还应按加或减材料成本差异、商品进销差价后的金额填列。

(10)“一年内到期的非流动资产”项目，反映企业将于一年内到期的非流动资产。本项目应根据有关账户的期末余额分析计算填列。

(11)“其他流动资产”项目，反映企业除以上流动资产项目外的其他流动资产。本项目应根据有关账户的期末余额填列。如果其他流动资产价值较大的，应在会计报表附注中披露其内容和金额。

(12)“可供出售金融资产”项目，反映企业持有的划分为可供出售金融资产的证券。本项目根据“可供出售金融资产”账户的期末余额填列。

(13)“持有至到期投资”项目，反映企业持有的划分为持有至到期投资的证券。本项目根据“持有至到期投资”账户的期末余额减去“持有至到期投资减值准备”账户的期末余额后填列。

(14)“投资性房地产”项目，反映企业持有的投资性房地产。本项目应根据“投资性房地产”账户的期末余额，减去“投资性房地产累计折旧”、“投资性房地产减值准备”账户所属有关明细账户期末余额后的金额分析计算填列。

(15)“长期股权投资”项目，反映企业不准备在一年内（含一年）变现的各种股权性质的投资的可收回金额。本项目应根据“长期股权投资”账户的期末余额，减去“长期投资减值准备”账户中有关股权投资减值准备期末余额后的金额填列。

(16)“长期应收款”项目，反映企业持有的长期应收款的可收回金额。本项目应根据“长期应收款”账户的期末余额，减去“坏账准备”账户所属相关明细账户期末余额，再减去“未确认融资收益”账户期末余额后的金额分析计算填列。

(17)“固定资产”项目，反映企业的固定资产可收回金额。本项目应根据“固定资产”账户的期末余额，减去“累计折旧”、“固定资产减值准备”账户期末余额后的金额填列。

(18)“在建工程”项目，反映企业期末各项未完工程的实际支出，包括交付安装的设备价值，未完建筑安装工程已经耗用的材料、工资和费用支出、预付出包工程的价款、已经建筑安装完毕但尚未交付使用的工程等的可收回金额。本项目应根据“在建工程”账户的期末余额，减去“在建工程减值准备”账户期末余额后的金额填列。

(19)“工程物资”项目，反映企业各项工程尚未使用的工程物资的实际成本。本项目应根据“工程物资”账户的期末余额填列。

(20)“固定资产清理”项目，反映企业因出售、毁损、报废等原因转入清理但尚未清理完毕的固定资产的账面价值，以及固定资产清理过程中所发生的清理费用和变价收入等各项金额的差额。本项目应根据“固定资产清理”账户的期末借方余额填列，例如“固定资产清理”账户期末为贷方余额，则在金额前加“-”号后填列。

(21)“无形资产”项目，反映企业各项无形资产的期末可收回金额。本项目应根据“无形资产”账户的期末余额，减去“累计摊销”、“无形资产减值准备”账户期末余额后的金额填列。

(22)“递延所得税资产”项目，反映企业确认的递延所得税资产。本项目应根据“递延所得税资产”账户期末余额分析填列。

(23)“其他非流动资产”项目，反映企业除以上资产外的其他长期资产。本项目应根据有关账户的期末余额填列。其他长期资产价值较大的，应在会计报表附注中披露其内容和金额。

(24)“短期借款”项目，反映企业借入尚未归还的一年期以下（含一年）的借款。本项目应根据“短期借款”账户的期末余额填列。

(25)“交易性金融负债”项目，反映企业为交易而发生的金融负债，包括以公允价值计量且其变动计入当期损益的金融负债。本项目应根据“交易性金融负债”账户的期末余额分析填列。

(26)“应付票据”项目，反映企业为了抵付货款等而开出并承兑的尚未到付款期的应付票据，包括银行承兑汇票和商业承兑汇票。本项目应根据“应付票据”账户的期末余额填列。

(27)“应付账款"项目，反映企业购买原材料、商品和接受劳务供应等而应付给供应单位的款项。本项目应根据“应付账款”账户所属各有关明细账户的期末贷方余额合计填列，如“应付账款”账户所属各明细账户期末有借方余额，则应在本表“预付账款”项目内填列。

(28)“预收款项”项目，反映企业预收购买单位的账款。本项目应根据“预收账款”账户所属各有关明细账户的期末贷方余额合计数填列。如果“预收账款”账户所属有关明细账户有借方余额的，则应在本表“应收账款”项目内填列。如果“应收账款”账户所属明细账户有贷方余额的，也应包括在本项目内。

(29)“应付职工薪酬”项目，反映企业应付未付的职工薪酬。本项目应根据“应付职工薪酬”账户期末贷方余额填列。如果“应付职工薪酬”账户期末为借方余额，则在金额前加“-”号后填列。

(30)“应交税费”项目，反映企业期末未交、多交或未抵扣的各种税费。本项目应根据“应交税费”账户的期末贷方余额填列。如果“应交税费”账户期末为借方余额，则在金额前加“-”号后填列。

(31)“应付利息”项目，反映企业应付未付的利息。本项目应根据“应付利息”账户的期末贷方余额填列。

(32)“应付股利”项目，反映企业尚未支付的现金股利。本项目应根据“应付股利”账户的期末余额填列。

(33)“其他应付款”项目，反映企业所有应付和暂收其他单位和个人的款项。本项目应根据“其他应付款”账户的期末余额填列。

(34)“预计负债”项目，反映企业预计负债的期末余额。本项目应根据“预计负债”账户的期末余额填列。

(35)“一年内到期的非流动负债”项目，反映企业承担的将于一年内到期的非流动负债。本项目应根据有关非流动负债账户的期末余额分析计算填列。

(36)“其他流动负债”项目，反映企业除以上流动负债以外的其他流动负债。本项目应根据有关账户期末余额填列，如果“待转资产价值”账户有期末余额的，可在本项目内反映，如果其他流动负债价值较大的，应在会计报表附注中披露其内容及金额。

(37)“长期借款”项目，反映企业借入尚未归还的一年期以上（不含一年）的借款本息。本项目应根据“长期借款”账户的期末余额填列。

(38)“应付债券”项目，反映企业发行的尚未偿还的各种长期债券的本息。本项目应根据“应付债券”账户的期末余额填列。

(39)“长期应付款”项目，反映企业除长期借款和应付债券以外的其他各种长期应付款。本项目应根据“长期应付款”账户的期末余额，减去“未确认融资费用”账户期末余额后的金额填列。

(40)“递延所得税负债”项目，反映企业确认的递延所得税负债。本项目应根据“递延所得税负债”账户期末余额分析填列。

(41)“其他流动负债”项目，反映企业除以上非流动负债项目以外的其他非流动负债。本项目应根据有关账户的期末余额填列。如其他非流动负债价值较大，则应在会计报表附注中披露其内容和金额。

(42)“实收资本”或“股本”项目，反映企业各投资者实际投入的资本（或股本）总额。本项目应根据“实收资本”或“股本”账户的期末余额填列。

(43)“资本公积”项目，反映企业资本公积的期末余额。本项目应根据“资本公积”账户的期末余额填列。

(44)“盈余公积”项目，反映企业盈余公积的期末余额。本项目应根据“盈余公积”账户的期末余额填列。

(45)“未分配利润”项目，反映企业尚未分配的利润。本项目应根据“本年利润”账户和“利润分配”账户的余额计算填列。未弥补的亏损，在本项目内以“-”号填列。

资产负债表上述各具体项目的填列方法归纳分析后可分为以下四类：

一是根据各总账账户余额直接填列的项目。例如，“短期借款”、“应收股利”、“交易性金融资产”、“可供出售金融资产”、“交易性金融负债”等项目都是根据总账账户的期末余额直接填列的。

二是根据有关总账账户余额计算后填列的项目。例如，“货币资金”项目需要根据“库存现金”、“银行存款”、“其他货币资金”等账户的期末余额合计数计算填列。

三是根据有关明细账户余额计算后填列的项目。例如，“应付账款”项目需要根据“应付账款”、“预付账款”账户所属相关明细账户的期末贷方余额计算填列。

四是根据有关总账账户和明细账户余额分析计算后填列的项目。例如“长期借款”项目需要根据“长期借款”总账账户期末余额，扣除“长期借款”账户所属明细账户中反映的将于一年内到期的长期借款部分后填列。“固定资产”项目需要根据“固定资产”总账账户的期末余额，减去“累计折旧”、“固定资产减值准备”等账户的期末余额后填列。“持有至到期投资”项目需要根据“持有至到期投资”总账账户的期末余额，减去“持有至到期投资减值准备”账户期末余额后填列。

（二）资产负债表编制举例

【例 8-1】通用数码有限责任公司 20×3 年 12 月 31 日有关账户余额表见表 8-2。

表 8-2　**甲公司 20×3 年 12 月 31 日有关账户余额表**　单位：元

账户名称	借方余额	贷方余额	账户名称	借方余额	贷方余额
库存现金	70 000		短期借款	235 000	
银行存款	250 000		应付票据	220 000	
其他货币资金	205 000		应付账款	500 000	
交易性金融资产	25 000		预收账款	20 000	
应收票据	35 000		应付职工薪酬	135 000	
应收股利	35 000		应付股利	120 000	
应收利息	10 000		应交税费	45 000	
应收账款	356 000		其他应付款	35 000	
坏账准备		6 000	长期借款	500 000	
预付账款	60 000		实收资本	1 500 000	
其他应收款	10 000		资本公积	89 000	
原材料	350 000		盈余公积	256 000	
库存商品	165 000		利润分配	125 000	
生产成本	185 000				
可供出售金融资产	350 000				
长期股权投资	140 000				
长期股权投资减值准备		20 000			
固定资产	2 000 000				
累计折旧		650 000			
在建工程	120 000				
无形资产	90 000				
合计	4 456 000	676 000		3 780 000	

说明：表 8-2 中有三个账户在列表时按规定应予以调整：一是“应收账款”账户中有明细账贷方余额 10 000 元；二是“应付账款”账户中有明细账借方余额 20 000 元；三是“预付账款”账户中有明细账贷方余额 5 000 元。

上列资料经归纳分析后填入资产负债表，具体项目填报方法如下：

(1) 将“库存现金”、“银行存款”、“其他货币资金”账户余额合并列入货币资金项目（70 000+250 000+205 000），共计 525 000 元。

(2) 将坏账准备项目 6 000 元从应收账款项目中减去。将“应收款项”明细账中的贷方余额 10 000 元列入“预收款项”项目。计算结果，“应收账款”项目的账面价值为 360 000 元（356 000−6 000+10 000）。“预收款项”项目为 30 000 元（20 000+10 000）。

(3) 将“应付账款”明细账中的借方余额 20 000 元列入“预付款项”项目。将“预付款项”账户明细账中的贷方余额 5 000 元列入“应付账款”项目。计算结果，“预付款项”项目的余额为 85 000 元（60 000+20 000+5 000），“应付账款”项目的余额为 525 000 元（500 000+20 000+5 000）。

(4) 将“原材料”、“库存商品”、“生产成本”及其他存货账户余额合并为存货项目（350 000+165 000+185 000），共计 700 000 元。

(5) 从“长期股权投资”账户中减去“长期股权投资减值准备”20 000 元，长期股权投资项目的余额为 120 000 元（140 000−20 000）。

(6) 其余各项目按账户余额表数字直接填入报表。

通用数码有限责任公司 20×3 年 12 月 31 日资产负债表填报结果见表 8-3。

表 8-3 资产负债表

编制单位：通用数码有限责任公司 20×3 年 12 月 31 日 单位：元

资产	期末余额	年初余额	负债和所有者权益	期末余额	年初余额
流动资产：			流动负债：		
货币资金	525 000		短期借款	235 000	
交易性金融资产	25 000		交易性金融负债	0	
应收票据	35 000		应付票据	220 000	
应收账款	360 000		应付账款	525 000	
预付款项	85 000		预收款项	30 000	
应收利息	10 000		应付职工薪酬	135 000	
应收股利	35 000		应交税费	45 000	
其他应收款	10 000		应付利息	0	
存货	700 000		应付股利	120 000	
一年内到期的非流动资产	0		其他应付款	35 000	
其他流动资产	0		一年内到期的非流动负债	0	
流动资产合计	1 785 000		其他流动负债	0	
非流动资产：			流动负债合计	1 345 000	
可供出售金融资产	350 000		非流动负债：		

续表

资产	期末余额	年初余额	负债和所有者权益	期末余额	年初余额
持有至到期投资	0		长期借款	500 000	
长期应收款	0		应付债券	0	
长期股权投资	120 000		长期应付款	0	
投资性房地产	0		递延所得税负债	0	
固定资产	1 350 000		非流动负债合计	500 000	
在建工程	120 000		负债合计	1 845 000	
			所有者权益：		
无形资产	90 000		实收资本	1 500 000	
商誉	0		资本公积	89 000	
长期待摊费用	0		盈余公积	256 000	
递延所得税资产	0		未分配利润	125 000	
非流动资产合计	2 030 000		所有者权益合计	1 970 000	
资产总计	3 815 000		负债及所有者权益总计	3 815 000	

第三节 利润表

一、利润表的概念及作用

利润表是总括地反映企业在一定时期（年度、季度或月份）内经营成果的会计报表。利润表可提供的信息主要有以下几种：

（1）企业一定时期内取得的全部收入，包括营业收入、投资收益和营业外收入。

（2）企业一定时期内发生的全部费用和支出，包括营业成本、销售费用、管理费用、财务费用和营业外支出。

（3）企业一定时期内全部收入与全部费用和支出相抵后实现的利润（或亏损）总额。

利润表的作用主要体现在两个方面：

1. 通过利润表可以了解企业利润（或亏损）的形成情况，据以考核企业经营目标及利润计划的执行结果，分析企业利润增减变动的原因，以促进企业改善经营管理，不断提高管理水平和盈利水平。

2. 通过利润表可以考核对企业投资的价值和报酬，判断企业的资本是否保全，并预测企业在未来期间的经营状况和盈利趋势。

会计人物 8-2　　天下言治生者祖——白圭

白圭（公元前370年—公元前300年），名丹，战国时人，曾在魏国做官，后来到齐国、秦国。《汉书》中说他是经营贸易发展生产的理论鼻祖，即“天下言治生者祖”。他也是一位著名的经济谋略家和理财家。

白圭提出“农业经济循环说”，“治生之术”等观点，其基本原则是“乐观时变”，主张根据丰收、歉收的具体情况来实行“人弃我取，人取我与”。

白圭一生为国理财，常从大处着眼，通观全局，在经营上从不嫌弃小惠小利，也从不靠诡计进行欺诈。

白圭的经商思想是：“欲长钱，取下谷，长石斗，取上种”。

资料来源　佚名．天下言治生者祖——白圭［EB/OL］．东奥会计在线［2007-12-03］，http：//cache. baiducontent. com.

二、利润表的结构及内容

利润表一般包括表首、正表两部分。其中，表首概括说明报表名称、编制单位、编制日期、报表编号、货币名称、计量单位。正表是利润表的主体，反映形成经营成果的各个项目和计算过程。正表的格式一般有两种：单步式利润表和多步式利润表。单步式利润表是将当期所有的收入列在一起，然后将所有的费用列在一起，两者相减得出当期净损益；多步式利润表是通过对当期的收入、费用、支出项目按性质加以归类，按利润形成的主要环节列示一些中间性的利润指标，如营业利润、利润总额、净利润等，分步计算当期净损益。利润表的格式及内容见表8-4。

三、利润表的编制方法及举例

（一）利润表各项目的填列方法

利润表中的各个项目，都是根据有关会计账户记录的本期实际发生数和累计发生数分别填列的。各项目的具体填列方法如下：

（1）“营业收入”项目，反映企业经营活动所取得的收入总额。本项目应根据“主营业务收入”、“其他业务收入”等账户的发生额分析填列。

（2）“营业成本”项目，反映企业经营活动发生的实际成本。本项目应根据“主营业务成本”、“其他业务成本”等账户的发生额分析填列。

（3）“营业税金及附加”项目，反映企业经营活动应负担的营业税、消费税、城市维护建设税、资源税、土地增值税和教育费附加等。本项目应根据“营业税金及附加”账户的发生额分析填列。

（4）“销售费用”项目，反映企业在销售商品和商品流通企业在购入商品等过程中发生的费用。本项目应根据“销售费用”账户的发生额分析填列。

表 8-4 **利润表**

编制单位： 年 月 单位：元

项目	本期金额	上期金额
一、营业收入		
减：营业成本		
营业税金及附加		
销售费用		
管理费用		
财务费用		
资产减值损失		
加：公允价值变动收益（损失以“-”号填列）		
投资收益（损失以“-”号填列）		
其中：对联营企业和合并企业的投资收益		
二、营业利润（亏损以“-”号填列）		
加：营业外收入		
减：营业外支出		
其中：非流动资产处置损失		
三、利润总额（净亏损以“-”号填列）		
减：所得税费用		
四、净利润		
五、每股收益：		
（一）基本每股收益		
（二）稀释每股收益		
六、其他综合收益		
七、综合收益总额		

(5)“管理费用”项目，反映企业发生的管理费用。本项目应根据“管理费用”账户的发生额分析填列。

(6)“财务费用”项目，反映企业发生的财务费用。本项目应根据“财务费用”账户的发生额分析填列。

(7)“资产减值损失”项目，反映企业确认的资产减值损失。本项目应根据“资产减值损失”账户的发生额分析填列。

(8)“公允价值变动收益”项目，反映企业确认的交易性金融资产或交易性金融负债的公允价值变动额。本项目应根据“公允价值变动损益”账户的发生额分析填列。

(9)“投资收益”项目，反映企业以各种方式对外投资所取得的收益。本项目应根据“投资收益”账户的发生额分析填列。如果为投资损失，则在金额前加“-”号后填列。

(10)“营业外收入”项目和“营业外支出”项目，反映企业发生的与其生产经营无直接关系的各项收入和支出。这两个项目应分别根据“营业外收入”账户和“营业外支出”账户的发生额分析填列。

(11)“利润总额”项目，反映企业实现的利润总额。如果为亏损总额，则在金额前加“-”号后填列。

(12)“所得税费用”项目，反映企业按规定从本期损益中减去的所得税。本项目应根据“所得税”账户的发生额分析填列。

(13)“净利润”项目，反映企业实现的净利润。如为净亏损，则在金额前加“-”号后填列。

(14)“每股收益”项目。企业应当在利润表中单独列示基本每股收益和稀释每股收益。其中：

①基本每股收益。企业应当以属于普通股东的当期净利润，除以发行在外普通股的加权平均数计算基本每股收益。具体的公式如下：

$$\text{发行在外普通股加权平均数}=\frac{\text{期初发行在外普通股股数}+\text{当期新发行普通股股数}\times\text{已发行时间}}{\text{报告期时间}}-\frac{\text{当期回购普通股股数}\times\text{已回购时间}}{\text{报告期时间}}$$

已发行时间、报告期时间和已回购时间一般按照天数计算。在不影响计算结果合理性的前提下，也可以采用简化的计算方法。

②稀释每股收益。企业存在稀释性潜在普通股的，应当分别调整归属于普通股股东的当期净利润和发行在外普通股的加权平均数，并据以计算稀释每股收益。

稀释性潜在普通股，是指假设当期转换为普通股会减少每股收益的潜在普通股。潜在普通股，是指赋予其持有者在报告期或以后期间享有取得普通股权利的一种金融工具或其他合同，包括可转换公司债券、认股权证和股份期权等。

第一，计算稀释每股收益，应当根据下列事项对归属于普通股股东的当期净利润进行调整（应考虑相关的所得税影响）：当期已确认为费用的稀释性潜在普通股的利息；稀释性潜在普通股转换时将产生的收益或费用。

第二，计算稀释每股收益时，当期发行在外普通股的加权平均数应当为计算基本每股收益时普通股的加权平均数与假定稀释性潜在普通股转换为已发行普通股而增加的普通股股数的加权平均数之和。

第三，计算稀释性潜在普通股转换为已发行普通股而增加的普通股股数的加权平均数时，以前期间发行的稀释性潜在普通股，应当假设在当期期初转换。当期发行的稀释性潜在普通股，应当假设在发行日转换。

第四，认股权证和股份期权等的行权价格低于当期普通股平均市场价格时，应当考虑其稀释性。计算稀释每股收益时，增加的普通股股数按下列公式计算。

$$增加的普通股数=\frac{拟行权时转换的普通股股数-行权价格×拟行权时转换的普通股股数}{当期普通股平均市场价格}$$

第五，稀释性潜在普通股应当按照其稀释程度从大到小的顺序计入稀释每股收益，直至稀释每股收益达到最小值。

③每股收益列报。发行在外普通股或潜在普通股的数量因派发股票股利、公积金转赠资本、拆股而增加或并股而减少，但不影响所有者权益金额的，应当按调整后的股数重新计算各列报期间的每股收益。上述变化发生于资产负债表日至会计报表批准报出日之间的，应当以调整后的股数重新计算各列报期间的每股收益。

按照《企业会计准则》的规定，对以前年度损益进行追溯调整或追溯重述的，应当重新计算各列报期间的每股收益。

上述各具体项目的填列方法归纳分析后可分为以下两类：

一是根据有关账户的发生额分析填列的项目。利润表中的大部分项目都可以根据有关账户的发生额分析填列，如销售费用、营业税金及附加、管理费用、财务费用、营业外收入、营业外支出和所得税费用等。

二是根据报表项目之间的关系计算填列的项目。利润表中的某些项目需要根据报表项目之间的关系计算填列，如营业利润、利润总额和净利润等。

（二）利润表编制举例

【例 8-2】通用数码有限责任公司 20×3 年度利润表有关账户的累计发生额见表 8-5。

表 8-5　**损益类科目累计发生额统计表**　单位：元

账户名称	借方发生额	贷方发生额
主营业务收入		12 500 000
其他业务收入		230 000
投资收益		3 200 000
营业外收入		2 850 000
主营业务成本	8 500 000	
营业税金及附加	550 000	
其他业务成本		
销售费用	200 000	
管理费用	1 050 000	
财务费用	1 000 000	
资产减值损失	20 000	
营业外支出	2 000 000	
所得税费用	1 800 000	

根据以上账户记录，编制的通用数码有限责任公司20×3年度利润表，见表8-6。

表8-6 **利润表**

编制单位：通用数码有限责任公司 20×3年度 单位：元

项目	本年累计数	上年数
一、营业收入	12 730 000	（略）
减：营业成本	8 500 000	
营业税金及附加	550 000	
销售费用	200 000	
管理费用	1 050 000	
财务费用	1 000 000	
资产减值损失	20 000	
加：公允价值变动收益（损失以“-”号填列）	0	
投资收益（损失以“-”号填列）	3 200 000	
其中：对联营企业和合并企业的投资收益	0	
二、营业利润（亏损以“-”号填列）	4 610 000	
加：营业外收入	2 850 000	
减：营业外支出	2 000 000	
其中：非流动资产处置损失	0	
三、利润总额（净亏损以“-”号填列）	5 460 000	
减：所得税费用	1 800 000	
四、净利润	3 660 000	
五、每股收益：	（略）	
（一）基本每股收益	（略）	
（二）稀释每股收益	（略）	
六、其他综合收益	（略）	
七、综合收益总额	（略）	

四、利润分配表①

（一）利润分配表的概念及作用

利润分配表是利润表的附表，是用来反映企业所实现的利润分配情况和年末未分配利润结余情况的会计报表。利润分配表可以提供的信息如下。

（1）企业可供分配利润的来源。

（2）企业应上缴的所得税和税后利润。

① 虽然新准则取消了利润分配表的列报必要，但由于它在资产负债表与利润表间起重要的桥梁作用，笔者认为应对其进行简要的介绍。

（3）企业可供分配的利润及其利润分配情况。

（4）期末未分配利润情况。

利润分配表的作用主要体现在两个方面：

（1）通过利润分配表可以了解企业所实现利润的分配情况。由于我国利润的流向较多，单独编制利润分配表有利于检查企业利润分配的合法、合理性，有利于监督企业按《企业会计准则》的有关规定正确分配利润。

（2）通过利润分配表可以了解企业未分配利润的结余情况，从而掌握企业发展后劲，也为企业的投资者和债权人提供投资或贷出款项的信息资料。

（二）利润分配表的结构、内容和编制方法

利润分配表的基本结构及内容见表8-7。

表8-7 **利润分配表**

编制单位： 20×3年度 单位：元

项目	行次	本年实际	上年实际
一、净利润	1		
加：年初未分配利润	2		
其他转入	4		
二、可供分配的利润	8		
减：提取法定盈余公积	9		
提取法定公益金	10		
三、可供投资者分配的利润	16		
减：应付优先股股利	17		
应付普通股股利	19		
四、未分配利润	25		

根据相关制度的要求，我国企业的利润分配应按照以下三步进行：

第一步，计算可供分配利润。

可供分配利润=净利润+年初未分配利润+其他转入

第二步，计算可供投资者分配的利润。

可供投资者分配的利润=可供分配利润-提取法定盈余公积-提取法定公益金-提取职工奖励及福利基金-提取储备基金-提取企业发展基金-利润归还投资

第三步，计算未分配利润。

未分配利润=可供投资者分配的利润-应付优先股股利-提取任意盈余公积-应付普通股股利-转作资本（或股本）的普通股股利

利润分配表各项目的具体填报方法如下：

（1）“本年实际”栏，应根据“本年利润”和“利润分配”账户及其所属明细账户当年的累计发生额分析填列。

(2)“上年实际”栏应根据上年利润分配表的有关数字填列。

(3)“净利润”项目，反映企业实现的净利润。如果为净亏损，则在金额前加“-”号后填列。本项目的数字应与利润表“上期金额”栏的“净利润”项目一致。

(4)“年初未分配利润”项目，反映企业年初未分配的利润。如果为未弥补的亏损，则在金额前加“-”号后填列。

(5)“其他转入”项目，反映企业按规定用盈余公积弥补亏损等转入的数额。

(6)“提取法定盈余公积”项目和“提取法定公益金”项目，分别反映企业按照规定提取的法定盈余公积和法定公益金。

(7)“应付优先股股利”项目，反映企业应分配给优先股股东的现金股利。

(8)“应付普通股股利”项目，反映企业应分配给普通股股东的现金股利。企业分配给投资者的利润，也在本项目中反映。

(9)“未分配利润”项目，反映企业年末尚未分配的利润。如果为未弥补的亏损，则在金额前加“-”号后填列。

当报表编制完成后，可利用报表之间的勾稽关系进行核对，以检查报表编制的正确性。例如，利润分配表中的“未分配利润”应与资产负债表中的“未分配利润”项目相互核对。利润分配表中的“净利润”项目应与利润表中的“净利润”项目相互核对。

第四节 现金流量表

一、现金及现金流量表的概念及作用

现金流量表是指反映企业在一定会计期间经营活动、投资活动和筹资活动对现金及现金等价物产生影响的会计报表。为更好地理解和运用现金流量表，必须正确界定如下概念。

1. 现金

现金是指企业库存现金及可随时用于支付的存款。应注意的是，银行存款和其他货币资金中有些属于不能随时用于支付的存款，例如，不能随时支取的定期存款等，不应作为现金，而应列作投资。提前通知金融企业便可支取的定期存款，则应包括在现金范围内。

2. 现金等价物

现金等价物是指企业持有的期限短、流动性强、易于转换为已知金额现金、价值变动风险很小的投资。一项投资被确认为现金等价物必须同时具备四个条件：期限短、流动性强、易于转换为已知金额现金、价值变动风险很小。其中，期限较短一般是指从购买日起三个月内到期，例如可在证券市场上流通的三个月到期的短期债券投资等。

3. 现金流量

指企业现金和现金等价物的流入和流出。应该注意的是，企业现金形式的转换不会产生现金的流入和流出，例如企业从银行提取现金，是企业现金存放形式的转换，其并未流出企业，不构成现金流量。同样，现金和现金等价物之间的转换也不属于现金流量，例如企业用现金购买将于三个月后到期的国库券。

编制现金流量表的作用是，能够为报表使用者及时提供企业一定会计期间内现金流入和流出的有关信息，全面揭示企业的偿债能力和变现能力。

二、现金流量表的结构及内容

现金净流量的公式为：现金净流量=现金收入-现金支出。现金流量具体分为三部分：第一部分为经营活动中的现金流量；第二部分为投资活动中的现金流量；第三部分为筹资活动中的现金流量。各部分又分别按收入项目和支出项目列示，以反映各类活动所产生的现金流入量和现金流出量，来展示各类现金流入和流出的原因。企业现金流量表的基本格式及内容见表8-8。

表8-8 **现金流量表**

编制单位： 20×3 年度 单位：元

项　目	本期金额	上期金额
一、经营活动产生的现金流量		
销售商品、提供劳务收到的现金		
收到的税费返还		
收到的其他与经营活动有关的现金		
现金流入小计		
购买商品、接受劳务支付的现金		
支付给职工以及为职工支付的现金		
支付的各项税费		
支付的其他与经营活动有关的现金		
现金流出小计		
经营活动产生的现金流量净额		
二、投资活动产生的现金流量		
收回投资所收到的现金		
取得投资收益所收到的现金		
处置固定资产、无形资产和其他长期资产所收回的现金净额		

续表

项　　目	本期金额	上期金额
处置子公司及其他营业单位收到的现金净额		
收到的其他与投资活动有关的现金		
现金流入小计		
购建固定资产、无形资产和其他长期资产所支付的现金		
投资所支付的现金		
取得子公司及其他营业单位支付的现金净额		
支付的其他与投资活动有关的现金		
现金流出小计		
投资活动产生的现金流量净额		
三、筹资活动产生的现金流量		
吸收投资所收到的现金		
借款所收到的现金		
收到的其他与筹资活动有关的现金		
现金流入小计		
偿还债务所支付的现金		
分配股利、利润或偿付利息所支付的现金		
支付的其他与筹资活动有关的现金		
现金流出小计		
筹资活动产生的现金流量净额		
四、汇率变动对现金及现金等价物的影响		
五、现金及现金等价物净增加额		
加：期初现金及现金等价物余额		
六、期末现金及现金等价物余额		
补充资料：		
1．将净利润调节为经营活动现金流量		
净利润		
加：资产减值准备、油气资产折旧、生产性生物资产折旧		
无形资产摊销		
长期待摊费用摊销		

续表

项　　目	本期金额	上期金额
处置固定资产、无形资产和其他长期资产的损失（减：收益）		
固定资产报废损失（减：收益）		
公允价值变动损失（减：收益）		
财务费用（减：收益）		
投资损失（减：收益）		
递延所得税资产的减少（减：增加）		
递延所得税负债的增加（减：减少）		
存货的减少（减：增加）		
经营性应收项目的减少（减：增加）		
经营性应付项目的增加（减：减少）		
其他		
经营活动产生的现金流量净额		
2. 不涉及现金收支的重大投资和筹资活动		
债务转为资本		
一年内到期的可转换公司债券		
融资租入固定资产		
3. 现金及现金等价物净增加情况		
现金的期末余额		
减：现金的期初余额		
加：现金等价物的期末余额		
减：现金等价物的期初余额		
现金及现金等价物净增加额		

（一）经营活动产生的现金流量

经营活动产生的现金流量是指企业投资活动和筹资活动以外的所有交易和事项所导致的现金收入和支出。

（1）经营活动所产生的现金收入，包括出售产品、商品、提供劳务等取得的现金收入。

（2）经营活动所产生的现金支出，包括购买材料、商品及支付职工劳动报酬发生的现金支出，各项制造费用、期间费用、税款等支出。

（二）投资活动产生的现金流量

投资活动产生的现金流量是指企业在投资活动中所导致的现金收入和支出。

（1）投资活动所产生的现金收入，包括收回投资、出售固定资产所产生的净收入等。

（2）投资活动所产生的现金支出，包括对外投资、购买固定资产所发生的现金支出等。

（三）筹资活动产生的现金流量

筹资活动产生的现金流量是指企业在筹资活动中所导致的现金收入和支出。

（1）筹资活动所产生的现金收入，包括发行债券、取得借款、增加股本（增发股票）等所产生的现金收入。

（2）筹资活动中所产生的现金支出，包括偿还借款、清偿债务、支付现金股利等所发生的现金支出。

三、现金流量表的编制方法

现金流量表有直接法和间接法两种编制方法。所谓直接法，是通过现金收入和支出的主要类别反映来自企业经营活动的现金流量。一般以利润表中的营业收入为起点，调整与经营活动有关项目的增减变动，然后计算出经营活动的现金流量。所谓间接法，是以本期净利润为起点，调整不涉及现金的收入、费用、营业外收支以及有关项目的增减变动，据此计算出经营活动的现金流量。

《企业会计准则——现金流量表》要求企业采用直接法报告经营活动产生的现金流量，同时要求在补充资料中用间接法来计算现金流量。有关经营活动现金流量的信息，可通过以下途径之一取得：一是直接根据企业有关账户的会计记录分析填列。二是对当期业务进行分析并对有关项目进行调整：将权责发生制下的收入、成本和费用转换为现金流量；使资产负债表和现金流量表中的投资、筹资项目，反映投资和筹资活动的现金流量；将利润表中有关投资和筹资方面的收入和费用转换成现金流量表中投资、筹资产生的现金流量。

会计人物 8-3　我国管理会计的开拓者和奠基人——余绪缨

余绪缨教授（1922—2007），1945 年毕业于厦门大学。曾任厦门大学管理学院教授，博士研究生导师，管理学博士后流动站学术带头人，厦门大学文科学术委员会委员，中国会计学会顾问，财政部人才中心高级专家委员会特聘专家，美国会计学会、会计教育与研究国际学会和加拿大学术会计学会会员，是中国管理会计的开拓者和奠基人。

- 研究领域：会计基础理论、成本会计、管理会计、企业理财、管理学。
- 基本观点：会计是一个经济信息系统；“现代管理会计”是一门新兴的将现代化管理与会计融为一体的综合性交叉学科，包括微观管理会计、宏观管理会计和国际管理会计。
- 代表著作：《管理会计》、《国际管理会计》、《财务会计》、《会计理论与现代管理会计研究》、《企业理财学》、《管理会计学》。

资料来源　苍天．中国会计名人评选　潘序伦等 9 人入选［N］．中国会计报，2013-01-22.

现金流量表各主要项目的填报方法如下：

1. 经营活动产生的现金流量

（1）“销售商品、提供劳务收到的现金”：一般包括当期销售商品或提供劳务所收到的现金收入（包括增值税销项税额）；当期收到前期销售商品、提供劳务的应收账款或应收票据；当期的预收账款；当期因销货退回而支付的现金或收回前期核销的坏账损失；当期收到的货款和应收、应付账款，原规定不包括应收增值税销项税款，现为简化手续，将收到的增值税销项税款并入“销售商品、提供劳务收现金”及“应收”、“应付”项目中，并对报表有关项目进行相应修改。

（2）“收到的税费返还”：包括收到的增值税、消费税、营业税、所得税、关税和教育费附加的返还等。

（3）“收到的其他与经营活动有关的现金”：反映企业除了上述各项以外收到的其他与经营活动有关的现金流入。

（4）“购买商品、接受劳务支付的现金”：一般包括当期购买商品、接受劳务支付的现金；当期支付前期的购货应付账款或应付票据（均包括增值税进项税额）；当期预付的账款，以及购货退回所收到的现金。

（5）“支付给职工以及为职工支付的现金”：包括本期实际支付给职工的工资、奖金、各种津贴和补贴等，以及经营人员的养老金、保险金和其他各项支出。

（6）“支付的各项税费”：反映企业按规定支付的各项税费，包括本期发生并支付的税费，以及本期支付以前各期发生的税费和预交的税金。

（7）“支付的其他与经营活动有关的现金”：反映企业除了上述各项目以外的其他与经营活动有关的现金流出。

2. 投资活动产生的现金流量

（1）“收回投资所收到的现金”：反映企业出售、转让或到期收回除现金等价物以外的短期投资、长期股权投资而收到的现金，以及因收回长期债权投资本金而收到的现金，按实际收回的投资额填列。

（2）“取得投资收益所收到的现金”：反映企业因股权性投资和债权性投资而取得的现金股利、利息，以及从子公司、职营企业或合营企业分利润而收到的现金。到期收回的本金应在“收回投资所收到的现金”项目中反映。

（3）“处置固定资产、无形资产和其他长期资产所收回的现金净额”：反映企业处置这些资产所得的现金，扣除为处置这些资产而支付的有关费用后的净额。

（4）“处置子公司及其他营业单位收到的现金净额”：反映企业处置子公司及其他营业单位所得的现金，扣除为处置子公司及其他营业单位而支付的有关费用后的净额。

（5）“收到的其他与投资活动有关的现金”：反映企业除了上述各项以外收到的其他与投资活动有关的现金流入。

（6）“购建固定资产、无形资产和其他长期资产所支付的现金”：包括企业购买、建造固定资产，取得无形资产和其他长期资产所支付的现金，不包括为购建固定资产而发生的借款资本化的部分以及融资租赁租入固定资产所支付的租金和利息。

（7）“投资所支付的现金”：反映企业进行权益性投资和债权性投资支付的现金，包括短期股票、短期债券投资、长期股权投资、长期债权投资所支付的现金及佣金、手续费等附加费用。

（8）“取得子公司及其他营业单位支付的现金净额”，反映企业为取得子公司及其他营业单位而支付的现金净额。

（9）“支付的其他与投资活动有关的现金”：反映企业除上述各项以外，支付的其他与投资活动有关的现金流出。

3. 筹资活动产生的现金流量

（1）“吸收投资所收到的现金”：反映企业收到的投资者投入的资金，包括发行股票、债券所实际收到的款项净额（发行收入减去支付的佣金等发行费用后的净额）。

（2）“借款收到的现金”：反映企业举借各种短期、长期借款所收到的现金，根据收入时的实际借款金额计算。企业因借款而发生的利息列入“分配股利、利润或偿付利息所支付的现金”项目中。

（3）“收到的其他与筹资活动有关的现金”：反映企业除上述各项目外，收到的其他与筹资活动有关的现金流入，如接受现金捐赠等。

（4）“偿还债务所支付的现金”：包括归还企业借款、偿付企业到期的债券等，按当期实际支付的偿债金额填列。

（5）“分配股利、利润或偿付利息所支付的现金”：反映企业实际支付的现金股利和付给其他投资单位的利润以及支付的债券利息、借款利息等。

（6）“支付其他与筹资活动有关的现金”：反映企业除上述各项外，支付的其他与筹资活动有关的现金流出。

4. 汇率变动对现金及现金等价物的影响

反映企业的外币现金流量以及境外子公司的现金流量折算为人民币时，所采用的现金流量发生日的汇率或平均汇率折算人民币金额与“现金及现金等价物净增加额”中外币现金净增加额按期末汇率折算的人民币金额之间的差额。

5. 现金及现金等价物净增加额

反映经营活动产生的现金流量净额、投资活动产生的现金流量净额、筹资活动产生的现金流量净额三项之和。

第五节　财务软件中报表管理系统概述

一、财务软件中报表处理系统的功能结构

随着计算机技术与网络技术的发展，传统手工会计已经逐渐被会计电算化所代替，很多企业已经采用财务软件来处理会计报表。本章有必要介绍一下财务软件中

报表管理部分的主要功能及基本操作情况。本章的介绍以我国应用较为广泛的财务软件——“用友 ERP-U8”软件为例。

（一）会计报表管理系统的数据来源

手工会计信息系统和电算化会计信息系统所编制的会计报表，其数据基本来源是一致的，对于编制的会计报表的格式与内容的要求也是相同的。在电算化会计信息系统中账簿数据以账簿文件的形式存在，账簿文件是总账系统和会计报表管理系统的接口。

会计报表管理系统数据的主要来源如下：

（1）电算化会计信息系统的总账系统。

（2）电算化会计信息系统会计报表管理系统本身，如报表项目间的运算结果和报表间报表项目的运算结果等。

（3）电算化会计信息系统外部数据。

会计人物 8-4　　中国会计史学的开创者——郭道扬

郭道扬教授（1940—）湖北谷城人。1964 年毕业于湖北大学经济系并留校任教。先后任教于湖北大学、湖北财专、湖北财经学院和中南财经政法大学。

从 1978 年开始，他埋头于《二十四史》、《十通》、《历史会典》、《会要》、《玉海》、《渊鉴》等古籍之中，历时 6 年，查阅了 1 500 余册图书、300 余种杂志，抄录 20 余万字的史料，制作 2 000 余张史料索引卡片，走访了 50 余家单位，请教了 170 余位相关的学者、专家，终于完成了长达 82 万字的会计史专著，结束了中国长达 2 000 年无会计专史的局面。

资料来源　佚名．会计学家：郭道扬［EB/OL］．湖北省人民政府网站［2011-11-14］，http：//www. hubei. gov. cn/mlhb/skdj/201111/t20111114_ 150597. shtml.

（二）会计报表管理系统的主要功能

1．文件管理功能

报表管理系统提供了各类文件管理功能，除能完成一般的文件管理外，报表的数据文件还能够转换为不同的文件格式，如文本文件、“. MDB 文件”、“. DBF 文件”、“Excel 文件”。此外，通过报表管理系统提供的“导入”和“导出”功能，可以实现与其他流行财务软件之间的数据交换。

2．格式设计功能

报表管理系统提供的格式设计功能，可以设置报表尺寸、组合单元、画表格线（包括斜线）、调整行高列宽、设置字体和颜色、设置显示比例等，制作各种形式的报表。同时，报表管理系统还内置了 11 种套用格式和 19 个行业的标准会计报表模板，包括最新的现金流量表，方便了用户标准报表的制作。对于用户单位内部常用的管理报表，报表管理系统还提供了自定义模板功能。

3. 数据处理功能

报表管理系统的数据处理功能可以固定的格式管理大量数据不同的表页，能将多达 99 999 张具有相同格式的报表资料统一在一个报表文件中进行管理，并对每张表页建立联系。此外，报表管理系统还提供了排序、审核、舍位平衡、汇总功能。系统还提供了绝对单元公式和相对单元公式，可以方便、迅速地定义计算公式。提供了种类丰富的函数，在系统向导的引导下可以轻松地从总账及其他子系统中提取数据，生成会计报表。

4. 图表功能

报表管理系统可以很方便地对数据进行图形组织和分析，制作直方图、立体图、圆饼图、折线图等多种分析图表，能编辑图表的位置、大小、标题、字体、颜色，并打印输出。“图文混排”使会计报表的数据更加直观。

5. 打印功能

报表管理系统提供“所见即所得”和“打印预览”，即可以随时观看报表或图形的打印效果。报表打印时，可以打印格式或数据，可以设置表头和表尾，可以在 0.3 到 3 倍之间缩放打印，可以横向或纵向打印等。

6. 二次开发功能

报表管理系统还能进行二次开发，它提供了批命令和自定义菜单，自动记录命令窗口中输入的多个命令，可将有规律性的操作过程编制成批命令文件，进一步利用自定义菜单可以开发出适合本企业的专用系统。

二、用友财务软件生成报表的方法

用友财务软件中报表管理系统已经预设了 19 个行业的各种类型的报表。在软件中调用相应模板，进行修改后，报表就可以自动生成了。资产负债表、利润表及现金流量表的生成方法大致相同，下面以资产负债表为例简单介绍报表的生成方法：

（1）进入“用友 ERP-U8”系统，如图 8-1 所示。

（2）进入“用友 ERP-U8”系统后，双击“财务会计”模块中的“UFO 报表”，即完成系统的启用工作，进入窗口如图 8-2 所示。

（3）在图 8-2 所示的窗口中，选择“文件”——“新建”命令，可以打开一张新的空白表页，默认名为“REPORT1. REP”。进入如图 8-3 所示的窗口。

（4）在图 8-3 所示的窗口中，点击“格式”——“报表模板”，可以打开系统内存的 19 个行业的标准会计报表模板，选择本公司所在行业的所需报表模板。以资产负债表为例，报表模板将覆盖整个表页。其操作如图 8-4 至图 8-6 所示。

（5）公司还要根据自己的具体情况，对此报表模板进行调整，以满足公司需要。调整完毕后，单击图 8-6 所示的窗口中左下角的“格式”按钮，系统进入数据状态，如图 8-7 所示。选择“数据”——“关键字：| “录入”命令，进入如

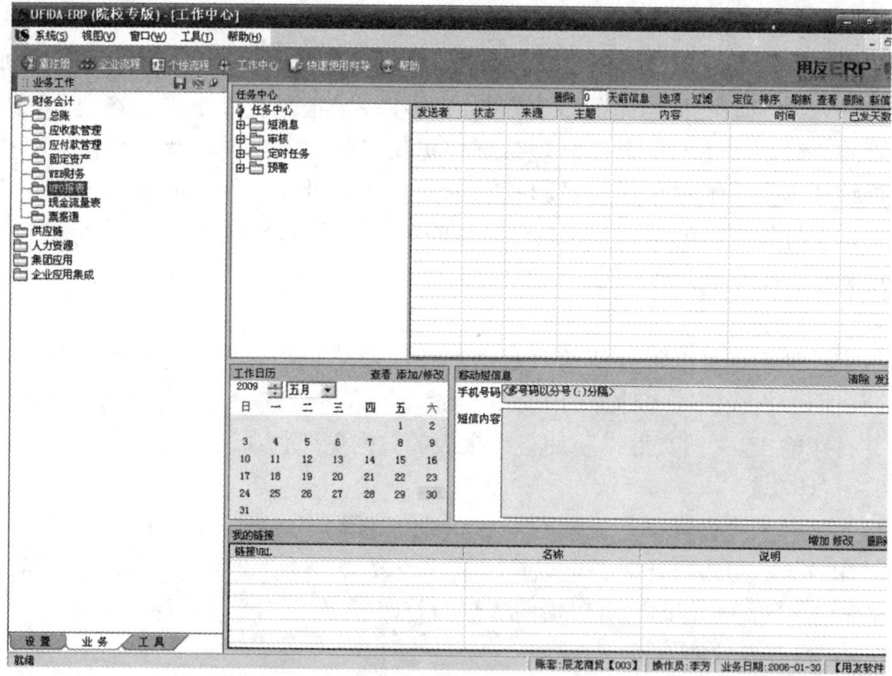

图 8-1　进入“用友 ERP-U8”系统

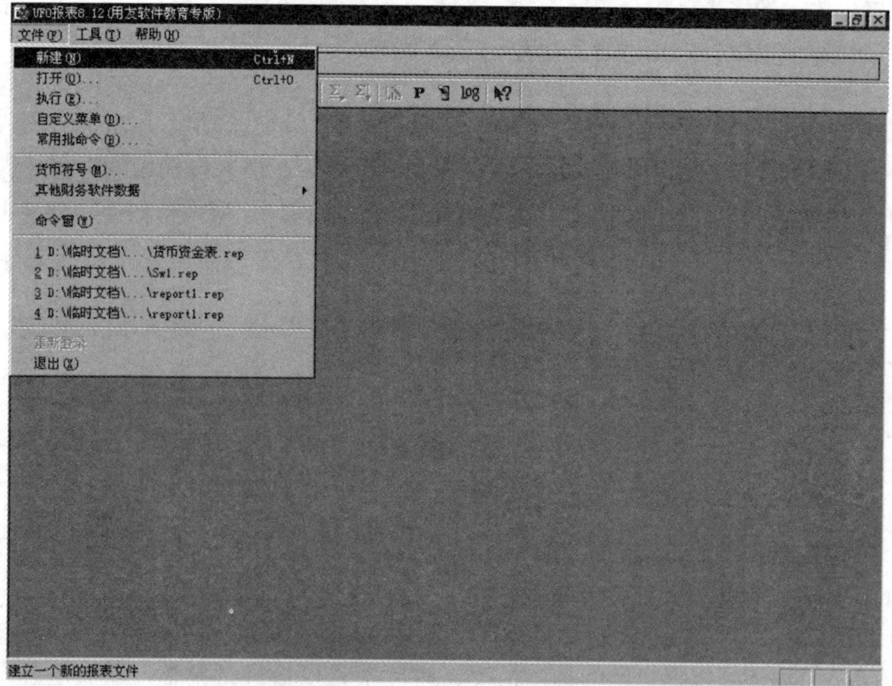

图 8-2　“UFO 报表”窗口

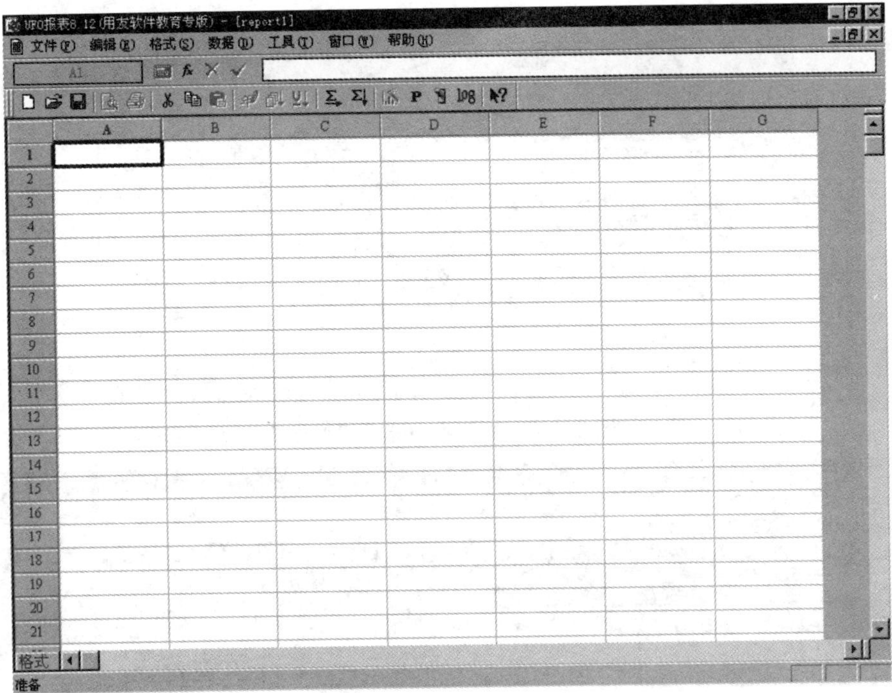

图 8-3　新建一张空白表页

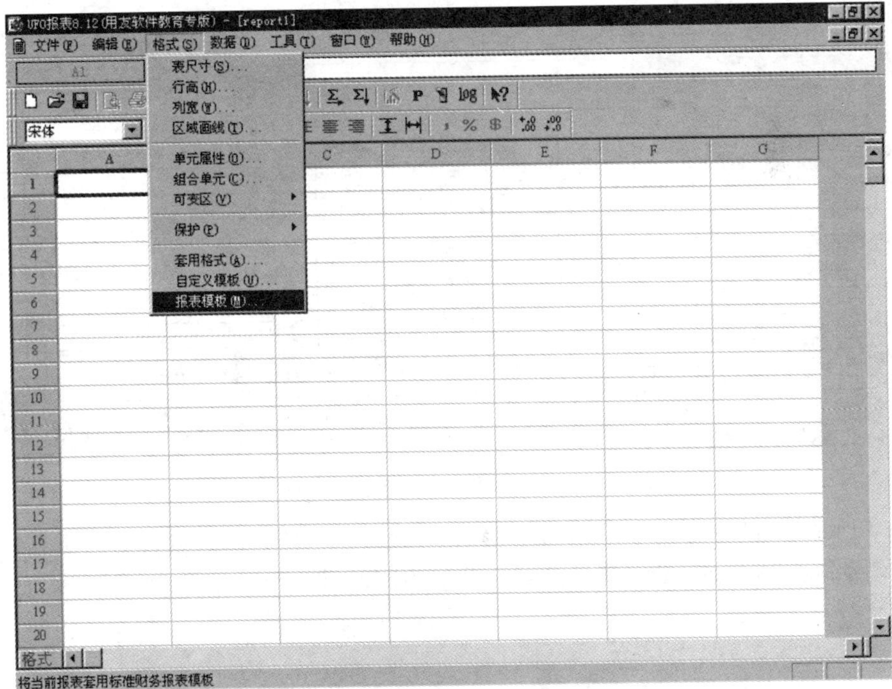

图 8-4　输入"格式"——"报表模板"命令

图 8-5 在“报表模板”对话框中选择“资产负债表”选项

UFO报表8.12(用友软件教育专版) - [report1]

文件(F) 编辑(E) 格式(S) 数据(D) 工具(T) 窗口(W) 帮助(H)

A1

宋体 10

	A	B	C	D	E
1					资产负债表
2					
3	编制单位:		xxxx 年	xx 月	xx 日
4	资　产	行次	年初数	期末数	负债和所有者权益
5					（或股东权益）
6	流动资产:				流动负债:
7	货币资金	1	公式单元	公式单元	短期借款
8	短期投资	2	公式单元	公式单元	应付票据
9	应收票据	3	公式单元	公式单元	应付账款
10	应收股利	4	公式单元	公式单元	预收款项
11	应收利息	5	公式单元	公式单元	应付职工薪酬
12	应收账款	6	公式单元	公式单元	
13	其他应收款	7	公式单元	公式单元	应付股利
14	预付款项	8	公式单元	公式单元	应交税费
15			公式单元	公式单元	其他应交款
16	存货	10	公式单元	公式单元	其他应付款
17	待摊费用	11	公式单元	公式单元	预提费用
18	一年内到期的非流动资产	21			预计负债

格式

准备

图 8-6 打开“资产负债表”模板

图 8-8 所示的窗口。在该窗口中输入该报表的编制日期，然后进行表页重算，报表管理系统便会自动计算，进入如图 8-9 所示的窗口。

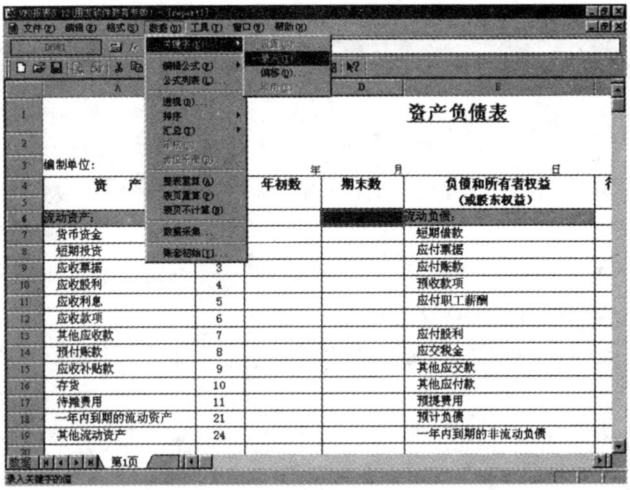

资产负债表

编制单位：　　　年　　月　　日

图 8-7　选择“数据”—“关键字：| “录入”命令

录入关键字

单位名称：

单位编号：

年：2001　月：12

季：4　日：31

自定义：1

确认

取消

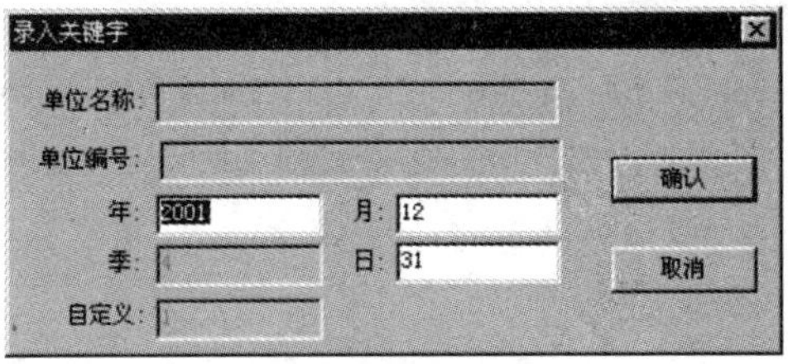

图 8-8　“录入关键字”的对话框

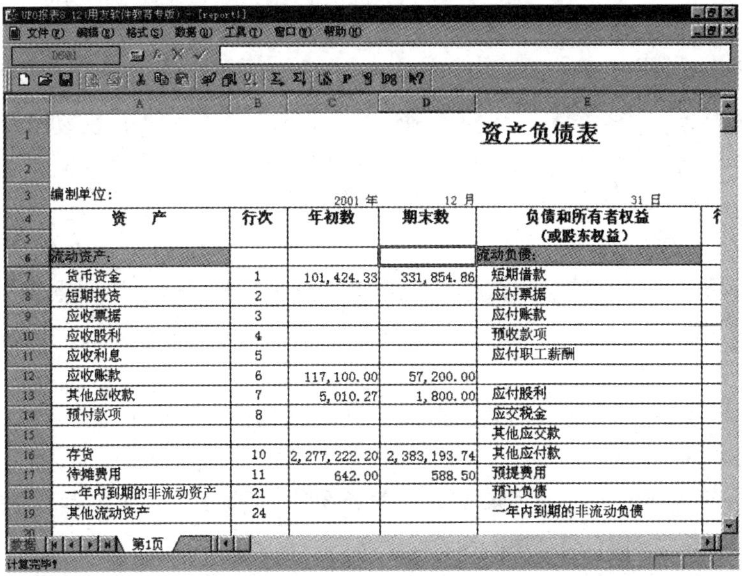

资产负债表

编制单位：　　　2001 年　　12 月　　31 日

资　产	行次	年初数	期末数	负债和所有者权益（或股东权益）
流动资产：				流动负债：
货币资金	1	101,424.33	331,854.86	短期借款
短期投资	2			应付票据
应收票据	3			应付账款
应收股利	4			预收款项
应收利息	5			应付职工薪酬
应收账款	6	117,100.00	57,200.00	
其他应收款	7	5,010.27	1,800.00	应付股利
预付款项	8			应交税金
				其他应交款
存货	10	2,277,222.20	2,383,193.74	其他应付款
待摊费用	11	642.00	588.50	预提费用
一年内到期的非流动资产	21			预计负债
其他流动资产	24			一年内到期的非流动负债

图 8-9　自动生成的资产负债表

第六节 会计报表分析

一、会计报表分析的概念和意义

会计报表分析是指以会计报表为主要依据，对企业的财务状况和经营成果进行评价和预测的一种业务手段。会计报表分析具有以下意义：

（1）用来评价企业的财务状况和经营成果，揭示财务活动中存在的矛盾和问题，为改善经营管理提供方向和线索。

（2）用来预测企业未来的报酬和风险，为投资人、债权人和经营者的决策提供帮助。

（3）用来检查企业预算完成情况，考察经营管理人员的业绩，为完善合理的激励机制提供帮助。

二、会计报表分析的主要方法

会计报表之间的项目是相互关联的，要全面理解会计报表，尤其是通过会计报表了解企业的经济活动，就需要借助于特定的分析方法，将各个会计报表之间以及报表项目之间的联系通过一定的方法表达出来。会计报表常用的分析方法有以下几种：

（一）比较分析法

比较分析法是将某项财务数据与一个标准相比，从数量上确定其差异的一种分析方法。比较分析主要是为了说明财务信息之间的数量关系和数量差异，为进一步分析指明方向。进行比较时，可以用实际资料与计划资料进行比较，以评价计划指标的完成情况；用实际资料与历史资料比较，以评价实际水平的变动情况；用本企业的实际资料与同行业的平均水平比较，以评价企业的实际水平在同行业中所处的地位。

（二）比率分析法

比率分析法是将某项财务指标与相关指标联系起来，通过计算比率，反映二者之间的关系，以考核评价企业财务状况和经营状况的一种分析方法。比率分析法又可细分为三种：

（1）相关比率分析法。用某项指标与其相关指标一起计算比率，以了解企业的成本效益状况。

（2）构成比率分析法。用某项指标的各个组成部分与总体一起计算比率，以了解该指标的构成及变化情况。

（3）趋势比率分析法。以不同时期的同一指标计算比率，以了解该指标的变动趋势。

(三) 因素分析法

因素分析法是依据某项指标与其影响因素之间的关系，按照一定的程序和方法，确定各因素对该指标差异影响程度的一种分析方法。

三、会计报表分析中常用的考核指标

(一) 反映盈利能力的考核指标

衡量企业盈利能力的指标非常多，最常见的是用一家企业的净利润表示它的盈利能力。对于上市公司来说，人们经常使用的是该公司的每股收益，其计算公式如下：

$$每股收益=\frac{净利润}{发行在外的普通股股数}$$

上述指标虽然能够在一定程度上说明企业的盈利能力，但是它难以在不同的企业之间进行比较，因为它不能说明这个盈利是在一个怎样的销售收入或者资源投入的基础上产生的。为了解决这个问题，就产生了另外两种衡量企业盈利能力的方法：第一种方法是以产生利润的销售收入为基础衡量盈利水平，第二种方法是以产生利润的资产为基础衡量盈利水平。第一种方法下，常有的财务比率计算公式如下：

$$毛利率=\frac{营业收入-营业成本-营业税金及附加}{销售收入}\times100\%$$

$$营业利润率=\frac{营业利润}{营业收入}\times100\%$$

$$销售净利率=\frac{净利润}{营业收入}\times100\%$$

毛利率体现的是生产或销售环节的盈利水平。对于不同的行业，由于行业所处的生命周期不同，竞争的激烈程度不同，不同行业内的企业可能获得的毛利率就各不相同，因此考察一家企业的毛利率应结合行业特点进行。即使处于同一行业内，由于不同企业会采取不同的竞争战略，从而具有不同的毛利率水平。美国著名的战略专家迈克尔·波特把企业的竞争战略分为两种基本的描述："成本领先"战略和"产品差异化"战略。采取成本领先战略的企业毛利率往往比较低，而采取产品差异化战略的企业往往具有较高的毛利率。所以，毛利率在很大程度上体现的是企业的战略选择。对于战略选择不同的企业来说，很难单纯从毛利率的高低得到企业盈利能力强或弱的结论。

营业利润率反映企业主要经营活动的盈利能力，是企业盈利能力的重要标志。营业利润率与毛利率的差异在于企业经营过程中的各项间接费用（也称期间费用），主要包括销售费用、管理费用和财务费用。因此，从营业利润率本身，可以了解企业经营活动的总体盈利水平，而且通过营业利润率与毛利率的对比，还可以了解造成企业盈利高低的原因。

销售净利率是对一家企业完整的业务环节盈利能力的衡量。在这个业务环节中，不仅包括经营活动，而且包括投资活动和融资活动带来的盈利。

对于多数获得盈利的企业而言，三个利润率的比较可以归纳如下：

毛利率>营业利润率>销售净利润率

如果营业利润率大于等于毛利率，必定是受到其他业务利润的影响。如果销售净利润率大于等于营业利润率，那么或者是受到投资收益的影响，或者是受到营业外收支净额的影响。

上述衡量企业盈利能力的方法存在一个问题，就是没有反映出企业为了创造出这么多的利润使用了多少社会资源。而投入的多少，对于我们评价一家企业的盈利能力是至关重要的。在第二种方法下，常用的财务比率计算公式如下：

$$总资产报酬率=\frac{净利润总额}{总资产平均余额}\times100\%$$

其中：总资产平均余额=（期初总资产余额+期末总资产余额）÷2

$$净资产报酬率=\frac{净利润总额}{净资产平均余额}\times100\%$$

总资产报酬率反映的是企业综合运用股东与债权人提供的资金创造利润的能力。净资产报酬率也称股东权益报酬率，是股东最为关心的内容，它体现了股东每向企业投入一元钱能获得的收益。正如我们在前面已经提到过的，衡量上述盈利指标是高还是低，一般要通过与同行业其他企业的水平进行比较，而且在比较时还需要考虑企业的战略选择才能得出比较有实际意义的结论。

上述衡量企业盈利能力的各种方法都是从历史的角度来看问题的，但是实际上我们更为关心的还是企业未来的盈利能力，即成长性。一般来说，可以通过企业在过去几年中的销售收入、营业利润、净利润等指标的增长幅度来预测其未来的增长前景，例如：

$$销售收入增长率=\frac{本期销售收入-上期销售收入}{上期销售收入}\times100\%$$

$$营业利润增长率=\frac{本期营业利润-上期营业利润}{上期营业利润}\times100\%$$

$$净利润增长率=\frac{本期净利润-上期净利润}{上期净利润}\times100\%$$

实际上，除了增长率之外，对于上市公司来说，还有一个更为重要的衡量企业成长性的指标，即市盈率，其计算公式如下：

$$市盈率=\frac{每股市价}{每股收益}$$

市盈率代表投资者为获得的每一元钱利润所愿意支付的价格。一般成长性好的企业具有较高的市盈率。它一方面可以用来证实股票是否被看好，另一方面也是衡量投资代价的尺度，体现了投资该股票的风险程度。市盈率也有一定的局限性，因为股票市价是一个时点数据，而每股收益则是一个时段数据，这种数据口径上的差异和收益预测的准确程度都为投资分析带来了一定的困难。

（二）反映营运能力的考核指标

营运能力是企业盈利能力的重要保证。所谓营运能力，就是企业运作资产的效率。但是，我们用怎样的方式来衡量这种运作效率呢？我们一般用收入与资产的比值来表示资产的运营能力，这样的财务指标就是周转率指标。周转速度越快，表明企业的各项资产进入生产、销售等环节的速度越快，那么其形成收入和利润的周期就越短，经营效率自然就越高，常用的周转率指标如下：

$$\text{应收账款周转率}=\frac{\text{销售收入}}{\text{应收账款平均余额}}$$

$$\text{存货周转率}=\frac{\text{销售成本}}{\text{存货平均余额}}$$

$$\text{流动资产周转率}=\frac{\text{销售收入}}{\text{流动资产平均余额}}$$

$$\text{总资产周转率}=\frac{\text{销售收入}}{\text{总资产平均余额}}$$

上述指标中，存货周转率的计算与其他指标稍有不同，这个指标的分子上并不是销售收入，而是销售成本。因为存货本身的价值进入销售成本，使用销售成本可以去除销售收入中包含的毛利引起的差异，使数据得到更好的匹配。

一般来说，某项资产的周转率越高，就说明企业对该项资产的运作效率越高。总资产的周转率越高，就说明企业的经营效率越高。但数量只是一个方面的问题，在进行分析时，还应注意各资产项目的组成结构，如各种类型存货的相互搭配、存货的质量和适用性等。另外，营运能力的指标也与企业的战略选择有密切的关系，对于实行产品差异化战略的企业来说，一般资产周转率较低。相反，那些采取成本领先战略的企业在资产周转率方面往往有优势，这就是为什么成本领先战略一般又被称为“薄利多销”战略的原因。从这一点来看，对营运能力的分析同样需要了解企业的战略选择，否则得出的结论可能是缺乏实际意义的。

（三）反映偿债能力的考核指标

偿债能力是一家企业保持持续经营的基本保证，也反映了企业未来的盈利能力。一般分析企业的偿债能力需要从短期和长期的偿债能力两个方面进行。长期偿债能力是由企业盈利能力来保证的，但短期的偿债能力却不一定和盈利能力成正比。

1．短期偿债能力

短期偿债能力是指企业偿还短期债务的能力。由于短期负债在时间上的要求较高，所以更偏重考察企业资产的变现能力。基于这个原因，一般以变现能力比较强的流动资产与流动负债的对比关系反映企业的短期偿债能力，常用考核指标如下：

$$\text{流动比率}=\frac{\text{流动资产}}{\text{流动负债}}$$

$$\text{速动比率}=\frac{\text{速动资产}}{\text{流动负债}}$$

其中：速动资产=流动资产-存货-待摊费用

$$现金比率=\frac{货币资金+有价证券}{流动负债}\times 100\%$$

流动比率高一般表明企业的短期偿债能力较强，但如果过高，则会影响企业资金的使用效率和获利能力，究竟高多少就会产生影响没有定律。另外，同样在流动资产中，各个项目的变现能力是不同的。例如，有价证券有专门的市场和途径随时可以变现，因此变现能力最强。应收账款往往存在收款期限的问题，在某些企业甚至坏账的比例很高。存货的变现能力更需要考察，因为存货要经过销售和收款两个环节才能实现。在流动资产中还有一些项目是不具有变现能力的，如待摊费用和预付账款。由于这些原因，人们一般采用速动比率（剔除了存货和待摊费用）和现金比率（剔除了存货、应收款和预付账款等）进行辅助分析。同样速动比率和现金比率的高低标准也没有具体规定，一般认为流动比率为 2，速动比率为 1 比较合适。较好的办法是对行业内各企业连续几年的财务指标进行一个全面的分析，从而得出一个比较客观的标准。

2. 长期偿债能力

长期偿债能力是指企业偿还长期利息与本金的能力。常用的考核指标如下：

（1）$资产负债率=\frac{负债总额}{资产总额}\times 100\%$

（2）$利息保障倍数=\frac{息税前利润}{利息费用}$

其中：息税前利润=净利润+所得税+利息费用

资产负债率以总资产中通过负债筹集的资金的比例表示偿债能力，这是因为企业借债越多，不能偿还的可能性就越大。资产负债率又称财务杠杆，这是因为债务相当于股东手中的一个杠杆，它可以帮助股东用比较少的资金支配比较多的资产，并获得由这些资产所创造的利润，因此，财务杠杆越高，股东资金的运作效率就越高。但是，这并不是说财务杠杆越高越好，财务杠杆越高，债权人所享受的保障就越低，作为对自己权益的保护，债权人会提高企业的借款门槛和成本，甚至拒绝向企业提供借款。资产负债率也很难找到一个客观的标准，但一般认为，该比率为 50% ~60% 是比较稳健的。

利息保障倍数则是从另一个角度衡量企业偿还长期负债的能力，这就是盈利角度。它考察企业的盈利是否足以支付当年的利息费用，一般来说，利息保障倍数越大，长期偿债能力越强。

■ 思考题

1. 什么是会计报表？它有何作用？它由哪些内容构成？
2. 什么是资产负债表？其作用是什么？

3. 编制资产负债表的理论依据是什么？表中各项目的“期末余额”栏应当根据什么计算填列？

4. 什么是利润表？其作用是什么？

5. 什么是现金流量表？其作用是什么？

6. 现金流量表的编制方法有哪几种？

7. 会计报表分析中反映盈利能力的财务指标有哪些？如何应用？

8. 会计报表分析中反映短期偿债能力的财务指标有哪些？如何应用？

9. 会计报表分析中反映资产运用效率的财务指标有哪些？如何应用？

■ 案例讨论

恒远公司是一家国有大型制造企业，20×3 年 12 月，公司产品滞销状况仍无法改变，亏损已成定局。公司董事长刘天华指使会计科相关人员在会计报表上进行一些“技术处理”，确保“实现”年初定下的盈利 50 万元的目标，会计主管遵照办理。

该公司董事长刘天华指使会计科相关人员在会计报表上进行一些“技术处理”，致使公司由亏损变为盈利的行为属于何种违法行为？应承担哪些法律责任？此案例中，会计主管应承担哪些法律责任？

参考文献

[1] 陈国辉，迟旭升. 基础会计 [M]. 3 版. 大连：东北财经大学出版社，2012.

[2] 单昭祥，蒋昕. 新编基础会计学 [M]. 2 版. 大连：东北财经大学出版社，2012.

[3] 杨雄胜，陈丽花. 会计学概论 [M]. 南京：南京大学出版社，2008.

[4] 张远录. 会计基础与实务 [M]. 2 版. 北京：清华大学出版社，2008.

[5] 付丽，李琳. 新编基础会计学 [M]. 北京：清华大学出版社，2008.

[6] 郝宇欣，郭雪萌. 基础会计学 [M]. 北京：清华大学出版社，北京交通大学出版社，2008.

[7] 苏淑欢，叶斌. 基础会计教程 [M]. 广州：中山大学出版社，2007.

[8] 辛茂训. 会计电算化 [M]. 上海：上海财经大学出版社，2006.